王晨光 布娜新 著

戏说并购

八阶课程 —— 讲透 —— 并购要点

Eight Courses On Essentials Of
MERGER and ACQUISITION

中国财经出版传媒集团
经济科学出版社
Economic Science Press

图书在版编目（CIP）数据

戏说并购：八阶课程讲透并购要点/王晨光，布娜新著．
—北京：经济科学出版社，2019.3
ISBN 978-7-5218-0354-9

Ⅰ.①戏⋯　Ⅱ.①王⋯②布⋯　Ⅲ.①企业兼并
Ⅳ.①F271.4

中国版本图书馆 CIP 数据核字（2019）第 045260 号

责任编辑：王红英
责任校对：郑淑艳
责任印制：邱　天

戏说并购
八阶课程讲透并购要点
王晨光　布娜新　著
经济科学出版社出版、发行　新华书店经销
社址：北京市海淀区阜成路甲 28 号　邮编：100142
总编部电话：010-88191217　发行部电话：010-88191522
网址：www.esp.com.cn
电子邮件：esp@esp.com.cn
天猫网店：经济科学出版社旗舰店
网址：http://jjkxcbs.tmall.com
固安华明印业有限公司印装
710×1000　16 开　24.5 印张　330000 字
2019 年 3 月第 1 版　2019 年 3 月第 1 次印刷
ISBN 978-7-5218-0354-9　定价：59.00 元
(图书出现印装问题，本社负责调换。电话：010-88191510)
(版权所有　侵权必究　打击盗版　举报热线：010-88191661
QQ：2242791300　营销中心电话：010-88191537
电子邮箱：dbts@esp.com.cn)

业界赞誉

王巍　中国并购公会创始会长

并购是创新的商业驱动，更是操作过程。提升企业竞争力，推动产业资源整合，巩固国家经济基础能力，都是并购者的使命。期待本书丰富的案例演示，能让读者体会到并购出神入化的过程。

管清友　经济学家

《戏说并购》是一本不错的"入门书"，很适合中国的中小企业家们通读一遍，对企业的做大做强将产生更清晰的认识。中国的企业家要通过不断学习，一方面依靠自身经营积累，另一方面不断努力吸收外部公司壮大自己。当然，并购领域，对于有志于成为新型投行的从业者们来说，也是一次弥足珍贵的世纪机会。

劳志明　华泰联合证券董事总经理，《劳阿毛说并购》一书作者

现实中的并购交易是专业且复杂的，这样的特点也使得有关并购的书籍容易让读者望而却步。本书另辟蹊径，以戏剧、游戏为比喻，力争用通俗的语言，将并购大戏一幕幕推出，做出了普及并购知识的努力，照顾了读者需要的娱乐性，又具有专业书籍该有的严谨性，可以令读者欲罢不能地读下去。

雷杰　中财龙马资本投资有限公司董事长

并购是一把"双刃剑"，在当前全球经济增速趋缓、中美贸易摩擦、证券市场相对低迷的背景下，企业对外投资并购应着重控制好投资预期和杠杆率，以规避并购可能带来的潜在风险。本书归纳的并购战略、并购融资、交易结构等要点，为广大中小企业提供了有益参考和借鉴。

徐海啸　信中利资本集团董事/高级合伙人，惠程股份（股票代码002168）董事长/总裁

国内最好的并购教材——《戏说并购》。国内大部分关于并购的书籍都在给读者说着各种繁杂的并购规则、会计处理技巧，或者是介绍大量国外的案例让人读下来很难和国内实际结合，缺乏对实战的指导意义。王晨光和布娜新两位业内资深人士编写的这本《戏说并购》让人眼前一亮，书中列举大量国内并购案例，分析深入浅出，通俗易懂，实为国内不可多得的并购实战经典教材！

王久立　华财会计（新三板企业，股票代码830769）董事长

并购是一门技术，也是一门艺术。本书结合实践案例从并购交易的道、法、术各个层面来揭示并购交易中的众生相，用诙谐幽默的语言为我们深入浅出地解读了资本市场的并购方式和特点。并购是企业发展到一定阶段的必然产物，近年来新三板企业频频被上市公司并购，也不乏新三板并购上市公司的"蛇吞象"案例。对于初入资本市场的新三板企业来说，本书能够有效帮助企业理解并购，是一本不可多得的并购书籍。

俞熔　美年大健康产业控股股份有限公司董事长，中国上市公司协会副会长

企业发展到一定阶段，往往需要通过并购扩张走向壮大。美年健康同样是历经数次并购整合成为中国体检行业的佼佼者。本书是并购理论与实战的结合，是并购一线人员的思考与探索，值得广大中小企业及从业人员参考借鉴。

业界赞誉

金幸　慈瑞医药（新三板企业，股票代码872713）董事长

初看书稿，感觉这本书绝对是这几年来国内并购领域不可多得的优秀著作。书中几乎涵盖了中小微企业需要面对的大部分问题，包括定价、融资、融资工具和决策工具、资本结构选择等。读完本书发现并购其实就是这么简单，推荐所有企业家都读读这本书。

沈燕丽　三瑞高材董事兼财务总监

很多事可做可不做，很多书可读可不读，而这本书对于一直深扎在实体企业的我，绝对是一本不容错过的好书。作者形象生动地将并购比喻成一部大戏，充分展现了并购方与被并购方、财务顾问与投行们在并购过程中对各种角色的处理，并在谈及估值、对赌、方案设计和借壳四个专业话题上描绘得深入浅出。相信这本书一定会给读者带来非同一般的实战价值。

袁季　广证恒生总经理

我们认为，市场需求叠加政策支持，中国并购投资浪潮正在兴起。作为并购交易的主角，企业理当对并购交易的流程、条款设计以及监管环境有全面而正确的把握。本书以大戏为喻细说并购交易，内容层层深入，却又处处化繁为简，值得一阅。

程晓明　新三板学院院长

要实现中国产业的转型升级，除了资本市场的支持以外，提高行业集中度也是很重要的，而并购是其中一个主要的方法。说并购的书很多，但敢戏说的还是头一个，说得好不好，我也不好说，还是请大家自己来看吧。

何愿平　董秘百人会理事长，碧水源创始人之一

在中国做并购，也许并购容易整合难。另外，在中国并购资产容易，并购团队较难，除非让团队做成合伙人！

严楷晨　新华社《中国新三板》栏目总制片人

企业并购可以说是金融市场弄潮儿们心中的一种最高境界的交易形式。并购交易涉及相关领域知识过于庞杂，形式和技巧内容丰富，是写作者的宝藏。《戏说并购》是一本有理想、有结构的小书，或许将为你呈现一个崭新的世界。

李颖　证券资讯频道《聚焦新三板》《聚焦区块链》栏目制片人、主持人

关于并购的书籍已经很多了，无论中外，但是最后大部分此类书籍都逐渐消失和被人遗忘了。偶然拿起这本《戏说并购——八阶课程讲透并购要点》之后，却令人耳目一新，它明显与其他并购类的书籍气质不同，充满新意的结构设计和生动风趣的语言，使得本书令人爱不释手，难以释卷，想一气呵成读完它，相信它注定不会被遗忘，会成为无数人"攀岩"的好助手。

吴小强　北京通州电视台主持人

如果你觉得金融知识枯燥，那么，这本书将给你一个追美剧般的兴趣点，让你的企业沿着八个台阶一步步接近并了解"并购"。

范卫锋　高樟资本创始人

作为新时代的企业家来说，并购兹事体大，唯有深度学习。期待这本精致的小书能够让你迅速掌握关键性的几步，领略其中要点。

欧文　《IPO 观察》创始人

对于中国民营企业来说，并购这个工具，应该也必须掌握。《戏说并购》将纷繁复杂的并购深入浅出地讲解出来，值得好好读读！

冯志　英博投资创始人

由于交易的复杂性和融合的艰难，并购可能是经济世界最不确定的行为，不论是出于企业家雄心的满足还是更有利的竞争地位或者只是为了活下去。并购诞生了一个个独特的案例，写并购的书也已汗牛充栋，但这本书仍然是独特的，不同以往体例的阐述方式下融入大量中西案例，行家也会看得津津有味！

金琨　科创服务一线工作者

长期以来，"技术创新"和"模式创新"一直是企业创新领域的双驱动，一个团队、一个企业受制于各方面的约束，很难把"两个创新"整合起来，一手抓。并购是一个非常合理的解决方案，融合各方优势，提高技术门槛、提高市场占有率，使企业高速发展。当然，并购失败的例子也屡见不鲜。但是，无论成功还是失败，并购都是企业发展绕不过的一关，小到招聘一个员工，其实都是一种"并购"。由浅入深了解并购，用好并购这个企业发展"助推器"，从研读本书开始。

许涌　全经联金融投资委员会主任

产业并购是产业单元整合的主要手段，是提升社会生产效率的有效方式，对于当前中国经济结构调整和产业结构优化有着积极的促进作用。但要想顺利完成并购活动，必须遵循我国产业特点和金融、资本监管政策，多了解一下当下并购案例和规则就显得更为重要。

袁光顺　北京博星证券投资顾问有限公司董事长兼总裁

本书以轻松幽默的语言，通过国内外并购典型案例解读，对八个并购主题进行了深入浅出的讲解，既有思想高度，又不乏趣味性，值得一读。

刘洋　国创投资执行总裁

在内外部经济压力及国内技术革命的双重压力下，传统企业出于结构调整、模式升级的需要，新经济企业出于拓展融资、战略扩张的需要，都加快了并购重组的步伐。通过并购，企业可以将自身业务向上、下游或其他领域进行延展，形成较好的产业链协同效应与多元化业务发展，增强盈利能力。想知道在风起云涌的资本市场中，企业并购的幕后推手是谁吗？想拥有企业并购的"九阳神功"吗？这本书助你在资本市场"倚天屠龙"，决胜江湖。

杜明堂　洞见资本创始人兼董事长

纵观世界五百强企业的发展史，背后无不经历了多次整合并购，中国的优质企业也在做大做强的过程中，并购将成为其产业资源整合协同发展的重要手段和必经之路，企业家可以借助本书，更加深入浅出地研究并购这门学问！

佟鑫　上海南开允能进修学院院长/南开大学应用金融研究中心执行主任

《戏说并购》着实有料有趣。戏者，非戏谑也，戏剧也。经由情景带入之手法，本来令人昏昏欲睡的金融并购故事竟如是栩栩然。

付立春　经济学者

并购是专业性很强的投行业务。它的周期长、参与方多、环节复杂、整合难度大、成功率不高……而且在中国发展还不成熟。要在轻松的氛围中介绍清楚，就考验作者的功力了，《戏说并购》是一本不错的入门书，可以帮助读者领略到并购的精彩之处。

目 录

序 1
　　一个永恒的话题 　　　　　　　　　　　　　　　　　　　I

序 2
　　百川入海 　　　　　　　　　　　　　　　　　　　　　　III

序 3
　　我眼中的并购 　　　　　　　　　　　　　　　　　　　　VII

序 4
　　虽戏说，但真诚 　　　　　　　　　　　　　　　　　　　XI

1阶　并购心法
如何经营完美"婚姻"

心法一：婚姻的成败与出身无关，穷小子未必娶不了白富美　　003
　　吉利收购沃尔沃：国内汽车行业最完美的跨国并购　　　　003

心法二：情敌不可怕，反而会让你越挫越勇，迎难而上　　　　008
　　Facebook 收购 WhatsApp：防御型并购的典型案例　　　　008

心法三：不能剃头挑子一头热，心急永远吃不到热豆腐　　　　012
　　TCL 收购汤姆逊、阿尔卡特：有钱也不能任性　　　　　　012

心法四：门当户对固然好，但不是婚姻成功的充分必要条件　　018
　　美国在线与时代华纳合并：协同里面有大学问　　　　　　018

2阶 并购大戏
论演员的自我修养

修养一：时间积淀阅历，老戏骨弥足珍贵　　025
  思科：科技并购思想缔造者　　025

修养二：凡成影帝者，皆有其独有的表演章法　　036
  复星：并购界的哲学家　　036

修养三：大男主进阶，演技与本能合二为一，举轻若重　　049
  万达：锁定未来的跨界　　050
  海航：争夺话语权　　055

3阶 大戏灵魂
好导演决定戏剧的艺术高度

风格一：踏实稳健，于传统中寻求突破　　067
  KKR：PE的鼻祖　　067

风格二：深厚责任感带来使命和信念　　076
  硅谷天堂：积极小股东主义　　076

风格三：标新立异，又导又演，斜杠青年　　086
  九鼎：中国投融资革命者　　086

4阶 品味经典
互联网二十年（1998~2018年）并购棋局

2015：一个特殊的年份　　097

BAT崛起　　100

星星之火　　104
  2005年　　104

土豆、优酷合并　　　　　　　　　　　　　　　106
　　58同城、赶集合并　　　　　　　　　　　　　109
　　美团 vs 大众点评　　　　　　　　　　　　　113
　　黑马——去哪儿网　　　　　　　　　　　　　114
BAT三国杀　　　　　　　　　　　　　　　　　　116
　　互联网出行领域：BAT的默契　　　　　　　　116
　　新美大：腾讯独领风骚　　　　　　　　　　　123
　　百度操盘携程、去哪儿网结盟　　　　　　　　128
　　阿里的O2O之战　　　　　　　　　　　　　　132
　　阿里收购优酷土豆　　　　　　　　　　　　　134
　　华兴资本上市　　　　　　　　　　　　　　　135
BAT投资版图　　　　　　　　　　　　　　　　　138
　　既有共性，也有个性　　　　　　　　　　　　138
　　BAT看重的行业和赛道　　　　　　　　　　　140
　　新三板　　　　　　　　　　　　　　　　　　141

5阶 主流剧种
资本市场是并购大戏的主要舞台

剧种一：以并购扩规模，成长传记剧　　　　　　　145
　　蓝色光标：公关并购第一股　　　　　　　　　145
剧种二：不按套路出牌的爱情剧　　　　　　　　　151
　　新三板并购纳斯达克第一例：百合网吸收合并世纪佳缘　　151
剧种三：熟悉规则，稳扎稳打，是正剧应有的风格　　159
　　和君集团：产融结合，互为依托　　　　　　　159
剧种四：大男主戏并不都是千篇一律的　　　　　　166

英雄互娱：关于并购，你们都想错了　　166

剧种五：巧避规则，高智商烧脑剧　　172

南洋股份并购天融信：是收购还是借壳？　　172

6阶　顶级配置
玩转并购大戏，及时更新内存

配置一：没有好剧本，戏一定不好看　　179

战略：不打无准备之仗　　179

配置二：融资能力直接决定地位，制片人才是剧组幕后大 BOSS　　195

融资：并购需要持续输血　　195

配置三：不要小看出品人，其眼光直接决定电影的票房号召力　　228

尽职调查的真相：不是简单的外包　　228

7阶　并购游戏
对规则的烂熟于心，是玩好游戏的基础

规则一：交易基础看估值，可估值恰恰没有规则　　243

估值不只是价格　　243

规则二：并购交易不是一锤子买卖，卖家拿钱后并不能完全高枕无忧　　265

对赌不是赌　　265

规则三：不光要赢，还要赢得漂亮　　280

方案设计：全要素博弈　　280

机会卡：貌似凭运气，其实也看实力　　292

借壳这件事儿　　292

8阶 广电总局
与监管爸爸的和谐相处之道

一个爸爸爱圈养，一个爸爸爱放养　　309
一文掌握上市公司重大资产重组监管要点　　314
一文掌握上市公司收购监管要点　　327
一文掌握新三板重大资产重组监管要点　　331
一文掌握新三板收购监管要点　　350

参考文献　　358
后记　　360

序 1

一个永恒的话题

郑亚南

并购是资本市场永恒的话题。美国近百年资本市场的历史，可以说是历次并购浪潮的历史。在这段波澜壮阔的史诗画卷中，万类霜天竞自由，拥有强大生命力的优秀企业通过并购发展壮大自己，并有力推动了美国产业的整合和升级。进入 20 世纪以来，中国并购市场从无到有，逐渐繁荣，2014 年并购数量爆发性增长且交易规模大跨度攀升，开启了中国并购市场的黄金时代。随着新兴市场国家的崛起特别是中国跃升为世界第二大经济体，中国将在全球并购市场扮演越来越重要的角色。

经过改革开放 40 年的高速发展，中国经济发展处于转型加速阶段，通过并购优化资源配置、推动产业整合、产业升级和技术创新成为必然趋势。2018 年以来，中国经济面临中美持续贸易摩擦、经济增速趋缓、证券市场低迷等一系列新的挑战，从全球资本市场发展规律看，低迷的市场行情和资产价格给真正的龙头企业和价值投资者提供了难得的投资并购机遇，并购市场也将由原来的高估值、高溢价、高对赌模式迈入注重产业协同、产业整合升级的崭新时代。并购也将成为中国资本市场未来 3~5 年的热点。

戏说并购

并购是一把"双刃剑",利用得好有助于企业快速乃至超常规发展,利用不好反而可能给企业带来重大风险。并购是投资银行皇冠上的明珠,应由专业人员为广大中小企业抽丝剥茧,将他们急需了解和掌握的相关知识和要点一一梳理。本书通过多视角翔实的案例呈现,归纳总结并购中常见的并购战略、并购融资、并购估值、对赌等要点,深度剖析了并购业务的全貌。

本书作者王晨光先生先后就职于多家投资集团和证券公司,结合其多年投资并购及投资银行经验和长期对并购市场的观察,力求将并购理论与实践结合,而另一位作者布娜新先生则是知名的财经学者和80后财经作家中的佼佼者,两个人通力合作将这颗"皇冠明珠"缓缓取下,呈于读者眼帘,以相对通俗易懂的方式分享给广大中小企业及相关从业人员,是在并购领域一次有益的尝试。

序 2

高凤勇

百川入海，源头却是千千万万细流。在滚滚前行中，大家不断地聚会、加入、交融，最终成就大江大河，东流入海。

资本市场亦如此。如果把交易所市场当作企业的竞争海洋，世上的企业和创业者千千万万，最后独自走向 IPO 舞台的只有很少，绝大多数企业都会在其生命周期中，与其他的企业融合交汇。在我们的字眼里，这就是并购。如果不是自生自灭，并购与被并购就是绝大多数企业的必经之路，是命运，是归宿。

这个结论是有数据支持的：

我们一般用证券化率指标衡量一国上市公司的情况，从美国 1975 年以来的数据看，其平均值、中位值均达 90% 以上；1996 年以来除 2008 年证券化率 48.75% 的特殊值以外长期高于 100%，只有 4 年低于 110%；2013 年后更是基本在 140% 以上，最高已达 165.7%。

在美国如此高的证券化率背景下，美国三大证券交易所市场高峰时上市公司总数也只超过 8000 家。近些年稳定在纽交所 2000 多家，纳斯达克近 3000 家，总计 5000 家左右的范畴。

戏说并购

从我国上市公司绝对家数看，扣除香港和台湾交易所，目前 A 股上市公司有 3500 多家，海外中资股有 334 家，大概在 4000 家左右的范畴，距离美国三大交易所上市家数峰值还有一半的距离。随着 A 股市场退市力度的增加，小市值公司僵尸化的愈演愈烈，估计达到美国 8000 家上市公司的峰值数据是比较困难的。而目前我国拥有个体工商户 6579.4 万户，私营企业 2726.3 万户，这个比例即便相对 8000 家峰值的可能上市的数据来说，即便在未来若干年里，上市的比例依然是万里挑一。

并购案例高发也是经济体发展到一定程度的必然现象。随着经济的快速发展，在大多数产业，终将产生产能过剩现象，残酷的价格战随之出现。激烈的竞争倒闭，政府的强力关停，都是去产能的方式，但是后果都是惨烈的，容易引发动荡。此时，企业间以市场化的手段并购、融合，集中度提升，稳定产业竞争格局，是相对温和的形式，是社会效益最好的一种形式。

所以，并购就成了企业家、创业者、投资者、中介机构必须学习和掌握的基本技巧。

王晨光先生和布娜新先生共同推出的《戏说并购》这本书，恰逢其时，可以让更多的读者了解和掌握这门技巧。

布娜新先生非常勤奋和专业，他凭借自己的敏锐和热情，组建了在新三板领域非常有影响力的社群：新三板文学社，社群不断为新三板和中国资本市场改革摇旗呐喊。作为一个年轻的独立财经评论家和 80 后财经作家，在不断完成各种突发的经济评论之余，2018 年上半年刚与我合著完成《金融不虚》一书，随即就投入到第二次创作当中，实属不易。而作为远航并购研讨会的创办人，王晨光先生自己多年在券商工作，经验丰富，两个人合作共谱新章，当属珠联璧合。

细读本书，我觉得，通俗易懂是本书第一大特点。并购从理论到实践，从战略到执行其实是比较专业和烧脑的。为了让读者更易理解，在本书中，作者创造性的以进阶的方式，将对并购的理解比拟成婚姻、剧作和演出等。比如，并购与被并购双方均是剧中的演员，想做成功者，就必须有自己的积淀和修养，有自己的哲学和章法，同时出色的演员还要本色与演技并举；好演员难得，能够持续进行成功并购及整合的并购者更是少之又少。作者又将并购合作中的投资机构、中介机构比拟成导演，作者说："如果说编剧决定故事的下限，那么导演将决定故事的上限。同样的故事框架，如何布景，采用什么样的光影，从什么角度拍摄，故事如何剪辑等，处处都在考验导演的功力和对火候的把握。同样的剧本，给不同的导演拍，呈现的必是不一样的视听感受。"

对此，笔者深觉感同身受。中国并购的起步晚，中国更多的PE投资机构起步于成长期为主的小比例股权投资，中国以券商系为代表的投资银行人员更为熟悉的是IPO、再融资等过程中的标准动作的材料制作和申报。但是在并购过程中，需要用极高的沟通技巧来管理并购双方的预期，需要用更多极致创新的方案弥合并购双方诉求，当然也需要让最终出炉的方案符合各种监管要求，这些要求是极高的，对相关工作人员有巨大挑战。实践中，我们对于中介机构其实经常是不太满意的，合规要求提得多，如何用创新的方案既满足合规又能推动交易的事情做得相对比较少。我们的并购非常缺"大牌导演"。

突出实用性是本书第二大特点。

本书的后半部分用了大量篇幅讲述并购实务，全面展示和解读了诸如如何制定并购战略，如何策划和完成并购所需融资，如何进行并购交易的尽职调查，如何对并购对象进行估值，如何安排估值调整条款，如何进行交割交付，如何进行并购整合。区别于一般的并购书籍内容，本书还针对中国特有的所谓"壳"现象，A股上市公司间接参与的并购业务，接地气地整理和分析了国内A股借壳、中概股回归借壳、新三板借壳和并购重组的内容，列示了大量国内近期并购基金的组建架构和操作案例，相信会给很多读者带来启发。

案例众多是本书第三大特点。

作者没有大幅填鸭式输出自己的理解，相反，在提出命题之后，作者会马上展开一个企业或者案例进行解读，让读者细细品味，从中悟出自己的心得。本书在案例选取上也力求国际视野、种类多样，既有国际市场并购案例，也有国内资本市场案例；既有传统行业案例，也有大量新兴行业案例；既有重资产商业模式的并购案例，也有轻资产商业模式并购案例；既介绍了知名企业的成功案例，也收录和分析了它们的失败案例，一定会让读者大快朵颐。

新近资本市场有两大热点：一是举国上下地支持民企纾困行动；二是我们要在上海证券交易所建设一个新的可以跟国际资本市场制度接轨的"科创板"。这两个热点，其实背后都蕴含了广泛的并购内涵，一定会掀起资本市场新一轮的并购浪潮，《戏说并购》的出版恰逢其时，有助大家掌握更多的并购原理和工具，更好地迎合新的并购浪潮的到来！

（高凤勇，力鼎资本创始合伙人、CEO，滦海资本董事长，著有《金融不虚：新三板的逻辑》）

序 3

王晨光

我眼中的并购

《戏说并购》终于与大家见面了。作为本书的作者，以及在券商及投资并购领域工作多年的从业人士，我一直是国内并购行为的观察者和热情的推动者。

并购在近些年来的实践中越来越体现为一个全球化的经济现象。经典理论认为，企业不可能仅仅通过内生性成长来创立一家世界性的公司。而美国著名经济学家、诺贝尔经济学奖得主乔治·斯蒂格勒更是评论道："没有一个美国大公司不是通过某种程度、某种方式的兼并而成长起来的，几乎没有一家大公司主要是靠内部积累成长起来的。"可见，并购是企业走向壮大的必然选择。

按照现代企业管理理论，企业经营的目标是追求利润的最大化，利润数字扩大需要企业不断地扩大稀缺资源的占有率和市场份额，而利润效率提升则需要企业不断吸收新技术和新管理经验。本质上说，企业的发展与其说是追求利润，不如说是为了追逐自身存在所依赖的各项生存条件。当我们所说的这些条件恰好组成了一家企业的时候，那么并购就必然发生。这才是并购产生的逻辑基础。

反过来说，一家经营不错的企业也绝对掌控着全部或者部分同行业企业或者其他希望进入到这一市场领域企业的目

戏说并购

标资源和依存条件。而对于具有极大自主性的创新性企业，并购是他们从传统走向新颖，从简单走向复杂，从初级走向庞然大物的必然需要。

并购可以总结为迎合企业自身发展所需，具有主观能动性地追逐依赖条件的过程。可是如此重要的并购，却并不是一个严谨的法律概念。

这个概念由国外传入中国，咱们说文解字一下，就可拆分为"并"和"购"，即兼并（merger）和收购（acquisition）。普遍认为，合并分为吸收合并、新设合并以及控股合并。吸收合并指，通过将一个或一个以上的公司并入另一个公司的方式而进行公司合并的一种经济行为。合并后，被合并方法人资格被取消，融入合并方，成为合并方的一部分。而新设合并则指，新注册一间公司，然后将所有合并意向方的资产与负债注入这个新公司当中。

那什么是收购呢？控股合并其实就可以看成是收购。收购，通常指股权收购（其实还有资产收购等，但占比非常小）。股权收购是指收购目标公司的股权，达到控制的目的，但交易之后目标公司仍然存在。可以看出，收购前后，双方法人资格不发生任何更改。只是被收购方的控制权发生了转移，即收购方控股了被收购方。由于收购方可以对被收购方的财务、经营政策进行控制，我们叫它们母公司与子公司。这时，两间公司行动一致，如同"合并"在一起，我们称为控股合并。

不过随着经济发展，企业并购交易的具体内容越来越复杂。比如换股合并，已经很难说清是哪方收购哪方。所以在经济实践中，市场索性将这类行为统称为"并购"。其动机是企业战略的落实，其实质是社会资源的重新配置。

一项《财富》杂志针对100强企业的调查发现，绝大多数公司是多次并购的产物。通用汽车、IBM、思科、通用电气等巨头的发展史几乎就是一部并购史。生存和发展是企业永恒的主题。并购从本质上来说，也是围绕企业的生存和发展这个主题而衍生出来的，因此企业的生存和发展是并购的根本动因。

从企业发展的角度来看，并购较之于企业内部积累的发展形式，具有无可比拟的巨大优势,其中主要包括:可以实现企业的跨越式发展,节约企业发展所需时间;可以迅速吸取新的技术、资源;可以减少同行业的竞争。具体到理论方面,并购最常见的动机就是协同效应(synergy)。并购交易的支持者通常会以达成某种协同效应作为支付特定并购价格的理由。

而从经济发展角度看,回顾企业并购的历史,每一次并购浪潮无不具有深刻的经济社会发展背景,包括科技进步、社会经济发展繁荣或衰退等。科技进步一方面促进新的科技产业的出现、发展和繁荣,从而诱发在此过程中的并购活动;另一方面为企业经营管理提供新的工具和手段,促进企业经营管理水平的发展,从而为企业并购和管理新的企业提供可能性。社会经济发展的繁荣衰退循环,则为企业的生存发展或者提供巨大的潜力和机会,或者提出严峻的挑战,从而促进企业的并购联合。

美国并购有人总结为五次浪潮,而纵观近几年中国的并购,也体现了众多的商业思想。在投行业眼中看来,并购涉及大量实操内容。并购已经越来越像一个专业术语,重点围绕两部分,一部分是并购的思想和思路,另一部分是并购在实际发生过程中的技巧与实务。很多书籍只看重某一部分,都会令并购概念不够完整,并购应该是研究如何整合资源,以及更好地整合资源的学问,同时也是如何更好地适应各国监管法规,打破约束条件的学问。

本书力求将并购理论与实践结合,通过案例与专题形式将看似皇冠上的明珠的并购要点,以相对通俗易懂的方式分享给广大中小企业及相关从业人员。本书作者是我与布娜新先生,但本书却是团队共同努力的结晶。其中武玲玲女士对全书框架构建和资本市场监管政策章节付出艰辛劳动;李斐然女士对全书的结构设计和案例编撰做出了巨大贡献。同时,李晴女士参与了国外案例和机构案例的资料搜集工作,对国外并购历史进行了深入思考和总结;季健雄先生对估值章节和一些三板并购案例进行了系统总结;肖倩女士重点搜集了互联网领域的并购案例,并针对并购基金和借壳等课题进行了专题研究。可以说,

戏说并购

没有这些同志的共同努力，关于并购浩如烟海的资料搜集整理工作就无法完成，这本小书也不会出生。

最后，希望本书可以作为中小企业在并购之路上披荆斩棘的有力工具，助力企业家成长，也希望本书能为各位读者带来切实帮助。

虽戏说，但真诚

序 4
布娜新

这本小书，是我们精心准备的成果。当然，它也是时代的产物。并购在中国越来越成为一个高频热词，尤其在资本市场。作为一个长期浸淫资本市场的团队，我们有理由相信，现在把握并购机遇，未来也就能把脉经济走向。

在写书之前，我们参阅了大量书籍和参考资料。不过出乎意料的是，看的资料越多，下笔越迷茫。这是书籍策划初期让我们惊诧的一个结果。随着研究的深入，我们逐渐意识到这样一个残酷事实：并购这件事，真正做的人，没有时间来总结。而不能总结的原因，往往涉及长达几年的保密义务。但凡可以写出来并出版的并购心得，由于前述种种约束，给人的感觉永远是盲人摸象，只见树木，不见森林。

可我们不能止步于此，对于中国千千万万的民营企业来说，并购这个工具，应该也必须掌握。著名编剧兰晓龙曾说，"我写一个剧，往往要看一书架的书才能写出来。"我们又何尝不是？也许没有一书架书那么夸张，但我们参阅的参考资料可以说是异常繁杂了。

在这个基础上，我们打算把书籍的结构设计成一级一级的台阶，只有一步步拾阶而上，你才能越来越接近并购的真谛。我们的野心不大，这本书最后的台阶爬完，你可能仍然只能在半山腰，但不管怎么说，山顶并购的好风景，你离得越来越近了。

既然是爬台阶的设计，内容也是由浅入深的。随着台阶的升高，你可能会越来越吃力。毕竟并购会涉及非常多的专业知识。考虑到这一点，本书采用大量比喻和通俗笔法，尽量化繁为简，让你读起来不那么吃力。

第一阶从婚姻角度入手，将婚姻成功的心法运用到并购之中，通过国内外两个成功、两个失败的案例，为读者总结并购的四条心法。

第二阶从并购大戏的比喻出发，为读者分析，作为并购的主要参与方之一的企业，其作为主演，要有哪些方面的修养才能演好并购这出戏。

并购大戏讲完演员，自然就要讲导演。并购中的财务顾问和投资银行们，就是大戏背后实际操盘的导演。第三阶，我们将重点介绍这些导演的风格，以及其之所以成为顶级大家的成长历程。

既然把并购比喻成大戏，大戏必有经典。第四阶和第五阶就是分别让读者品味并购经典和主流并购案例。近十几年在互联网领域发生的并购案例是当之无愧的经典，里面交织着创业者、巨头和资本的爱恨情仇。而资本市场的投融资魔术又赋予了很多主流并购案例新的生命力。

从第六阶开始，书籍仍然沿用并购大戏比喻，为读者们引入三个重要角色：编剧、制片人和出品人。这三个角色代表并购三个相对专业的领域：战略制定、并购融资和尽职调查。这三个领域的能力我们建议企业家们不要太依赖外界顾问，最好自己掌握。只有这样，并购节奏才能由自己掌握。

接下来的第七阶会偏专业一些，我们谈到了估值、对赌、方案设计和借壳四个话题。既然要玩转并购，估值和对赌是绕不开的两个关卡，这两关过起来并不容易。第三关是方案设计，这关更考验玩家的综合能力。而借壳我们称为机会卡，在游戏中遇到机会卡，是一件凭运气的事情，但借壳光有运气还不够，如果玩家实力不过关，即使拿到这个机会卡也枉然。

第八阶是本书的最后一部分，我们聊聊监管话题。在中国，各行各业都面临一个共同话题，就是如何跟监管部门相处。我们这部分的监管主要特指资本市场的监管部门——证监会和全国股转系统。与监管部门打交道，不光需要智商，也需要情商。你要了解规则，吃透规则，同时你也要善于揣摩监管部门的心思。

好了，以上就是我们这本小书的内容，希望在爬台阶的过程中，你们都会有所收获！

1阶
并购心法
如何经营完美"婚姻"

很多人将并购比喻为婚姻，不失为一个好比喻。成功婚姻分为两部分，第一部分在于婚前的追求，第二部分在于婚后的感情维系。而成功的并购也是如此，由并购之前的准备和并购之后的整合共同决定。成功的并购和成功的婚姻一样，具备一些相似点；同时，失败的并购也跟失败的婚姻一样，具有同样的相似点。

接下来，我们将通过吉利收购沃尔沃，Facebook 收购 WhatsApp，TCL 收购 Thomson，美国在线、时代华纳合并这四个案例以及 14 个关键点展开讨论，来说明并购并不是定式，而是一种思维方式。其中前两个是成功案例，后两个是失败案例。我们不光可以看到幸福婚姻具有的相似点，也可以从不幸的婚姻中吸取到足够多的经验教训。

> 心法一：婚姻的成败与出身无关，穷小子未必娶不了白富美

吉利收购沃尔沃：国内汽车行业最完美的跨国并购

管理能力不足，小学生能否带领大学生？小企业能否掌控比自己更牛的企业？这个问题，被吉利完美回答。吉利收购沃尔沃汽车，一开始根本不被外界看好。李书福当年创立吉利时，对于汽车的定义，像个外行人，他认为汽车就是"沙发+四个轮子"。

吉利集团自20世纪90年代创立以来，经多年发展到如今，虽已拥有帝豪、全球鹰、英伦等多个子品牌和30多款整车产品，但给人的印象依旧是"廉价"轿车的代名词。因此，2009年8月，当福特宣布吉利成为沃尔沃唯一的竞标者时，市场为之震惊。

沃尔沃汽车有80多年的汽车制造及销售经验积累，并且具备全球运营能力，而吉利汽车在20世纪90年代才进入汽车制造领域。吉利相对于沃尔沃汽车可以说是"能力不足，无法管控"。那么，"小镇农民工"要怎样迎娶"名校白富美"呢？

金融危机带来的盛宴

据当时的材料表明，就福特汽车来说，是想卖掉沃尔沃缓解自身经营困难

的。2007年正值美国次贷危机加深，福特汽车已经考虑出售部分品牌。李书福精准地抓住了金融危机带来的这次收购机会，开始和福特汽车接触。

李书福最初看上的是路虎和捷豹，只可惜晚了一步，同样别具眼光的印度塔塔集团已经就路虎、捷豹的收购事宜跟福特谈判进入了实质阶段。吉利没必要加入这场竞争，与印度同行一起哄抬物价还不如静待新的机会。

金融危机还在蔓延，吉利的机会也就近在眼前。

从2005年开始，福特麾下的沃尔沃就处于持续亏损状态。2008年，沃尔沃全年销量较2007年又下降18.3%；2009年，沃尔沃销量较2008年又下降10.6%。这样的沃尔沃，令深陷金融危机旋涡中的福特迫切想把这个"烫手山芋"甩出去。

得知这一重磅消息后，痛失上次机会的李书福和集团高层开始讨论收购沃尔沃的可能性。众所周知，沃尔沃拥有海外成熟技术以及成熟的零部件供应体系，是成熟汽车公司的典范。其原创能力很强，安全性能举世无双。

对于吉利来说，没有比沃尔沃更优秀的品牌可以提升自己的空间了。收购沃尔沃可以吸收国外高端人才，获得先进核心技术，学习先进的管理经营理念，增强品牌实力和市场影响力，减少吉利重新建立豪华汽车品牌的时间与成本，同时符合集团进军国际市场的发展战略需要。

至此，吉利集团迎来其发展史上的重大转折点。

不打无准备的战役

2008年，李书福不声不响地领导了收购团队的运作。为了这起收购，李书福精心准备，一开始便组建了强大的中介团队。著名的富尔德律师事务所作为法律顾问，负责收购项目的所有相关法律事务，包括知识产权、商业协议、诉讼、雇用、不动产、经销商及特许经营等。

国际四大会计师事务所之一的德勤负责收购项目的财务咨询，对沃尔沃公司的财务、税务、成本节约计划、分离运营分析、养老金、资金管理和汽车金融进行尽职调查和分析；而洛希尔投资银行作为收购项目顾问，负责对卖方的总体协调；博然思维集团作为项目的公关顾问，负责项目的总体公关策划、媒体战略制定和实施。

在国际顶级中介机构的助力下，李书福向福特出具了一份令福特无法拒绝的收购计划报告。没有这支团队的参与，以中国民营企业的行业与资本市场经验来收购一家老牌北欧企业，是不会这么顺利的。

另外，此次并购中也出现了高盛的身影。在吉利与福特签署收购协议的半年前，也就是2009年9月，高盛旗下一家名为GS Capital Partners的私募基金通过认购可转换债券和认股权证正式投资吉利汽车。在可转换债券和认股权证行权后，吉利汽车将得到25.86亿港元（约合3.3亿美元）的资金。有了高盛的牵线搭桥，就不愁此次并购不能顺利通过瑞典、欧盟和中国政府部门的审批了。

诠释什么才是快速巨额融资

据传，关于价格，福特纠结了几次，一开始报价高达60亿美元，后来终于拗不过金融危机的冲击，打不起消耗战，价格渐渐降了下来。最终，2010年3月28日，吉利集团以18亿美元的价格正式收购沃尔沃100%股权。

其中，以13亿美元现金和2亿美元票据的价格完成了对福特汽车旗下沃尔沃汽车公司的全部股权收购。后续养老金和流动资金调整在2010年底进行最终决算，该数额约3亿美元。

虽然比60亿美元低了不少，但毕竟是金融危机，吉利能筹到巨额资金吗？

出乎意料的是，吉利选择了单一的现金对价支付方式。为什么全部用现金？一方面，福特公司急需现金，而吉利汽车股票仅在香港上市，沃尔沃的股东不愿意接受不在本国市场交易的公司股票。另一方面，现金支付必须履行的法律手续以及法规制约比股份支付少。此外，作为竞购沃尔沃的多个公司之一，对于一心

戏说并购

想拿下沃尔沃的吉利只有采用现金支付才可以迅速击败竞争对手。

不过以吉利当时的实力，凭借自身现金流收购沃尔沃并不现实，全部用现金支付的决策让吉利集团的负债率大幅增加。不过，吉利是有备而来的，这得益于李书福前期充足的准备和多方的融资谈判。吉利在收购沃尔沃时，已经和金融机构以及地方政府谈妥了条件。成都、大庆、上海等地方政府都出资参与了收购。

吉利收购沃尔沃只有41亿元人民币（约5.91亿美元）是吉利自掏腰包。此外，吉利通过股权置换的方式，向大庆国资借款30亿元人民币（约4.32亿美元），建立了第一个融资平台——吉利万源国际投资有限公司。而在获得上海市政府的批准后，上海嘉定同意通过上海嘉尔沃的成立向吉利提供10亿元人民币（约1.44亿美元）并购资金（上海嘉定工业开发区（集团）有限公司出资5亿元，上海市嘉定区国有资产经营有限公司出资5亿元）。此举直接推动了第二个融资平台——吉利兆圆国际投资有限责任公司的成立。

除了地方政府以及国内主权银行，吉利另一半资金大多来自美国、欧洲、中国香港等海外资金。当时中国银行浙江分行与伦敦分行牵头的财团也承诺为吉利提供5年期贷款，金额近10亿美元，吉利还与中国进出口银行签署了贷款协议。还有前面提到的高盛入股吉利汽车的25.86亿港元（约合3.3亿美元）资金。而瑞典和比利时政府也为此次收购提供了低息贷款担保。①

中国平民小伙终获欧洲公主芳心

和所有收购一样，成功收购沃尔沃后，李书福遇到了整合难题。最初，沃尔沃不愿意将发动机技术授权吉利使用，原因是沃尔沃怕利用他们的技术装备吉利之后，就对沃尔沃弃之不顾了。好在李书福非常有耐心和大局观，他并没

---

① 邱红光，尚秀霞．吉利杠杆收购沃尔沃案例解析［J］．上海胜道投资管理有限公司，2010．

有强迫沃尔沃和吉利进行技术交换，而是对沃尔沃保证持续投入研发费用，以更新沃尔沃现有的技术水平。

在资金持续投入下，沃尔沃如今有了 SPA 可扩展平台、INTELLISAFE 安全科技、SENSUS Connect 智能在线、E 驱智能科技等诸多先进科技，使得沃尔沃的技术更上一个台阶，这里面李书福功不可没。随着互相了解的加深，在 2013 年，吉利—沃尔沃联合研发中心（CEVT）在瑞典哥德堡开始试运营。

在吉利融合沃尔沃技术之后，产品开始发力的 2015 年，吉利汽车全年总销量同比 2014 年增长约为 26%。不容忽视的是，2015 年国内汽车市场的大环境并不景气。吉利汽车能取得这样的销量成绩，并在 2015 年全年乘用车厂商销量排名中位列第 13 名，这值得肯定。不难看出，吉利在吸收、消化沃尔沃技术之后，产品正在逐步得到消费者认可。其产品竞争力、营业收入、盈利水平、品牌溢价能力都得到了全面提升。

跨国并购从来就没有容易的，但吉利集团凭借过人的胆识和充足的准备最终赢得了全面胜利。吉利收购沃尔沃汽车是我国首例海外车企并购案，也是迄今为止最成功的海外车企并购案。在各大商学院，吉利案例也是经久不衰的经典商业案例。[①]

---

① 贺峥. 浅析民营企业跨国并购的风险——以吉利收购沃尔沃为例［J］. 中国商贸，2011(21).

心法二：情敌不可怕，反而会让你越挫越勇，迎难而上

Facebook 收购 WhatsApp：防御型并购的典型案例

在以 10 亿美元鲸吞 Instragram 之后，2014 年，Facebook 准备以 190 亿美元的天价收购 WhatsApp。190 亿美元的价格不仅是 Facebook 有史以来最大手笔的收购，也是继 2001 年时代华纳与美国在线合并之后互联网产业最大规模的并购交易。Facebook 收购 WhatsApp 的价码之高让许多硅谷观察家大感意外。专家的反应倒也在情理之中，因为这些专家从来不用 WhatsApp。

那么，扎克伯格以如此高价买下 WhatsApp，是他一时冲动的结果吗？当然不是。其实，这次收购主要是因为扎克伯格基于一个当时的洞见：**互联网改变世界，而移动互联网必定改变互联网**。这次收购只有内行人才会惊异于扎克伯格的战略眼光。看看当今的中国，互联网已经被智能手机彻底改变，也许你就会理解当时 Facebook 的明智了。

Facebook 对谷歌的防御

随着智能手机的迅猛发展，移动通信已经逐步替代 PC 成为消费者的刚性需求，而对这一点，扎克伯格是有战略失误的。扎克伯格没有充分预估移动互联网的爆炸式发展，一直在用 PC 互联网的思考方式对待移动互联网，而且 Facebook 自己研发的产品形态没有抓住本质，导致在依托苹果 ios 和安卓 android 两大系统的智能手机爆发后的关键两年里，Facebook 没有抓住移动互联网的入口。

Facebook 在欧洲、亚洲、南美市场的用户活跃度无法与本国相提并论。亚洲市场份额基本被 Line 和 Wechat（微信）霸占，后面两家的创始人分别是韩国的巨头 Naver 和中国的腾讯。扎克伯格心里很清楚，对于这两家公司来说，自己还需要眼光放长远，他们目前是根本不可能被收购的。

Facebook 在美国的竞争就比较简单了，对手主要是 Snapchat 和 WhatsApp。但是不排除高维度的选手进入这个领域，比如谷歌这类大佬。当然也不排除腾讯这类亚洲对手，通过并购 Snapchat、WhatsApp 这两家其中之一来进攻自己的领地。

幡然醒悟后，Facebook 决定立刻在北美市场收复失地。想进军亚洲就要先巩固在欧美的阵地，那就急需收购移动社交领域较强的互联网平台，扎克伯格的目标就是这两家公司之一。

恰好在这个时候，扎克伯格最担心的谷歌成了这场"求爱"行动的情敌。谷歌欲收购 WhatsApp 的消息像一枚深水炸弹袭来，Facebook 有一种被逼入死角的感觉。祸不单行，另一家即时通信巨头 Snapchat 拒绝了 Facebook 的橄榄枝。看清形势的扎克伯格深信，如果谷歌成功收购了 WhatsApp，那么 Facebook 等于在即时通信竞争中痛失"要塞"。

谷歌收购 WhatsApp 对 Facebook 来说难以接受，腾讯收购 WhatsApp 就等于开始向全球扩张。所以干脆，Facebook 自己主动采取防御型并购策略，打一场翻身仗。

190 亿美元的大手笔

扎克伯格的方案是：190 亿美元收购 WhatsApp。这个庞大数字中，现金部分仅有40亿美元，大头120亿美元是用1.839亿股Facebook股票支付，此外还有价值30亿美元的后续激励，收购交易完成后向WhatsApp创始人和员工提供30亿美元的限制性股票，可以在交易完成四年后执行。

这项后续激励既增加了WhatsApp创始人和原始员工的工作动力，也在一定程度上保护了Facebook现有股东的利益。因为，根据激励计划的规定，如果收购完成四年后WhatsApp表现不佳，WhatsApp创始人和员工也无法兑现股票激励。此外，还有一条人事保证，交易完成后，WhatsApp联合创始人兼首席执行官Jan Koum加入Facebook董事会。

对于互联网企业而言，用户数才是估值基础。WhatsApp全球使用者超过4.5亿人，并且每天新增100万用户，日活跃用户超过70%。每天WhatsApp发出和接收430亿条信息，上传6亿张照片，2亿条语音，1亿条视频信息。现如今，WhatsApp的用户正在迈向10亿，这就是其价值存在。

Twitter和LinkedIn的价值都超过200亿美元，中国腾讯价值约1400亿美元，Facebook则价值约1730亿美元。这些价值都是以其惊人成长前景算出来的。扎克伯格也坚定地认为，用户规模大小是估值关键所在，如果用长期的眼光来看WhatsApp，未来10年该收购案将会得到回报。

互补才是收购的商业考量

扎克伯格的盘算中，还有一个考虑，就是市场份额互补。Facebook的数据显示其社区老龄化严重。而WhatsApp、Snapchat的用户大部分都是"脸书拒绝者"，相当强势地占领着移动端和年轻人市场。

WhatsApp不着急获利，对用户只象征性地收取1美元的年费。读者肯定关心如何从聊天中赚钱的问题，答案是它不必从发送信息中挣钱。当时来自亚洲的即时通信应用已经充分证明了这一点。微信也能让用户打车、付款、搜索、购物、买电影票等，未来还有很多商业可能。日本的Line上面有支付、电视和游戏平台。当你在聊天的同时就能同步完成这些需求，用户为什么还要去翻找其他应用、密码和支付方式呢？

WhatsApp 用来传播系列图片和视频故事的功能在当时已经风靡一时，类似中国近年来火爆的抖音。这些可促使用户之间快速转账，并可以汇集优质内容制作者向社群靠拢。

总之，扎克伯格看中了 WhatsApp 的潜力和看懂了其背后的商业逻辑，即从其他途径收费。信息发送虽是移动通信的核心功能，但是，其未来发展成为一个成熟的社交网络的潜力，才是移动通信重中之重。

现在移动通信 App 是移动时代的门户，而 Facebook 拥有最大的一家，确保了 Facebook 帝国版图的完整性。

心法三：不能剃头挑子一头热，心急永远吃不到热豆腐

TCL收购汤姆逊、阿尔卡特：有钱也不能任性

恋爱过程和并购过程充满相似点，恋爱中的情侣和并购的双方一样，都会时而喜笑颜开，时而怒不可遏。但是从本质来看，这属于一种实力周旋，双方都会运用一点小诡计来确保自己能够胜出。恋爱过程和并购过程一样，双方在进攻与防守之间掺杂着复杂情感因素，对结果的不确定会像拉锯战一样把双方交织在一起，一波三折难以避免。

TCL集团在中国可以说家喻户晓，在2004年1月通过吸收合并实现整体上市。作为中国企业国际化的先行者，TCL国际化经历了早期探索、跨国并购和稳步成长三个阶段。现在的TCL集团，通过海外并购和重组，逐渐在新兴市场、欧洲、北美等地形成了全球化产业布局，海外业务大规模增长，形成了家电、通信多领域发展，达到了年盈利几十亿元人民币的规模。

可即便是TCL集团，在海外并购初期，也经历了"交学费"的惨痛经历。TCL集团董事长李东生也直言不讳地说道："回顾过去十年对汤姆逊、阿尔卡特的收购经历，TCL在2004年企业盈利的巅峰时期先后进行上述两宗海外收

购，总体战略上是正确的，但在战术上存在很多失误。"[1]

求胜心切，缺乏核心考量就冒进行动

早在2003年和2004年，中国企业的海外并购还是一个比较新的现象。中国加入WTO之初，为了提高中国企业的竞争力，培养其对抗外国企业的能力，政府放宽了企业进入海外市场的相关法规，制定了"走出去"的政策，积极鼓励企业进入海外市场。在这种情况下，中国企业的海外并购活动有了较大飞跃，如海尔集团在美国开设工厂、四川长虹集团通过美国代理商将彩电出口到海外，而TCL集团则希望通过一次成功地收购海外企业的举动，铸就自身的王者地位。

当时TCL决定并购Thomson集团的电视机业务和阿尔卡特公司的手机业务，这是两项不同领域的并购，TCL决定同时进行。从直觉上来看，这样的并购动机无可厚非，一方面国内庞大的电子消费能力已经凸显，另一方面通过并购，TCL自身产品也可以快速切入欧美市场，可谓一举两得。

可是，这样明显的好处也掩盖了两个并购标的存在着的亏损问题。2003年，Thomson集团电视业务亏损1.85亿欧元，而阿尔卡特的手机业务亏损7440.5万欧元，这亏损背后的原因究竟是什么？TCL没有去追问。

收购Thomson集团电视业务的方案为：TCL与Thomson集团成立一家合资公司TTE。TCL将位于中国国内、越南及德国的彩电、DVD工厂、研发中心和销售网等资产注入合资公司，而Thomson公司将位于法国、墨西哥、波兰和泰国的电视厂房、所有的DVD业务、所有的电视研发中心和DVD研发中心注入合资公司。TCL发行新股换取Thomson集团持有TTE 33%的股份，从而掌控TTE 100%的股份，间接完成对Thomson集团电视机业务的并购。

收购阿尔卡特手机业务的方案为：TCL与阿尔卡特成立一家合资公司

---

[1] 苏立峰，张子龙. TCL跨国并购：为国际化而国际化 [J]. 经济与管理，2007.

TAMP。TCL 向合资公司投入 5500 万欧元现金，占 TAMP 公司 55% 的股份，取得控股地位。阿尔卡特向合资公司注入现金和全部手机业务相关资产、权益和负债，合计 4500 万欧元，占 TAMP 公司 45% 的股份。①

转型期并购等于放大风险

TCL 集团收购 Thomson 集团电视业务的交易宣布后，在香港市场交易的 TCL 股票股价上涨近 30%，汤姆逊股价在巴黎小幅上涨，收于 18.21 欧元。但是好景不长，TTE 公司随后的表现证明了，对于 TCL 而言这并不是一场成功的并购。

读者们可能已经猜到，**那个时候已经是传统彩电的黄昏，平板彩电的黎明**。

后来的事情大家都知道了，传统彩电很快被平板电视挤出历史舞台，全行业进入亏损。一时间，TCL 全球的盈利都补不上并购 Thomson 带来的窟窿，这顶 ST 的帽子也让 TCL 戴了很久。

事后有人曾说，汤姆逊彩电业务早已陷入亏损，曾考虑卖给 GE，但遭到拒绝，即便是老奸巨猾的韦尔奇也认为这是一个根本不可能拯救的业务。这个时候 TCL 却接手了这个"烫手山芋"。

TCL 收购 Thomson 彩电前就缺乏核心考量，忽略了它严重亏损的原因，即这家公司的技术即将被淘汰。TCL 在 2003 年的欧洲彩电市场开始转向平板电视的更替时代发生了严重误判，对这块资产给予了严重高估，这些不必要的多余债务成为拖累 TCL 多年发展的巨大负担。

当李东生回顾 TCL 的 10 年国际化征程时，他深刻指出，在产品和市场转型期进行并购反而会放大风险。②

---

① 吴定祥. 企业文化整合：跨国并购中的一道难题——TCL 收购阿尔卡特失败案例分析 [J]. 对外经贸实务，2010（5）.

② 姜秀珍，张献华. 中国企业"走出去"并购战略：风险与对策 [J]. 国际商务研究，2007.

TCL 对 Thomson 是仁慈的。Thomson 在 TCL 遭遇危机的时候，提出要 TCL 集团帮助，将其在 TCL 多媒体中的持股比例降至 20% 以下。而 TCL 也不想难为这位国际友人，随后 TCL 多媒体宣布母公司已向 Thomson 解除 2005 年 8 月订立的股权交换协议限售规定，Thomson 随即启动了减持 TCL 多媒体股份的行动，持股量由 2006 年底的 19.32% 降至不足 5.48%，套现约 5.7 亿港元。汤姆逊从 TCL 欧洲业务亏损的承担者上一路摆脱。

2006 年，当面临高达 20 多亿元人民币的欧洲业务亏损时，TCL 集团决定关闭欧洲业务。TCL 方面的逻辑认为，TTE 欧洲业务经营主体是一家有限责任公司，如遇破产清算，将以公司的注册资本为限。然而，负责 TCL 欧洲业务清算的清算官不认可 TCL 方面不承担连带责任的说法，向 TCL 集团、TCL 多媒体及其相关子公司索赔金额高达 6.5 亿元人民币，并获得法国法庭支持约 2.11 亿元人民币（约 2310 万欧元），最终和解金额为 1.32 亿元人民币。跨国老江湖又给中国企业上了一课。

面对无底洞，没有及时断臂求生

而并购的另一端，TCL 与阿尔卡特首期合资完成后，逐渐发现研发成本是个无底洞。此时为了国际化战略的实施和面对已投入的沉没成本，损失厌恶心理导致 TCL 管理层进一步投入巨资，也即继续增资，只期待市场好转时能够带来盈利。但是世界手机市场逐步已经变成了苹果和三星等可触屏手机的天下。

从财报中可以感觉到 TCL 的痛苦，2018 年 7 月，TCL 集团披露了半年度业绩预告，其预计上半年净利润同比增长 1%～10%，盈利 16.7 亿～18.2 亿元；归属于上市公司股东的净利润比上年同期上升 50%～60%。这其中，业绩的好转得益于 TCL 电子业务的增长，TCL 通信业务减亏以及家电和其他业务的发展。

据 2018 年 TCL 集团半年报披露，TCL 通信目前主要以 BlackBerry（黑莓）、Alcatel（阿尔卡特）和 TCL 三个品牌在运营，90% 以上的产品销往海外市场。在华为和小米等国内手机巨头都逐渐站稳国际舞台的时候，TCL 通信仅仅是亏损大幅减少。伴随 2018 年国内整个手机行业遭遇寒冬，海外手机市场低迷态势延续的影响，未来手机形势或许更为不妙。

国际化人才储备不足

在并购中，红娘的作用非同小可，找到了一个好红娘，事情就会成功一半。

在并购前期，TCL 的管理层过度自信，为了快速推进国际化战略，没有做好并购标的尽职调查，在这种大型国际并购项目中甚至撇开了咨询机构，草率并购导致了重大隐忧，以及接下来的一系列重大失误。

TCL 集团缺乏管理跨国企业的经验和相关人才，对欧美等国家的经营环境、文化、法律法规、商业惯例以及工会制度等不能很好地适应，对并购后的 Thomson 集团电视机业务和阿尔卡特手机业务没有能够及时、有效地进行整合。

比如，阿尔卡特公司一贯实行基于预算的程式化经营，但 TCL 一方往往会临时做出决定。在选聘经营管理者的标准方面，法国方面一向选用学历高的专业经理，而 TCL 一方则强调企业家的素质和实用主义。并购汤姆逊公司后，双方围绕语言交流的障碍以及经理的报酬、产品战略等问题花了很长时间进行调整。

一桩出色的并购可以使得企业业绩迅速增长，而一桩失败的并购可能使得并购方遭受巨大打击。两起失败的并购不光未能发挥 TCL 集团在电视、手机等领域的成本优势，反而出现重大亏损，拖累了集团业绩。

2006 年，TCL 集团巨亏达 19 亿元人民币，公司股票由此变为 ST。为了渡过难关，电工业务、楼宇业务等非核心业务被相继出售。虽然之后 TCL 集团调整战略，于 2007 年扭亏为盈，但 TCL 多媒体 2005~2008 年连续亏损，拖累 TCL 集团盈利；TCL 通信 2005~2008 年虽然保持盈利，但净利润占 TCL 集团的比例不足 1/6，没有成为 TCL 集团的盈利支柱。

目前，中国企业国际化依然任重道远。在中国经济新常态下，特别是面对互联网时代的巨变，中国企业也面临着巨大的机遇。

心法四：门当户对固然好，但不是婚姻成功的充分必要条件

美国在线与时代华纳合并：协同里面有大学问

人们都说，婚姻是爱情的坟墓，对于并购来说何尝不是如此？就拿美国在线和时代华纳合并来说，当时看似"门当户对"，但事后看来却失败得"体无完肤"。所以，应该如何让美妙的爱情，在婚姻阶段守住胜利果实呢？

2000年1月，互联网新贵美国在线和老牌传媒帝国时代华纳宣布合并组建世界最大的跨媒介传媒公司，这起合并充满了想象力，一艘传媒界的超级航母在人们的脑海里缓缓驶来。所有我们能想到的媒体形式都被融合到这家全球最大的媒体公司中。然而9年后，国际传媒巨头时代华纳公司正式剥离旗下子公司美国在线，这场备受瞩目的"世纪兼并"正式宣告失败。

看似金玉良缘，实则水中月、镜中花

美国在线绝对是当时美国"新经济"的代表，在20世纪90年代短短10年中，美国在线资产增长率达到1300%，市值在2000年高达1600多亿美元。处于估值巅峰的美国在线当时做了一件事，就是四处寻找合适的并购标的。

另外，时代华纳是美国传统媒体的代表，不断通过努力尝试开展网络业

务，但似乎不得要领，始终徘徊在成功之外。因此，机缘巧合使两家公司相遇，两家公司的合并曾被看作是传统媒体与新媒体的天作之合。

一个良好的假想是，时代华纳希望借助美国在线的网络平台优势进军新媒体市场，而美国在线则需要时代华纳的有线电视业务作为新的盈利增长点。不过，这个无懈可击的想法不是一个深思熟虑的产物，也再次印证了美好的愿景和现实有时候会发生冲突。

经过长达一年的时间，美国联邦通信委员会终于批准了这场世纪大合并。新诞生的美国在线—时代华纳公司股价徘徊在39～45美元之间。完成合并后没几个月，互联网迎来了泡沫破裂，美国经济随后陷入衰退。雪上加霜的是，2001年9月11日，"9·11"事件爆发，新公司股价暴跌至34美元，此后一直没有恢复到全盛时代。

2002年4月，新公司公开了542.2亿美元的巨额亏损，导致其股价跌破20美元大关。2003年10月，新公司更名为时代华纳，从此美国在线从公司名称中被彻底抹掉，美国在线只是作为公司的一个部门而存在。

2000年左右美国在线是互联网拨号连接领域当仁不让的老大，该公司市值极高，在投资者的追捧下，估值立刻超越曾经叱咤风云的蓝筹股们。这种地位持续到2002年，之后好景不在，因为宽带时代的来临。

美国在线在战略判断上，是前怕狼后怕虎的。事后看来，宽带绝对是拨号上网的终极对手，但美国在线在进入宽带市场时是犹豫不定和迟疑不决的。其在市场判断上的执迷不悟，导致美国在线坚持拨号上网服务收费23.90美元/月，拨号上网速度仅为每秒56K；而宽带服务收费是45美元/月，当时速度已达每秒1.5M，比前者快25倍。拨号上网业务已经无情地被宽带业务冲击。

随后就是崩塌，美国在线丢失订阅用户，订阅收入随之下降，最后是广告业务营收下滑。

强盛时代的美国在线的优势是一种暂时性优势。拥有暂时性优势的公司们，只能在某一时段处于领先位置，一旦科技进步，新形式的竞争优势出现后，原有的竞争优势就会受到侵蚀并被取代。而互联网领域就是新技术层出不穷的领域，不跟随就会被淘汰，没有任何理由。

两公司合并时，美国有一半人都使用拨号上网，使用宽带的仅占3%。合并后没多久，拨号上网的商业模式已经处于崩溃边缘。而时代华纳欲借助前者网络优势发展已有业务的打算也落空，最终两者分手在所难免。①

水油无法相容

美国在线和时代华纳类似"牛仔"和"绅士"共同在一家公司办公，虽然各有各的优势，但是一旦让谁领导谁，都会出现另一方不服的问题。

合并之前，高管为投资人描述了一个美妙的前景：计算机、电视、音乐、杂志等媒体都可以通过网络平台为用户共享。但实际上，合并后的公司就像油和水，彼此分割，极少有相互渗透的业务。

依旧是由于网络带宽限制，美国在线难以消化时代华纳庞大的内容资源，导致时代华纳的内容基本没有通过美国在线的网络服务出售给消费者的可能性。以"罗辑思维"为代表的知识付费在如今的中国已经如火如荼，但在当时的美国还备受制约。

当初时代华纳设想是将跨媒体广告业务当作新的经济增长点，计划将杂志、书籍、有线服务、动画等传统媒体业务与网络服务的新经济运营模式很好地结合起来。但实际操作起来，美国在线只是充当了时代华纳各种内容产品的在线推广工具，整合无法发挥，力度也有限，双方无法统一各自优势，也一直未能找到充分发挥各自优势的新盈利模式，各自依旧对各自原有的核心竞争力形成一种路径依赖。

---

① 谢耘耕. 美国在线—时代华纳并购败局的启示 [J]. 河南工业大学新闻与传播学院，2011.

最重要的是，宽带连接是未来的趋势，拨号连接将被逐步淘汰，入口即将发生变化。得用户者得天下，时代华纳有线电视网拥有1300万用户资源。这为美国在线向宽带连接的转型提供了坚实的基础，但这又让时代华纳耿耿于怀。双方的协同进化已经不同步。换句话说，合并的公司里面，有没有美国在线不重要，但是不能没有时代华纳。

当时美国证券市场的一位分析师比喻道："华纳就像一批老派的西装笔挺的人，跟习惯穿牛仔裤工作的技术人员是很难相处的。"

时代华纳作为传统媒体企业，在长期发展的过程中，积累了深厚的文化底蕴，并有准确把握市场需求的能力，善于从经验中吸取教训，不断推出新产品。美国在线毕竟是一个年轻的互联网公司，其企业文化是以快速抢占市场为首要目标，缺乏的是遇到困境之后重整旗鼓的能力和经验。

合并后，集团管理层缺乏跨行业管理与整合的经验，双方一直存在着隔阂与冲突，一直都争执得很厉害，两种完全不同的商业模式和文化几乎从来没有很好地合作过。

失败的婚姻逃不脱离婚的宿命

美国在线与时代华纳刚合并的时候，是处于互联网尚欠发达的时期。当时人们获得信息的主要渠道大多来自传统媒体，所以当时时代华纳所代表的传统媒体仅仅将互联网定位为其自身内容的"再转载媒体"，而以美国在线为代表的互联网新贵也正好将传统媒体内容作为其带动流量的重要手段。

开始设想得很好，但双方都没有想到的是，内容生产越来越自由，信息来源越来越不依赖于传统媒体，互联网打破了多年来由传统媒体打造内容的生产垄断。新一代互联网媒体模式出现，社群与自媒体随后相继出现。

美国在线首席执行官凯斯在合并之初曾雄心勃勃地表示："我们将彻底改变媒体和互联网世界的面貌。"但真正改变互联网和媒体世界面貌的却是谷歌这家当时不起眼的小公司。当初搜索引擎曾被认为毫无商业价值可言，谷歌却凭此项服务逐渐发展壮大。

一家不生产任何内容，没有内容编辑的公司，最后却拥有了媒体的商业模式，凭借广告费收入成为巨头。谷歌从其提供的后台服务中，研究用户访问的行为，优化自己的网站，提升用户的访问体验，进而提升广告收益，形成了自己对互联网市场的控制力。

美国在线与时代华纳输得并不冤枉。如果再往后推几年，即便时代华纳和美国在线没有遭遇互联网泡沫破裂的不利大形势，有效地抑制住谷歌，也会败给以 Facebook 为代表的社群媒体，主要是因为其传统媒体的基因。

我们一直在说 1 加 1 应该大于或者等于 2，但是在美国在线与时代华纳的合并中，我们却只能失望地看到 1 加 1 小于 1 的结果。美国在线充当的是媒体渠道角色，时代华纳则是内容提供者，看似完美组合，但是由于大环境以及兼并思路的错误导致了失败。

时代华纳最后将美国在线彻底剥离，美国在线成为一家独立上市的互联网公司，专注于发展广告业务；而时代华纳则专注于内容业务，继续在自己的电影、电视领域做精做强，债务包袱变得更小。对于双方来说，都是一种解脱。

如果说并购之前类似爱情，并购之后类似婚姻，那么恋爱双方结合的幸福绝对不是简单地将两家财产拼接在一起，而是关键要看两家能否融合。如果根本无法有效融合，并购便达不到领先一步或者垄断目的，新公司也无法专注于主营业务。①

婚姻不是只是简单地相加，并购也类似。一家合并后的公司最怕效率低下、磨合困境和互相抵触。很多公司的眼光没放那么长远，看重结婚的形式，却低估了婚后的整合。自然，合并之后两家公司的步调没法统一，失败在所难免。

---

① 张立勤. 传媒并购的文化冲突成因及其整合路径——美国在线—时代华纳并购败局的启示 [J]. 中国记者，2010.

2阶
并购大戏

论演员的自我修养

并购这件事没有一定的思维定式，影响其成功和失败的因素太多，和婚姻类似，我们可以从这种最基础的组织形式中找到共鸣。有人说并购像一次次浪潮，而笔者认为并购是一出出大戏。浪潮的比喻相当于从行业整合角度横向划分，而大戏的比喻则更倾向于纵向从并购参与者的角度划分。

　　既然说并购是一出大戏，那么在大戏上演的时候，必定有演员和导演。在并购中，企业就类似演员，凡是著名的演员都有自己的套路与章法，说是演技也好，外貌也罢，总归适合自己就是最好的。

　　那么，并购的主角们又在长期的并购实践中产生了哪些哲学呢？下面我们就选取了四家公司，其中有一家是海外的，三家是国内的。从他们身上基本可以概括企业家们在并购中的修养。

> **修养一：时间积淀阅历，老戏骨弥足珍贵**

思科：科技并购思想缔造者

思科是世界并购领域的大玩家，全称思科系统公司（Cisco Systems, Inc），英文简称叫做 Cisco，1984 年 12 月成立于美国的加利福尼亚圣何塞。创始人是斯坦福大学的一对年轻夫妇，列昂纳德·波萨克（Leonard Bosack）和桑德拉·勒纳（Sandy Lerner），他们都是计算机专业的资深教授。

不过，将思科推到顶峰的是 1991 年才加入思科，后来成为思科总裁的约翰·钱伯斯。约翰·钱伯斯是并购界的风云人物，而其在并购领域的好搭档则是大名鼎鼎的红杉资本。

在斯坦福大学的不同校区联系极为不方便，上面提到的夫妻创始人研制出了一种可以将校园不兼容的计算机连接在一起的一个网络，也就是现在的"局域网"，这样便能够在日常的生活中互相联系，也便于感情联络。

随着越来越多的人开始使用这种网络，互联网这个行业逐渐露出端倪，最后发展成为一场科技创新。思科公司是当仁不让的开拓者，这家公司从一开始就很伟大。

思科提供互联网解决方案，实际已经成了一种标准。这种标准也成为全世界各个领域建立互联网的基础，这种基础通过思科的所有产品灌输到全球所有的大学、企业、政府部门以及金融服务业，让全球公司和部门广泛使用。就好比电话机，如果只有两个人使用，那么价值也就局限于这两个人；但是如果几亿人都用电话，其网络价值就会超过电话带来的使用价值。

所以，思科公司一方面是互联网的缔造者，一方面也是最理解摩尔定律①和梅特卡夫定律②的，它在网络上的造诣也是首屈一指的。思科公司自1990年上市到2017年底，历年都是世界500强企业，截至2017年底其总收入已经突破了5000亿美元的大关，而2017年当年思科就实现了490亿美元的收入，奠定了其最赚钱的高新科技公司的地位。

虽然思科在互联网的地位是首屈一指的，但是研究思科公司不能光从主营业务入手，还要研究思科的发展历史。思科的发展历史其实是一部并购史，它的成功就是一个个并购计划的成功。思科的强势崛起是在上市之后，并购重组是它崛起的基本路线，每年少则并购几十家，多则并购上百家。

曾有媒体统计，IT企业并购的失败率有90%，而思科公司并购上百家公司的成功率却已达到70%。这种成功率，不仅仅因为思科具有专业的修为，还要归因于思科独特的并购理念，否则一家小小的技术公司无论如何也不可能在短时间内变成一个"网络巨人"。

大玩家都擅长垄断

思科之所以伟大，主要是因为在思科之前，在科技领域的并购往往金额巨

---

① 摩尔定律是由英特尔（Intel）创始人之一戈登·摩尔（Gordon Moore）提出来的。其内容为：当价格不变时，集成电路上可容纳的元器件的数目，每隔18~24个月便会增加1倍，性能也将提升1倍。换言之，每1美元所能买到的电脑性能，将每隔18~24个月翻1倍以上。这一定律揭示了信息技术进步的速度。

② 梅特卡夫定律（Metcalfe's law）是一个关于网络的价值和网络技术的发展的定律，由乔治·吉尔德于1993年提出，但以计算机网络先驱、3Com公司的创始人罗伯特·梅特卡夫的姓氏命名，以表彰他在以太网上的贡献。其内容是：一个网络的价值等于该网络内的节点数的平方，而且该网络的价值与联网的用户数的平方成正比。该定律指出，一个网络的用户数目越多，那么整个网络和该网络内的每台计算机的价值也就越大。

大，且失败率极高。而思科创造了科技领域的近乎神话的记录。

一切要从1991年说起，并购领域的大师级人物约翰·钱伯斯，未来思科崛起的灵魂人物，正式走进了思科的大门。他从一开始就认为，IBM的衰败和王安公司的失败，是他们对计算机产业陈旧而落后的思想导致的。如果思科也如此玩下去，也依然是失败的命运。

钱伯斯不是技术出身的科学家，而是一个没事就琢磨战略的大师，并且对整个行业有深刻而富有创意的认识。钱伯斯的战略和格局决定了其为思科制定的战术也必然是开创性的。钱伯斯组阁也颇有新意，他没有从内部而是从外部选中了红杉资本作为自己的左右手。他们准备接下来就做一件事，孵化及收购兼并小公司。如果可以捕获那些具有热门的技术和精明的工程技术人员的公司，那就更妙了。

钱伯斯认为，与其冥思苦想依托目前的企业人员发明新技术，不如直接花钱去买。因为，**技术不是石油，谁也无法垄断**，它存在于伟大发明者的头脑中，况且谁也无法保证，好的发明一定会在思科被发明出来。这个决定有点大胆，而当时，思科的员工只有300人，年收入仅7000万美元。虽然并不富裕，不过刚刚够维持住这种伟大构想。

思科的伟大之处不仅在于它知道自己在哪些方面不能垄断，同时，它也知道在哪些方面可以形成垄断。

1993年8月，钱伯斯被一个9000万美元的收购方案搞得魂牵梦萦，目标是Crescendo通讯公司，收购后思科或许有希望拿下交换机市场。钱伯斯的惶恐在于，目前这个领域的并购大概率是失败。并购成功的桂冠能否戴到思科头上，还是个未知数。按照常理，高科技兼并的效果往往并不理想，如果做了就属于激进，但不做又会让"老司机"们魂牵梦萦。董事们也被这个方案搞得魂牵梦萦起来。

最后，红杉资本起到了临门一脚的作用。在科技领域，红杉或许没有科学家们的思考；但是在商业领域，红杉却明白垄断的意义是什么。

一个月后，Crescendo 就成了思科的囊中之物。到 1996 年，Crescendo 的集线器收入就高达 5 亿美元。这件被称为思科历史上最英明决策的投资，奠定了钱伯斯的地位，也让红杉资本看到了发财机会。如果红杉长期和思科保持合作，无疑将是双赢的。

并购了 Crescendo 通讯公司的交换机业务后，思科又连续进行了 7 起交换机企业的并购。其就像集齐了若干卡片召唤神龙一样，当所有的卡片集合之后，思科意识到，他们已经默不作声地垄断了一个市场。交换机业务配合令思科骄傲的路由器业务，两项业务一起成为公司发展的支柱。截至 2005 年，公司收入的 85% 仍然来自 IP 路由器和 IP 交换机。

公司在并购上站住了脚，也看到了甜头。不过，这种扩张并不狂热，其伴随着理性，是一种深思熟虑的扩张。

思科对于并购的理解和其垄断细分领域的需求，令红杉欢呼雀跃。红杉敏锐地察觉到，在新的科技趋势及思科自身发展需求的驱使下，进行外部扩张的发展战略，既可以迎击企业发展面临的痛点，也符合新技术快速发展的趋势。

红杉和思科这对兄弟经历了多轮合作之后，一种新思想诞生。这种新思想的开创者是思科和红杉，也被很多我们大家所熟知投资机构屡试不爽。这种思想叫做——"上市公司 + PE"模式。

大玩家的大思路

计算机行业的技术创新日新月异，如果不能及时跟随，就会被市场无情淘汰。当然，面对目不暇接的技术创新，什么都自己做显然效率太低。那么摆脱效率低下的唯一办法就是并购。下面介绍思科的并购思路：

（1）**行业判断**：思科类似顶层设计师，按照现实需求，在全球范围内准确扫描新技术、新人才，通过风险孵化，并购整合到自己的拼图体系里面来，然后成就其王者地位。

（2）资本专家：红杉类似思科的财政部长，缺钱的时候，协助找钱；缺标的的时候，成为一个行业雷达寻找标的。思科就是红杉的大客户，红杉的收益将伴随着科技浪潮的风起云涌而不断倍增。

（3）VC投资人介入：思科是上市公司，并购决策慢，保密问题、风险承受问题、财务审计问题等都是障碍。此外，上市公司要展开并购，需要信息披露，容易激起竞争对手的警觉。红杉可以完美解决思科的顾虑。红杉的决策快，其可以先行投资进去，然后等思科通过决策之后，红杉会再以思科认为合理的价格卖给思科或者其他买家，这部分高出来的收益也是红杉应得的。

（4）孵化：一旦红杉购买思科的标的公司之后，红杉等于还扮演了孵化的角色，积累经验值，怎么看都是划算的买卖。但与其说是孵化，不如说是红杉以最小的代价拿到了投资的公司的核心材料。**思科作为后台老板，会仔细把这位并购对象看得清清楚楚。**外界看起来，红杉天使轮完美退出，完成了一个天使投资人的漂亮一击。

（5）并购手法：下面通过两个案例来为读者展示思科与红杉的合作并购过程和获利情况。

1996年，思科遇到了并购过程中第一条真正的大鱼——Stratacom。在思科收购Stratacom的5个月前，红杉成立了一支初始资本为1.5亿美金的红杉七号基金投资Stratacom。红杉资本风投的身份为思科顺畅的了解Stratacom提供了保证。之后，思科立刻发行了76.4万股股票，筹得40亿美元将Stratacom并购成功，红杉资本此时溢价卖出Stratacom股权。仅仅半年时间，红杉的本金和收益回到腰包，思科获得了梦寐以求的Stratacom。

当思科确认了Monterey能成为光纤网络的敲门砖之后，红杉7号基金先支付了1000万美元获得了Monterey公司15%的股权,并以风投的身份对Monterey有了一定程度的孵化,孵化的过程中Monterey一览无余。这次不同的是,思科没有给红杉现金,而是用100万份思科自己的股票收购了红杉资本15%的Monterey股权。要知道2个月后这100万份股权会迅速上涨,甚至涨到了一股约为70美元之后,还在不断走高。据媒体报道,红杉短短1年间的这次并购共计获得了超过600%的收益。而思科又悄无声息地得到了商业版图中重要的一块拼图。

经过几次不断的磨合之后,一套成体系的收购手法就成型了。首先,思科利用自己的技术眼光与行业判断,在产业链内寻找自己认为合适的中小标的企业,然后推荐给红杉去进行早期投资孵化,在投资孵化过程中会对企业有所判断,也会帮助企业提升价值。如果企业最终成功,适合思科并购,就会溢价卖给上市公司思科,思科因此减少了并购失败的风险,红杉也实现了投资回报,中小科技企业也实现了自身的价值。这种成体系的、集团作战的投资方法不是刻意发明,而是在不断实践中得来的。

在这里顺便提一句,国内很多投资机构存在生搬硬套的现象,培训、孵化、投资无所不能,但是恰恰缺乏行业深度的研究,即便这些东西你都会做也没用,这套体系化打法对于行业专家是很合适的,但是对于行业门外汉来说是无用功。**行业判断是并购成功的必要条件,优秀的资本专家、孵化能力、并购手法,也都是确保最后成功的必要条件。**

通过运用"上市公司+PE"的并购策略,红杉应该是最大受益者。红杉的投资周转率明显高于同行,钱快进快出,通常都是高回报,专业和口碑胜出同行一大块,可以获得LP们的青睐,时刻进行下一轮融资。

最重要的是,红杉依靠思科的技术眼光和全球网络,不断积累自己的互联网眼光和投资实战能力,源源不断地发现并投资好项目。好项目一旦孵化成功,便高价卖出,获得高额回报,消化投资风险。在外行看来,一定是红杉的投资能力和孵化能力一流。反观国内，红杉在中国最紧密的伙伴就是BAT，那么手法是不是也一样呢，或许只有当事人才会知道。

回归正题，思科本身就是上市公司，融资已经很方便，并购可以选择用现金或股票支付。而上市公司的身份又进一步强化了思科的领先优势，造就了其产业上和市值上的王者地位。这是一个各得其所的选择。

在戏剧中，每个著名的演员都是有自己的章法和套路的，别人学不去，学了也是东施效颦。并购领域也是如此，国内学习思科的人数众多，但最后成功者寥寥。究其原因，他们不具备行业判断这个关键素质。行业判断错了，其他素质再优秀，也是白搭。那么回归到行业判断，思科又有哪些经验呢？

买公司买的是未来

思科总裁兼首席执行官约翰·钱伯斯认为，思科并购成功的精髓就在于："与其冥思苦想依托目前的企业人员发明新技术，不如直接花钱去买。思科想得到一样技术，不会自己研发技术，而是购买研发这项技术的公司；思科想占领一个领域，不是自己成为这个领域的企业，而是购买这个领域的公司。思科想要的是未来，所以选择并购企业时，思科关注的是企业的长期战略。"说白了，思科并购的是未来。

但是未来不能当饭吃，于是乎，约翰·钱伯斯又加了一句话，"**思科每并购一家公司，不仅是并购该公司目前的产品，也是着眼于即将出现的新科技。**思科并购后支出大量的薪水给被并购企业的员工，如果得到的只是既有的研究和市场占有率，而不是未来的可能性和前景，那么这项投资就是非常短视且失败的。"

看到没，两者都要。思科的秘诀虽然没有投资人嘴里那些现金流、估值等专业名词，但是具有异曲同工之妙。

思科选择并购标的的主要标准是规模较小且增长迅速，这也符合风投投资的标准，同时该企业最好是处在细分市场前两名的初创型技术企业。第一、第二对思科不重要，只要合并，瞬间就可以达到第一。

选择小型企业能够帮助思科在收购整合过程中始终保有主导地位，被并购企业员工优秀的技术能力以及追求卓越的创新精神都是并购中需要考虑的非常重要的元素。所以思科选择并购对象的另一标准是团队成员不超过100人。思科希望绝对控制，所以小型初创型企业更容易融入思科的文化氛围，为融合发展奠定基础。[1]

完成上述评估后，思科的财政大臣红杉就会注入大概10%的股权投资以观察意向并购对象的发展情况。接下来的几个月其实才是这家公司的考核期，思科一旦认准，会立刻买下其剩余股份。

如何在并购之后留下关键人才？

腾讯一直说自己是做生态的，其实思科早就这么做了。一般来说，在思科的生态里，被并购进来的新公司成为"小思科"，这些"小思科"主要提供新技术领域的产品，而"大思科"则负责提供整个生态的构建。"小思科"独立运行，"大思科"还能提供其他相关产品线进行互补和协同，机会更多。

成功的收购是文化的融合，而文化的融合体现在被收购公司的核心员工都依旧在卖力。

一般情况下，收购将导致40%~80%的高层管理人员和核心技术人员离开原公司，但思科并购的主要目的是人才，其衡量一次并购是否成功的标准首先是被并购公司员工的续留率。

为防止人才流失，思科一方面会在并购前精心挑选与思科文化和价值观、

---

[1] 杨树. 思科并购融合之道[J]. 国家电网，2017 (3).

远见相似的企业，以便并购后的文化整合；另一方面，思科非常注重把控融合中的每个细节，最大限度确保并购后的平稳过渡，尽可能留住更多的员工。被思科并购的公司员工保留率通常可达90%以上，核心人员的离职率只有7%，大大优于硅谷人才18%~40%的平均流失率。

思科设置并购融合小组，该小组为已被并购的公司专门制定信息包，内容包括思科的组织架构、员工福利介绍、公司通讯簿。在并购宣布当天，思科的融合小组就会进入被并购公司总部，与被并购公司成员分组谈话，明确思科对他们的期望并回答他们的各种疑问。融合小组与被并购公司管理人员合作，确保合适的员工安排在最合适的岗位上。这很像解放军的"支部建在连上"，说明思科对并购后的思想工作异常重视。

并购交易完成后的次日，**融合小组会为新加入的员工提供适应思科的一份特制计划**。思科的内部网络工程师将调试被并购公司员工的计算机，将开机画面设置成思科的内联网界面，充满仪式感地标志并购正式完成。这些措施，是留住员工的第一步。随后专业化的兼并进程实现了温和而非激进的融合，帮助思科最大限度地保留了被并购方的员工和客户。据统计，在思科现有的3万多名员工中，有超过30%的员工来自被兼并的公司。

思科的薪酬、股权激励是很有诱惑力的。并购小组把新加入员工的信息录入思科系统后，新员工原来持有的期权也将被折算成思科的期权，同时他们将在并购完成后得到一份详细清单，帮助他们对比原公司与思科的各种待遇。

并购之后，思科会让人有满血复活的感觉。想想看，当某一家公司成为思科大家庭的一员后，突然，很多之前想都不敢想的专家来协助你一道解决问题，众多高级决策者办公室的大门向你敞开了，来自身边的老员工们介绍着自己广阔的发展平台和他们尝到的甜头。对于许多初创的小型企业员工而言，加入思科意味着获取了更大的空间、更多的机会与资源。

思科收购企业并进行合并后，其关键岗位仍以配备原企业的人员为主。这种温和的融合过程将最大限度地保留被并购企业的员工，这些员工的创新动力和工作热情来源于这种安全感。思科很好地做到了，人际关系良性循环令人愉快，并购实施之后，新加入思科的人员不但不会感到其创业动力下降，反而由于思科为其提供了更为宽广的舞台而显著提升了创业动力。[①]

聚沙成塔

在并购失败的案例中，有4/5以上的比例都是因为管理风格和公司文化的差异所导致的失败。并购整合的最大障碍来自一体化进程中不同企业文化的冲突。据调查，经历并购失败的公司中约85%的CEO承认，导致并购失败的主要原因包括公司的文化差异和管理风格的不同。那么反过来说，文化和管理处理得精妙的公司能够保证并购的成功。

而思科并购的失败率是很低的。思科公司选择并购目标首要考虑的是其文化是否能与思科自身的文化精神想融通，并且思科更加重视整合阶段的文化融合，可以说思科有意识地降低了并购失败率。反过来，思科的成功又促成了大量的并购。

思科的成功印证了一个真理：如果每个领域都可以做到佼佼者，赚钱就不是问题。而**只要利益赚到了，文化问题也就容易解决了**。因为所有并购参与方都会不自觉地认为这种文化就是最优秀的文化。

图2-1显示，近百笔的并购促成了思科的成功。从1993年至2015年底，思科公布的并购企业数已超过了190家，基本均是具有相当发展潜力的高科技企业。通过并购，思科获取了发展所需的新兴技术、市场和人才，逐渐建立了在互联网网络设备行业的垄断地位。在2000年3月，思科总市值达到了5550亿美元，一度超过微软成为美国市场价值最高的公司。

---

① 王冀．百家公司组成的企业帝国——透视思科并购艺术 [J]．通信产业报，2005．

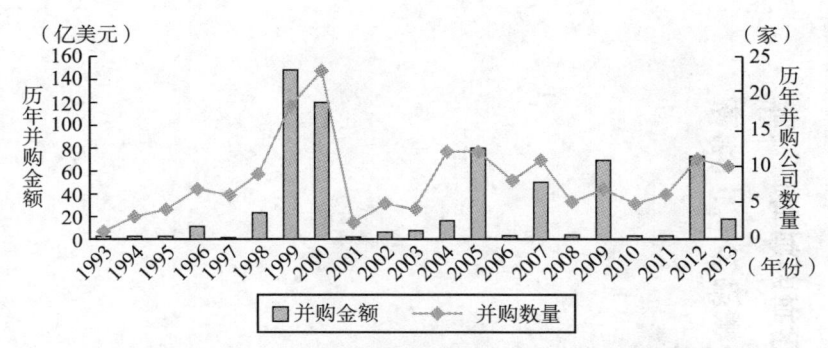

图 2-1　思科公司 1993~2013 年并购金额及并购数量

资料来源：Wind 资讯

近年来，思科逐渐向"软"并购转型，关注软件与服务领域，陆续并购了 170 余家与云计算、大数据相关的企业，其中包括备受瞩目的 2016 年初对物联网创业公司 Jasper Technologies 的并购。

并购在思科看来是人的生意，总裁钱伯斯说："在并购中，我们创造了兼容并蓄的思科文化，接纳来自不同文化背景、不同文化习俗以及不同生活环境的人，我们要承认头脑创造一切，知识就是力量，科技是创造的源泉。"①

---

① 陈丽清. 思科为什么能赢 [J]. 企业管理，2002 (1).

修养二：凡成影帝者，皆有其独有的表演章法

复星：并购界的哲学家

介绍完美国的大玩家，接下来，我们要来介绍中国的大玩家——复星。

在介绍复星之前，先介绍一个人——巴菲特。其仅凭借证券投资就成为拥有百亿元资产的美国巨富，其执掌的公司伯克希尔在 1965～2017 年连续 52 年复合增长率 19.1%。能跨越如此巨幅的时间长河，经历 N 个牛熊周期，持续战胜市场的，目前只有巴菲特了。

而 1992 年创立的复星集团，经过 26 年的发展，目前已经成为中国最大以及业务架构最为复杂的民营投资集团。和思科相同的是，他们的创始人都具有实业背景；与思科不同的是，复星集团没有在纵深领域持续钻研，而是一直不断强化自己的资本运作和产业投资能力，在国内先后投资了复星医药、复地集团、豫园商城、建龙集团、南钢股份、招金矿业、海南矿业、永安财险、分众传媒、国药控股等产业，旗下控股或参股的上市公司数量达到几十家。1998 年复星实业（现为复星医药 SH.600196）在国内上市，2007 年复星国际（00656.HK）在香港联交所上市。

投资需要大量资金，而保险业可以提供源源不断的稳定资金。复星一直加大保险在整个集团业务中的比重。复星集团自 2010 年以来在全球范围内先后投资了复星保德信人寿、鼎睿再保险等。从这点来看，复星深得巴菲特真传，复星希望利用境内外庞大的保险资金做支点，撬动整个集团业务的发展。

复星集团的投资，学习的是伯克希尔公司。如果一定要说复星的主营业务是什么，那就是投资。复星的并购也是围绕投资而展开的一系列并购。目前，复星管理着500多亿美元的资产，集团以仿效沃伦·巴菲特投资模式而快速增长。伯克希尔依靠的是真实的业绩增长支撑着自己的市值不断提升，复星也是如此。

人生如棋，每一步怎么走，这是一个问题

了解复星，必须要深入了解郭广昌。

1992年毕业于复旦的郭广昌和其他三位复旦学子创建了一家叫做"广信科技"的小公司。郭广昌是学哲学的，而其他三位创始人都是遗传学专业出身，虽然郭广昌与其他三位创始人专业不太对口，但广信科技显然被打上了浓重的郭式烙印。

一开始，广信科技并没有什么科技含量，其选择从咨询和市场调查做起。现在看来，郭广昌在创业阶段求稳务实。咨询和市场调查属于只要努力就可以吃饱的业务类型，非常适合创业阶段的企业。

广信科技也很争气，从启动资金只有不到4万元，到赚到第一个100万元，只用了10个月。让人意外的是，郭广昌随即离开了这个行业，转而试水房地产销售和生物制药。同时，"广信"更名为"复星"。

现在看来，郭广昌没有沉浸在小成就中沾沾自喜，而是勇于向新领域突破，细究缘由，应该是其既有对时势的洞察，更有敢于转型的魄力。从这点也可以看出，**郭广昌的愿望不是要做中国最牛的"军师"，而是要做最牛商业帝国的"掌门人"**。

试水房产销售让复星在当年年底就赚到了第一个1000万元。在当时那个

年代，拥有1000万元绝对算有钱人。郭广昌也认为，哥几个现在有钱了，可以实现梦想了。由于另外三位创始人是遗传学出身，其中汪群斌更是名副其实的生物科技专家，于是复星决定在生物制药领域发展。1995年，通过乙肝诊断试剂，郭广昌和他的创业伙伴赚到第一个亿元。

不过，商业之路哪有一帆风顺的，复星也有过赔钱的项目——咕咚糖。这是一种不含蔗糖的糖果，是一种保健品。复星在这个项目里面亏了上百万元。对于复星未来的大业来说，这个损失至关重要。

一个项目赚了1亿元，一个赔了上百万元。虽说做生意成功概率很低，但是高科技项目的收获却是令人震惊的。如果先做了失败的项目，也就没有机会做那个成功的项目了。这段经历丰富了复星的实战经验，也令郭广昌的商业逻辑更加清晰。

郭广昌是学哲学的，对于科学技术的兴趣应该没有他的同僚们大，因为这中间是存在鄙视链的。西方人总是说，哲学是科学之母，是因为其确实具有一种统领所有学科的气质。打个比方，如果说科学家是在思考大地上耕耘的农民，那么哲学家就类似于判断那块土地适合种什么的农业专家，指导完一块土地就奔赴下一块土地了。

此外，郭广昌习惯于对市场进行深入研究，他独特的思考能力和准确的定位能力恰好令他永远领先市场半步。为什么不是一步？处世哲学告诉我们领先一步往往成为先烈。**精明世俗的哲学家一般会靠市场洞察力和隐忍的处事风格领先市场半步，这样就避免了成为先烈的牺牲。**商业世界给这群"哲学家"起了一个名字，叫做投资家。

哲学家的舞步与政策精准合拍

20世纪90年代初期，中国医药分销体系改革，政府允许民间资本参与药品分销，复星在这一背景下进入医药领域。乙肝诊断试剂的成功使得复星在这个过程中建立了一个覆盖全国的药品销售网络。

1998年中国停止福利分房政策后，复星的地产业务也由销售转为了开发，复星成立了复地集团负责房地产业的开发投资，第一个项目是复星花园。

1998年，复星医药在上海证券交易所上市，成功融资3.5亿元。复星集团医药和房地产两大板块完美成型。成功的企业至少用两条腿走路，就好像思科的交换机和路由器，一条不行了，还有另一条。复星也有两条腿，医药和房地产到现在为止也还是复星非常重要的两个产业。

不过，思科是由创始人和后来加入的钱伯斯共同塑造了这两条腿，而复星则是完全依靠自己的初始创始人来塑造的。这既是实力也是运气。所以复星的创始团队，自信满满，相信运气会站在他们一边，同时在面临重大决策的时候，他们也一直是集体决策的习惯，这点后面还会详述。

医药和房地产业务给复星带来稳定利润，为复星接下来的高速发展奠定了最初的资本积累。随着复星医药和复地的先后上市，复星也拥有了进行资本运作的稳定融资渠道。此后复星寻找各种投资机会，通过股权投资参股或控股一系列公司，再以此为基础向外扩张。通过推动这些企业早日上市，实现了资产的几何级数增长。

接下来，让我们一起来欣赏复星的美丽舞步：
- ✓ 2002年、2003年复星抓住了大上钢铁的机会，投资建龙钢铁；
- ✓ 2004年金价极低的时候，复星投资了招金矿业；
- ✓ 2007年正是矿价疯涨之际，复星成功收编海南矿业。

复星主要业务板块——医药、房地产、矿业、钢铁、零售，都恰好踩准了最佳时点。在这些行业刚刚向民营资本敞开之际，或者这些行业刚刚从谷底开始上行之际，复星恰到好处地进入、发展、壮大、上市。

复星的主要秘诀就是借势投资。所谓的"势"，一是中国经济的高速发展，二是大部分行业的增速高于GDP增速。复星的野蛮生长时代恰好与中国

戏说并购

大时代背景重合，再加上郭广昌的深思熟虑，复星得到了一个个精心挑选的赛道。

复星人在这些赛道继续耕耘的时候，郭广昌的心思却已早不在此了。他着急的是，产业链的完整程度。哲学家的使命在于引领，对于已经做成的事情，就会突然失去兴趣。如果说之前的工作是搭建一个横纵棋盘，那接下来就是具体落子的问题。

玩转资本棋盘

旗下各产业公司的上市令郭广昌眼界开阔，资本经营的灵魂在复星生根发芽。企业上市后可以通过银行贷款、股权融资、发行债务等融资渠道获得更多资金，这为复星的并购提供动能。并购后的公司通过整合提高效益，推动尽快上市，或者配股融资，或者发行可转换债券融资，获得新的资金，再投资新的项目。犹如滚雪球，复星的规模越来越大。这种增长模式是良性的，保证了复星这条大船不必担心沉没的风险。

1. 控股母公司从而间接控制医药类资产

复星收购豫园商城是一个里程碑。豫园商城是上海国资委下属企业，股权相对分散，现金流稳定，具有充裕的土地资产。这令这家公司的想象空间加大，成为"进可攻退可守"的理想标的。更巧合的是，豫园商城两年前已涉足生物医药领域，并拥有上海童涵春制药厂53.33%的股权。

通过收购豫园商城，复星有了稳定的现金流，充裕的土地资产，并且间接控制了童涵春制药厂。郭广昌知道，这是净资产价格收购上市公司母公司股权的最后盛宴，下一步可能就没这么简单。因此，在尽快完善与自己相关的各产业链的同时，也需要提升自身的资本运作能力。

2. 控股上市公司母公司后推动子公司上市

接下来，复星联合豫园商城投资招金矿业，随后招金矿业上市，募资25亿港元，之后黄金价格飙升，复星的投资获取丰厚回报。之后招金矿业的做法得以继续复制。2003年复星集团以现金出资，南钢集团以资产出资，双方成立合资公司，复星取得控股地位。然后复星进一步以现金增资，南钢集团则以拥有的上市公司南钢股份的股权增资，最终实现了复星收购南钢股份的目的。这样的操作使得复星不仅控制了上市公司，而且缓解了出资压力。

随后复星又通过南钢联合唐山建龙间接参股宁波建龙。还是同样的打法，复星与国药集团合作成立国药控股，进而控股国药股份、一致药业。之后复星帮助国药控股于2009年香港上市，募资87.3亿港元。至今复星国际还有该公司34%左右的股份，目前市值约179亿港元。以上这些案例都是复星资本技巧娴熟运用的佐证。

3. 整体上市

2004年，复星国际在香港悄然成立，郭广昌希望尽快完成登陆港交所的任务。几经周折后，复星国际最终于2007年7月16日在香港实现整体上市。复星国际以9.23港元上限招股，公开发售12.5亿股，占公司扩大股本后的20%，净集资额约111亿港元。

复星完成了整体上市之后，大量的资金随时候命，为大举进行国内并购做准备。在资源领域，复星投资9亿元，拥有了2.2亿吨储量的中国第一大富铁矿——海南矿业；投资2.7亿元与全球第二大焦煤公司——山西焦煤集团，合资拥有了8.1亿吨焦煤储量的五麟焦煤。复星甚至投资了巨人网络、永安保险、最大的林木林化企业之一的五指山、前三大钛白粉生产企业佰利联以及宾化集团等。

再后来，复星投资分众、插足新浪、入主《福布斯》中国。复星整体上市的意义绝不仅仅在于100多亿港元的资金募集，复星的想象空间在这个时候已经发挥到了让人无法想象的地步。

在2010年，复星的投资组合里就有6家公司实现IPO，共募资96.1亿元，为复星带来了22.6亿元的投资回报。

对于郭广昌这样的大哲学家来说，国内资本市场充其量是练手场所。此时的郭广昌似乎找到了凯撒大帝的感觉，对海外市场已经开始跃跃欲试。他在思考，海外市场一直是西方资本家的舞台，而中国哲学该如何在这个外国人的领域里闪耀光芒呢？

海外攻城拔寨

复星扎根中国，抓住了中国的机会。而这远远不够，郭广昌想把复星的故事讲到国际上去。怎么复制？复星需要通过自己中国专家的身份，将中国动力嫁接到全球资源上去，践行价值投资的理念。

价值投资理念郭广昌非常认同，该理念也是世界上在投资领域唯一理性的理论。拿着这套圣经，复星集团不断在欧洲、美洲、日本等地披荆斩棘，物色那些国际上的优秀品牌，待收购过来之后，可以利用中国的资源与能力帮助它们在中国地区获得高速增长。

2009年是复星集团国际化的元年。随后几年，复星逐步展开其海外布局。据国际金融数据提供商Dealogic提供的数据显示，复星自2009年开始实施国际化战略，在2010年完成首笔交易后，于2012年和2013年分别完成了2起海外收购，又于2014年和2015年分别完成了14起和17起海外并购案。

根据不完全统计，复星近年来的海外并购案例见表2-1。

表 2-1　　　　　　　　　复星 2010~2016 年海外并购案例

年份	标的	金额	收购比例（%）
2010	地中海俱乐部（Club Med）	9 亿欧元	98
2011	希腊时尚品牌 Folli Follie	8458.8 万欧元	9.50
2013	伦敦金融城 Lloyds Chambers	6450 亿英镑	—
	曼哈顿 28 Liberty	44 亿元人民币	
	以色列激光美容品牌 Alma Laser	2.2 亿元人民币	95.20
	意大利顶级男装制造商 Caruso Spa	—	35
	美国高端女装 St. John	5500 万美元	投资
2014	日本地产资产管理公司 IDERA	—	98
	德国私人银行 BHF BANK	9850 万欧元	19.18
	葡萄牙保险集团旗下 Fidelidate、Multicare 以及 Cares	10 亿欧元	80
	马来西亚餐饮连锁集团食之秘 Secret	2105 亿元人民币	第二大股东
	好莱坞电影制作公司 Studio 8	—	投资
2015	美国保险公司 Meadowbrook	4.33 亿美元	—
	美国保险公司 Ironshore	4.64 亿美元	20
	欧洲地产资产管理公司 Resolution	1560 万元人民币	60
	英国婴童品牌 Silver Cross	6.1 亿元人民币	投资
	英国休闲旅游集团 Thomas Cook	9200 万英镑	5
	太阳马戏团（Cirque du Soleil）	—	25
	洛克石油	23.6 亿元人民币	92.60
	德国私人银行 H&A	2.1 亿欧元	99.91
	比利时金融集团 RHJI		28.61
2016	以色列护肤品牌 AHAVA	7700 万美元	100
	英国狼队足球俱乐部	4500 万英镑	100
	印度制药企业 Gland Pharma Limited	12.61 亿美元	86.08
	巴西 Rio Bravo 投资集团		
	葡萄牙第一大非国有银行 BCP		16.70
	伦敦 Thomas More Square 综合大厦区	3 亿英镑	—

资料来源：公开信息

为了更加系统,复星把旗下的资产大致梳理划分为"健康、快乐、富足"三个板块:

"富足"很简单,就是说复星的核心金融类资产,包括保险、投资、财富管理与互联网金融,占总资产的58%左右;"健康"主要指复星医药、养老产业、医疗集团、高端婴童品牌等;而"快乐"类似一个消费升级的大杂烩,包括豫园商城、外滩金融中心、地中海俱乐部、太阳马戏团等明星项目,"快乐"板块是复星所有板块中增长最快的。[1]

攻城容易守城难,复星经过了一系列征服,胃口越来越大。郭广昌个人能力的彰显对于复星是福,但是假如没有了郭广昌,复星又该如何?郭广昌的模式是可以在纷乱的投资世界中踏准舞步和节拍,那么复星的模式又是什么?郭广昌也在思考这个问题,就像他的偶像巴菲特一样。

复星的商业模式

其实在整体上市后,复星国际对自己的定位也悄然转化,由多元化投资转向投资集团化发展。郭广昌提出了新的业务方向——战略投资与金融服务相结合,资本要更好地为投资产业服务。

2007年,复星集团成立了第一个集团直属的私募股权基金管理公司复星创富,开始了"股权投资+产业投资"的方式。随着私募股权投资越做越大,复星创富、复星创业、复星谱润等团队构成了庞大的私募股权平台。

2009年,复星又走得更远了些,开始尝试资产管理,当年11月复星旗下的复地景业成功募集了5.5亿元房地产投资基金。

纵观私募基金行业,有个问题不容回避:基金盈利时,要分给LP;市场处于底部时,资产都处于低价时,募资却又很难。凯雷、黑石以及KKR都是非常

---

[1] 胡灵. 复星实业并购整合策略分析 [J]. 经济管理, 2013 (15).

优秀的投资机构，它们的投资回报率也并不比巴菲特的伯克希尔哈撒韦低，但它们却没有类似伯克希尔哈撒韦的巨大市值。原因就在于，投资公司和其他商业企业一样，不仅是盈利水平决定市值，商业模式才是投资人埋单的理由。

因此，复星首要解决"商业模式"问题。就好似对于人生的三个哲学问题（你是谁，你从哪里来，到哪里去）一样，投资也有三个问题：如何降低资金成本，如何提高资金的掌控时间以及如何提高投资回报。

1. 前两个问题

先来看看郭广昌是如何解答前两个问题的，即，究竟应该如何降低资金成本，以及提高资金的掌控时间？解答问题的关键在于"保险"二字。复星的答案是：重视保险资产配置，以及打造母公司的角色为大投行。这个答案也使得如何支撑复星庞大市值的问题迎刃而解。

和伯克希尔一样，复星并购保险公司，主要是为了大量长期可以支配的资金。保险资金进入公司的时候价值分为两部分：

第一部分，一般人买保险后不会马上进行理赔，这样就导致了保险资金的先吸收和后赔付产生的时间价值。

第二部分，不是所有人买保险后都会理赔。因此，按照保险精算原理，实际赔付额与预估赔付额往往存在巨大利差。

这两个部分构成了一笔数量可观的长期可以支配的资金——"浮存金"。"浮存金"是复星投资并购的重要资金来源。然而国内财富管理市场竞争激烈，保险资金的获取成本并不低，相比之下，海外保险资金的成本优势更明显。因此复星的保险资产更多集中在海外，复星并购了一系列海外保险公司。①

---

① 康义瑶. 复星医药：资本国王的整合魔术［J］. 医药经济报，2010-04-02.

2014~2015年是复星系布局海外保险业务的高峰期，主要包括：

- 2014年1月以10亿欧元获得葡萄牙最大保险公司Caixa Seguros旗下三大全资附属公司各80%股本及投票权；
- 2014年8月以4.6亿美元收购美国特种险公司Ironshore 20%的股权；
- 2014年12月再以4.33亿美元将美国劳工险公司MIG 100%的股权纳入囊中；
- 2015年3月以18.4亿美元的代价继续收购Ironshore剩余的80%股权；
- 2015年6月以4.89亿美元追逐以色列保险和金融服务公司Phoenix Holdings，获得其发行之流通股本52.31%；
- 2015年7月通过复星集团旗下的鼎睿再保险公司收购加勒比地区的保险集团NAGICO 50%的股权。

2014~2015年复星集团在海外投资的保险公司，再加上复星原有的永安财险、复星保德信人寿、香港的鼎睿再保险，复星集团有超过1/3的总资产配置在保险业务上。不过，保险仅仅是复星的一个"部门"。复星的计划是，让保险公司专注于保险业务的展业即可，而投资决策则需收归复星集团层面。

2. 第三个问题

接下来我们看郭广昌要回答的第三个问题，即，如何保证较高的投资回报率。复星的解答是，赋予母公司"**大投行**"的角色。

那么，该如何理解"大投行"这个词？复星控股的角色类似一个大型母公司，也是一家大型的投行。其主要任务包括：

（1）除了保险集团的"浮存金"之外，母公司还要集中各个子公司的闲散资金，进行优化配置，在各个子公司之间进行资金调度，类似一个国家的中央银行，母公司具有绝对控制权。

（2）对外并购合适的标的，打造盈利部门，并将其单独培育上市，直接获利。

（3）把暂时不能上市的公司先以3~4倍的市盈率出售给自己下属的上市公司，继续做大自己的上市公司板块。这样做的好处很明显，除了母公司盈利之外，自己旗下的上市公司也可以继续扩大市值，从而进一步加强母公司对旗下上市公司的控制权。

（4）母公司给子公司的并购、上市、借壳、重组等提供中介服务，有利于经验在集团内部获得分享，这样可以快速复制更多子公司，并且确保母公司的地位。

模式一旦成型，复星自身的市值就有了强大的支撑。低成本、长周期的资金，较高的投资回报，加之极强的控制权，铸就复星王国。

接下来就是一些细节了。复星对于细节的要求也是极致的，首先是投资逻辑：目标企业的行业地位要名列前茅，要有比较好的经济效益，其主业中最好有含壁垒的高价值产品、技术或商业模式的企业。这些投资逻辑与巴菲特的护城河理论有异曲同工之妙。当然，这些投资标的最好具有国内外的上市潜力。

进一步地，还有个性化的决策机制。**在投资决策时，复星有着独特的董事会"一票否决制"。**为确保风险控制，对于任何投资项目，复星集团董事会的决策七人组每人都有否决权。在一些重点决策方面，董事会内部有任何一个人不同意，复星都不会进行投资。集体决策保证了科学性，也将复星王国最后的一块基石奠定牢固。

和思科一样，复星对于并购后的整合技巧非常讲究。复星并购后不主张替换原有经营团队，而是运用沟通技巧，注重内部人际沟通，并充分尊重对方。而且，复星很注重打造开放的文化与开放的心态，在发展中解决问题。

复星在被并购企业的整合中，基本上没有采用"减员增效"这种方式。对于企业现有冗员，复星提倡通过未来的发展来消化。复星内部设立了4个专业委员会，分别是市场营销、财务、研发与策略和人力资源专业委员会。很多企业之所以选择与复星合作，更多的是看中合作后复星能给企业带来的价值提升。这和思科如出一辙。

　　中国不乏类似复星这样的企业，寻找增长点的路径已经不再满足于国内市场，投资足迹遍布全球。复星的主业即投资，而众多中国的国有企业、民营企业跨境并购也愈发积极。少数国内一线公司甚至买下了很多世界著名公司，玩起了资本运作的游戏。

修养三：大男主进阶，演技与本能合二为一，举轻若重

有人将美国的并购历史总结为五次浪潮：1895年发端的第一次并购浪潮（横向并购）、20世纪20年代浪潮（纵向并购）、60年代浪潮（混合并购）、80年代浪潮（杠杆收购）和90年代浪潮（跨境并购）。也有人预测新的并购浪潮将发生于新兴市场国家，该国家企业并购发达国家的企业，从而形成新的国际并购浪潮。

和美国这个老牌资本主义国家相比，中国可以说是新兴国家的佼佼者。目前正在经历的新一轮全球化并购浪潮中，中国无疑是主角。

中国企业去海外并购势必面临诸多困难，文化差异就是其中一个。**但是中国企业并购海外企业却有着最大优势——价格优势**。因为中国是一个新兴国家，增长动能强劲，可以从容支撑高估值，换句话说，中国企业可以付出更多溢价去进行海外跨境并购。

国家不断频出的如"一带一路"等国家级"走出去"倡议，赋予了境内资本以高溢价收购海外资产的政策支持。此外，相对低估的境外资产可以享受A股的高溢价。

中国公司异军突起是近年全球并购市场的一大风景，满足了全世界并购精英的想象力。中国企业在近几年担当了"买买买"的代表，2014年前是"三

桶油",2014年是安邦,2015年是万达,2016年是海航,这些企业造就了中国并购的神话。本书将重点介绍万达和海航。两家公司均有自己的主营业务,同时并购的布局都是国际化的,只是目的不同,万达是锁定未来的举动,海航争夺的则是话语权。

万达:锁定未来的跨界

若从行业来看,30年前的世界500强早已不是现在的世界500强。但他们有一个共同点,凡是能成为世界500强的企业,没有一家企业是完全靠自己发展做到这种规模的,他们都进行过并购。企业发展无非依靠两条路径:自身努力和并购。

在中国发展的黄金时期,以房地产行业为依托,依靠主业和并购做大做强,获得惊人发展的,就有个中翘楚万达。**对于处于中国地产业黄金发展时期的万达来说,视野的转移和格局的扩大取决于一种居安思危**。万达意识到房地产行业不可能永远这样高速发展,其在寻找未来的黄金产业。

什么样的产业是黄金产业?比如某些行业,国外较中国发达得多。像各种国际品牌体育赛事所有权、转播权。但这种行业基本都被老牌家族企业或跨国公司瓜分,中国企业要进入,只能靠并购。万达当初就是为了掌握世界杯亚洲区的转播权才并购了一家叫做盈方的公司。

创立于1988年的万达,其早期目标是商业地产,主要城市随处可见的万达广场是万达的品牌。立足中国的万达,已开业142个万达广场、79家酒店,万达围绕商业地产这一核心产业,又形成了高级酒店、文化旅游和连锁百货三大核心产业,成为中国房地产行业比较有实力、兼具转型成功的企业。

2015年1月,在香港上市的万达商业(03699.HK)市值超过2200亿港元,成为全球排名第一的不动产企业。此后,王健林凭借万达院线和AMC院线这两家上市公司以及正寻求 A 股上市的万达商业三登中国首富的宝座。

万达这个名字从一开始就含有走向世界的寓意。2004 年，万达提出"国际万达，百年企业"。但在当时，"百年企业"和"国际万达"究竟该如何实现还无从下手。直到 2012 年，万达才逐渐具有实现其国际化战略的实力，开始了海外并购之路。

万达自 2012 年开始实施国际化战略，在 2012 年完成收购 AMC 院线的首笔交易后，在 2013 年和 2014 年分别完成了 1 起和 4 起海外收购，在 2015 年和 2016 年分别完成了 7 起和 6 起海外并购。如今万达集团已在全球 10 多个国家投资，投资额超过 150 亿美元。

自万达将美国最大院线 AMC 收入囊中起，万达在影视娱乐方面就越走越远。在此后的几年中，万达收购美国、欧洲、澳洲的几大院线集团，通过资产拼接和各种协同效应，逐步成为世界第一大院线集团。与此同时，万达继续在体育娱乐方向深耕，其收购马德里竞技队也成为一时社会热点。

万达在 2015 年并购了世界最大的铁人三项公司——美国 WTC。并购公司不到半年，万达就把铁人三项比赛落地中国厦门。要知道，中国人民并不熟悉铁人三项比赛，过去这项运动仅仅在电视上见过，在这方面运动人数也少得可怜。而万达之所以引入这项比赛，还是考虑到 WTC 在国外很难做到快速增长，只有在中国才能获得更多增长点和更快增长速度。在万达的努力下，铁人三项比赛在中国已经具有一定知名度，目前已有几十万人参与。

被万达并购的对象其实有相似之处：口碑、品牌、美誉度要高，未来具有巨大盈利空间，保持正现金流。据不完全统计，近年来万达海外并购标的见表 2-2。

表 2-2　　　　　　　万达 2012~2017 年海外并购标的

年份	标的	金额	收购比例（%）
2012	电影院线 AMC	26 亿美元	100
2013	圣汐游艇	3.2 亿英镑	92
2014	西班牙大厦	2.65 亿欧元	—
	芝加哥万达大厦	9 亿美元	—
	洛杉矶黄金地块	—	—
	万达澳洲黄金海岸珠宝三塔地产项目	—	—
	万达伦敦 ONE 地产项目	—	—
2015	马德里竞技足球俱乐部	4500 万欧元	20
	瑞士盈方体育传媒	7.161 亿欧元	68.20
	韩国电影特效公司 Dexter	1000 万美元	13.29
	世界铁人公司	6.5 亿美元	100
	澳洲电影院线 HG Holdco Pty	3.657 亿美元	100
	美国 Starplex Cinemas 院线	—	100
	澳洲 Alfred、Fairfax 两栋大楼	—	—
2016	美国院线卡麦克	11 亿美元	100
	欧洲 Odeon & UCI 院线	9.21 亿英镑	100
	美国传奇影业公司（失败）	不超过 35 亿美元	—
	影视制作 Dick Clark Productions（失败）	—	—
	索尼影业下 Motion Picture Group	—	—
2017	北欧院线 Nordic Cinema Group	9.3 亿美元	100

资料来源：公开信息

万达的经典案例是并购美国 AMC。该案例已被哈佛大学商学院作为教学案例。做这个案例的教授到万达调研后，总结两句话：首先，一切都没变，名字没变，管理层没变，经营地点也没变；其次，一切都变了，公司发生了深刻改变。①

---

① 翟登峰. 我国文化企业跨国并购的效应及风险研究——基于万达收购传奇影业案例 [J]. 财会研究，2017（7）.

该如何理解这两句话？**第一，万达强调使用本土人才**。万达并购 AMC 后，只派了一个联络员，AMC 的原有管理层不变。那时，全球金融危机影响还在，工作岗位不像现在这么稳定，万达不仅跟 AMC 管理层签订 5 年工作合同，而且还规定，对于超出经营目标的利润，管理层和万达九一分成。这些措施充分调动起管理层的积极性，使得 AMC 公司被收购后第一年业绩就发生显著变化。第二年 AMC 就实现了上市。

第二，在并购后，万达使 AMC 有了真正的主人。之前持有 AMC 的摩根士丹利、凯雷、黑石等在美国虽然也都是赫赫有名的优秀企业，但是几家公司共同持股，股份都差不多，谁也做不了主。

万达并购资金有两个，银行贷款和债券。其中，银行贷款包括境内银行的贷款和通过境内银行担保从外资银行贷的美元贷款。

从万达企业官网上可以得知，万达集团与中国银行、中国进出口银行、工商银行、北京银行和渤海银行等多家银行具有良好的合作，每家对其授信额度一般有数百亿元。万达在收购 AMC 时还运用了"内保外贷"这一方式。因为当时银监会规定，企业并购只有 50% 可以走境内银行贷款这一途径。故而万达在国内银行开具另外 50% 的保证函，利用这一保证函去外资银行境外分部借贷另外 50% 的资金。但在银监会不断的强力监管下，民企跨境并购受到严格管控，其从境内银行贷款，或从境外银行走"内保外贷"这一途径越来越难了。

万达另外一条获取资金的途径就是发行债券。通过境内和海外债券并行发行，万达在过去的数年中，发过数支美元与人民币债券。例如在 2016 年底，万达商业拟发行不超过 300 亿元人民币的债券；再例如，在 2014 年时，万达商业地产公司通过境外子公司 Wanda Properties International Co. Limited 在海外成功发行 6 亿美元 10 年期美元债券。不过，发债往往受到国际评级机构评级的影响，一旦评级下降，会使得企业融资成本进一步提高，在一定程度上影响企业后续通过债券市场融资。

　　2017年是万达的"水逆"之年。在海外收购一向顺风顺水的万达集团在这一年遭遇的尴尬有点多。

　　2月，万达拟10亿美元收购Dick Clark Productions, Inc.的交易破裂，交易未成行的原因是收购资金以及来自中国监管层的审批问题。

　　6月，从网传银监会要求部分银行排查包括万达集团在内的5家公司境外融资支持情况及风险分析，并重点关注所涉及的并购贷款、内保外资等跨境业务风险情况开始，万达系遭遇"股债双杀"，股价大跌；7月，银监会要求对万达在海外的6个项目严格管控。

　　7月，王健林宣布637.5亿元卖掉13个万达文旅城和77家酒店。尽管王健林表示这是万达转型轻资产的战略之一，但外界依旧认为这是王健林为了偿还银行贷款而不得不做出的举措。

　　8月，国务院办公厅转发国家发展改革委、商务部、中国人民银行、外交部《关于进一步引导和规范境外投资方向的指导意见》，限制房地产、酒店、影城、娱乐业、体育俱乐部等境外投资。而这些恰恰是王健林近几年来重点布局的领域。同时，商务部新闻发言人高峰针对万达集团海外投资进行了回应。高峰表示，对于房地产、酒店、影城、娱乐业、体育俱乐部等领域的对外投资，"我们建议有关企业审慎决策。"随即，王健林对外公开表态，积极响应国家号召，决定把主要投资放在国内。

　　通过并购，万达从一开始商业地产的单一主业巩固并完善了其他主业，这值得国内企业参考。但万达的海外并购一开始稍微有些运气成分，后来又有点像一盘没有下完的棋，这都源于万达的并购模式具有一定的跨界并购的味道，跨界并购对并购方的整合能力要求更高，风险也更大。

　　那么，中国的海外并购有没有一招一式都工工整整地按照纵向行业并购玩法的标准，一步步开展的呢？答案是海航。

海航：争夺话语权

提到海外并购，就不得不提到海航，海航是中国海外并购的大玩家。

1993年才成立的海航，当时为了扩大规模，只能通过抵押还没有到手的飞机去拿银行贷款。很长一段时间内，海南航空向银行贷款买飞机，再把飞机抵押给银行购买第二架飞机，就这样不断再抵押购买更多的飞机。杠杆加杠杆的贷款方式获得了发展空间。

航空运输是一个具有周期性的行业，维持经营的成本很高，但盈利水平受到国际航油价格影响，脆弱性显著。2003年一场突如其来的"非典"令国内航空业遭受沉重打击，海南航空也不例外，连续盈利10年的好业绩戛然而止，海南航空当年就亏损15亿元。

瓶颈期让海航痛定思痛，为了增强海航的"反脆弱性"[1]，2003年9月，海航宣布实施产业链延伸和多元化战略转型，海航全球并购战略也在那个时候应运而生。**也许并购对于其他企业来说不是一个必选项，但对于海航来说，则是增强主业营收的必选项**。走多元化路线对于海航来说就像买保险，可以帮助他起到风险对冲的作用。

20多年的时间里，通过不断的全球并购，海航就从一只"小小鸟"，成长为中国最大的航空集团。海航集团并购的数量有多庞大，我们来看一组数据：2009年海航集团旗下的公司不到200家，截至2017年，海航集团全资和控股的子公司数量已经达到454家，其中海外公司数量达到45家。[2]

---

[1] "反脆弱性"，是那些不仅能从混乱和波动中受益，而且需要这种混乱和波动才能维持生存和实现繁荣的事物的特性。该定义出自2014年1月中信出版社出版的中译图书《反脆弱》，作者是纳西姆·尼古拉斯·塔勒布。

[2] 鄢星. 海航集团并购路径及并购影响分析[J]. 现代商贸工业，2018 (31)．

戏说并购

海航构筑起围绕航空旅游主业、现代物流和现代金融服务的三大并购战略，并购路径主要是实业并购与金融并购双拓展。实业方面从航空业逐步拓展，沿着产业链发展旅游、酒店、物流、船舶制造、零售等行业，主要进行纵向并购。

此外，海航通过融资租赁、证券、信托、保险、期货、保理、小额贷款等金融手段，使得金融产业与实业业务匹配发展，进行产融结合，为并购提供支持。

海航官方数据显示，2015年1月至2017年3月，海航完成交割的并购交易额约255亿美元，其最大的6宗收购均在此期间完成，其中2016完成了4个。据不完全统计，近年来海航海外并购标的见表2-3。

表2-3　　　　　　　海航2007~2017年海外并购标的

年份	标的	金额	收购比例
2007	比利时 Sode Edipras 和 Dara Wave 酒店	—	—
2010	澳大利亚 AIICO 集团航空租赁业务	1.5亿美元	—
	挪威上市公司 GTB	—	—
2011	土耳其飞机维修公司 myTECHNIC	3000万美元	60%
	土耳其货运航空公司 myCARGO（前身是 ACT）	2700万美元	49%
	新加坡集装箱租赁公司 GE Seaco	10.5亿美元	100%
	美国 Aberdeen 旅游公司	—	—
2012	法国航空公司蓝鹰航空	4000万美元	48%
	非洲加纳 AWA 航空公司	—	入股
2013	西班牙 NH 酒店集团	2.34亿欧元	20%（次年增至29.5%）
	澳大利亚 Arena 航校	—	80%
	欧洲 TIP 拖车租赁公司	—	100%
2014	美国集装箱租赁公司 Cronos	7亿美元	80%

续表

年份	标的	金额	收购比例
2015	巴西蔚蓝航空	4.5 亿美元	23.70%
	南非商务航空集团	1300 万美元	6.20%
	瑞士国际空港服务有限公司 Swissport	175 亿美元	100%
	英国路透社总部大楼	—	—
	爱尔兰飞机租赁公司 Avolon	25.55 亿美元	100%
	红狮酒店	—	15%
2016	电子产品分销商英迈国际	60 亿美元	100%
	瑞士航空服务公司 Gategroup	15 亿美元	62%
	希尔顿酒店	65 亿美元	20%
	GECAS 及其相关方下属 45 架附带租约飞机	19.75 亿美元	—
	伦敦金丝雀码头的商业楼宇	1.31 亿英镑	
	曼哈顿地标建筑 850 3rd Avenue	4.63 亿美元	
	CIT 下属飞机租赁业务	100 亿美元	
	英国外币兑换运营商 International Currency Exchange	—	
	卡尔森酒店集团（包括其持有的瑞德酒店集团约 51.3% 的股份）	—	100%
	新加坡物流公司 CWT	14 亿新元	100%
	TAP 葡萄牙航空公司	—	10%（加上巴西蔚蓝航空的股份可达 20%）
	维珍澳洲航空	7.52 亿元人民币	13%
	瑞士飞机维护服务提供商 SR Technics		80%
	Azul 航空	4.5 亿美元	23.70%
2017	澳新银行旗下新西兰资产融资业务 UDC	6.6 亿新西兰元	—
	天桥资本（Sky Bridge Capital）	—	
	德意志银行	7.5 亿欧元	3.04%（后增至 4.76%）
	英国耆卫保险公司（Old Mutual Plc）旗下美国资产管理公司	4.46 亿美元	25%

资料来源：公开信息

戏说并购

在选择收购对象时，海航主要是为了围绕航空服务的主业提升自己的行业地位及话语权。下面以一个细分领域来阐述海航的纵向收购。

飞机租赁业务是航空业重要的分支，是海航重点布局的领域。从2010年开始，海航集团在这个领域开始了一系列的收购和重组。

2010年1月，海航斥资1.5亿美元收购澳大利亚的ALLCO。ALLCO在全球航空租赁公司中排名第9位。这次收购后，加上麾下的渤海租赁、海航航空租赁（原长江租赁）、大新华船舶租赁、扬子江国际租赁、香港国际航空租赁，海航搭建了全新的国际航空租赁平台HKAC（Hong Kong Aviation Capital）。

2016年，海航通过麾下的渤海租赁收购了爱尔兰的Avolon。收购前，Avolon公司排名全球飞机租赁公司的第11名。仅间隔几个月，渤海租赁子公司Avolon以103.8亿美元收购CIT Group Inc.（CIT，美国控股银行）的飞机租赁业务，和前面两家公司一样，CIT也是排名全球前十大飞机租赁公司之一。

至此，海航集团的飞机租赁业务跻身全球前三名，排名仅次于GE旗下飞机租赁业务GECAS和荷兰AerCap。

中国资本市场的高估值可以令上市公司购买到便宜的海外公司，但是依旧无法解决文化差异问题。大部分海外并购案例告诉我们，由于地域、文化等方面差异，并购后的整合环节最容易出问题。而海航的并购都集中在海外市场，大量并购都体现着落后收购先进的特点。**从行业主导权、话语权出发的并购行为，有点类似"外王内圣"，将外部的霸术和内部的圣贤之道统一于一身，最终成就了海航。**

海航的第四大收购案是Swissport 100%股权，是价值为27.3亿瑞士法郎（约28亿美元）全球最大的民航地面服务与货运服务公司。

Swissport为全球约700家航空公司客户提供机场地面和货运服务，业务遍布48个国家的270个机场。这是该领域的世界顶级公司，业务水平比海航相应公司高得多，规模也大得多。举个例子，Swissport 的标准是 7 分钟完成航班设施更新补充，国内的标准通常需要 20~30 分钟，国内同行落后很多。比如行李状态查询，国内随便一家快递公司或电商都能做到，但机场地服公司做不到。

因此，海航收购 Swissport，是落后收购先进，需要在管理整合上下足功夫。这方面，海航有着自己鲜明的风格：在收购后整合环节，海航采用以静驭动的策略，坚决不做指挥官。收购 Swissport 后，和所有成功的收购一样，海航完整保留原管理团队、运营体系。除了公司 LOGO 下面加了句"a member of HNA"，被并购公司员工几乎感受不到有何变化。

海航作为所有者，发挥影响力即可。海航在并购后仅向被并购方派驻一名高管。并购之后，海航高层会花一两天时间与被并购公司高管讨论企业文化问题，先是讲解海航的企业文化，然后讨论双方的文化如何融会贯通。这给被并购方留下了深刻印象。

还需特别强调的就是专业团队的力量。经过近十多年的国际化发展和境外投资，海航已经建立起一套以海航集团（国际）有限公司为核心、各产业集团境外投资业务相配合的成熟的境外投资管理团队。此外，在开展海外并购时，海航集团也高度重视第三方专业团队的力量，每个项目都经过国际知名投行、会计师事务所、资产评估师和法律事务所充分调查论证，确保投资项目风险可控、投资收益可期，全方位维护海航集团在海内外的投资声誉。

前面说到，海航主要围绕航空旅游主业、现代物流和现代金融服务这三大并购战略展开并购，简单说来就是主业并购与金融并购双拓展，后者是前者的有效补充，二者缺一不可。海航也是一家财技了得的公司，那么接下来，我们来看看海航的财技是如何支撑自己的并购行为的。

海航国内的资本版图始终围绕着上市公司展开。核心思想就是通过上市公司奠定海航的行业地位，其一般的思路是控股上市公司，装入资产整合或借壳。下面就用两家上市公司的例子来说明。

2003年5月，海航集团以1.7亿元购买原西安民生（000564）25.65%的股权，转让价为3.29元/股，成为第一大股东。此后，原宝商集团（000796）也被海航系收入囊中。两家陕西省的商业公司在2007年进行了重组整合，后来，这两家公司分别成为供销大集和凯撒旅游。

海航集团首先成立了海航商业控股有限公司，用所持有的西安民生和宝商集团全部股权向海航商业控股增资。增资完成后，海航商业控股成为西安民生和宝商集团的第一大股东。

原西安民生购买宝商集团的主要商业资产宝鸡商业经营管理有限公司100%股权，西安民生成为海航旗下商业资产的经营平台。交易完成后，西安民生的资产规模得到大幅提高，网点扩大，覆盖陕西境内主要城市，增加了西安民生的营业收入。其于2017年正式更名为"供销大集"。

海航商业控股有限公司将持有的6家航食公司（海南航食51%的股权、三亚航食49%的股权、北京航食100%的股权、宜昌航食100%的股权、新疆航食51%的股权、甘肃航食51%的股权）再置入宝商集团。宝商集团变身为海航餐饮板块的融资平台。2010年宝商集团更名为易食股份。几年后，海航旗下凯撒旅游成功借壳易食股份。

此次借壳交易完成后，凯撒旅游亦成为继众信旅游之后的国内第二家上市的民营旅行社。此次借壳交易进一步增强了海航系旅游板块实力。

和复星类似，为了大规模开展并购，海航拿下了多家上市公司。海航旗下拥有多家A股上市公司和港股公司，如：海航基础600515、供销大集000564（原西安民生）、海航投资000616（原亿城股份）、渤海金控000415、海航科技600751（原天海投资）、海航创新600555（原九龙山）、凯撒旅游（原宝商集团）000796、海航控股600221。

港股上市公司包括海航实业股份CWT INT'L（00521）、香港国际建设

（00687）、航基股份（00357）、嘉耀控股（01626）、海德福集团（00442）、海航科技投资（2086）和中国顺客隆（00974）。当然，海航也布局了新三板，其业务布局已涵盖金融、互联网、航空、物流等多个领域。

联讯证券（830899.OC）是海航系旗下首家登陆新三板的公司。海航期货（834104.OC）、皖江金租（834237.OC）、思福租赁（835284.OC）为海航系金融类企业。另外，海航系渤海保理在2015年底就提交了公开转让说明书，可是因为"类金融"企业暂停办理挂牌手续的要求，至今仍没成功挂牌新三板。

除金融板块外，互联网领域也是海航系布局的重点。2014年12月31日，其麾下易建科技（831608.OC）正式挂牌交易。财报显示，公司2017年营业收入9.03亿元，较上年同期增长27.77%；归属于挂牌公司股东的净利润为1.56亿元。

近几年，海航系加快了新三板布局，海航系航空企业新生飞翔（832297.OC）、首航直升（832494.OC）挂牌新三板；物流企业海航冷链（831900.OC）、物业管理企业一卡通（834858.OC）也成功挂牌，继续扩大着海航系的版图；此外，航运企业至精股份（837310.OC）和华之旅（837649.OC）也先后挂牌。但海航系布局的旅游酒店企业海航酒店于2016年1月提交了公开转让说明书，至今也未挂牌成功。

至此，海航系大约已有15家公司正式在新三板挂牌交易，另有4家公司已提交了挂牌材料，正在审核中。布局在新三板上的这19家企业，让海航系成为新三板上的"第一大资本系"。

海航对新三板的领悟能力是超前的，新三板暂时的定位是"交易场所"而非"交易所"，是一个崭新的市场。新三板挂牌的公司是公众公司而非上市公司，不存在一个像证券交易所那样高度组织的形式，也不大可能具有较强的流动性。但是，**一个新兴的市场再加一个预期是上升的行情，会让投资人忽略这种流动性，而更容易沉溺于股权投资未来的巨大收益中**。新兴市场加上投资人的追捧，进一步提升了其新三板挂牌企业的估值。

联讯证券挂牌后第一笔募集资金就达 10 亿元，募资金额是净资产的 1.6 倍。该轮融资完成后，联讯证券也从末流券商变成中游券商。海航冷链挂牌时已经连续亏损 18 年，净资产仅为 2455 万元，但挂牌三个月后，一次就融资 17 亿元，募集资金相当于挂牌时净资产的 70 倍。

用飞机做抵押购买飞机的海航系，只要尝到甜头就会将这一模式不断复制。因此，我们会看到，一边是海航系旗下公司源源不断申请挂牌新三板，一边是海航系挂牌公司不断融资。

近年来，联讯证券、首航直升、易建科技、皖江金租、海航冷链、新生飞翔、天津华宇、亿美汇金、一卡通、思福租赁 10 家海航系公司先后完成 16 次融资，融资总额高达 149.18 亿元。

海航非常清楚，在新三板要靠"融资"打天下。企业挂牌新三板的目的是直奔融资，而融资的目的是继续做产业整合。因此，和 A 股与港股不同，新三板具有特殊性，挂牌企业自身的业绩显得不那么重要，挂牌企业意义更在于帮助海航系扩大体量。

那么，海航并购的资金从哪里来呢？

无论是在 A 股市场，还是新三板，不停大手笔买入资产的背后，是海航多样的融资渠道在做支撑。在找钱方面，海航是个公认的高手。海航主要依赖的融资手段是境外资金、银行贷款、公众公司、发行债券等方式，这也注定让海航成了一家既要看国际市场脸色，也要看国内政策尺度的公司。

在 2016 年底资金出境渠道不断收紧的情况下，海航集团能够持续投资海外市场，很大一部分原因在于其早先并购的海外资产，已经形成了独立的融资能力，故而其能够不通过国内渠道而直接通过境外渠道融资。

近两年来海航的海外并购资金中，一半融资来自境外。大量的海外并购，配合着大量的海外资金，还有无数境外投行参与其中，国际金融市场对于海航的敏感程度也越来越高了。这些投行会成立数层SPV（特殊目的实体），然后不断地在SPV中注入贷款或股本。最后呈现给市场的，是以极复杂的结构配合着极低的资金成本以及极高杠杆的"海航式"海外并购。海航是以一种复杂、精巧的形式对抗着来自全球的金融波动。

另外，银行贷款是海航最常用的融资方式。据统计，在海航的发展过程中，合作过的金融机构数量近200家，长期稳定合作关系的也有150家，包括中、农、工、建、交和国开等具有国资背景的银行。这也注定海航的命运始终离不开银行的牵绊，可银行贷款这条融资渠道始终会受限于政策松紧程度。目前，国内银监会要求各大行彻查民营海外并购的举措就会令海航的银行融资渠道受到影响。

和其他跨国公司类似，利用上市公司的融资优势是海航集团并购的重要资本来源，也是海航维持日常经营现金流的重要融资渠道。在手握多家A股、港股及新三板公司的前提下，海航通过股权质押、定增等多种手段，不断在市场募得资金，再通过并购扩大自身规模继续融资。利用上市公司融资的优势显而易见：一方面可以利用上市公司平台进行资源重组；另一方面可以利用上市公司的"类金融"企业身份，进行担保、股权质押、发行股份融资，从而与债务融资实现对冲。

债券融资主要依靠于自身评级。国内评级机构AAA级的评级，给海航集团带来了极低成本的债券融资通道。海航集团的借贷成本似乎比美国政府还要低廉。据中国债券信息网披露的海航集团的年报显示，海航集团于2009年、2013年、2015年和2016年共发行7只债券，其中仅2016年就发行4只，截至2016年12月31日，海航债券融资余额为142.5亿元。但是债券融资也不是没有风险，在集团业务上升的过程中，良好的评级会维持下去，可是一旦遭遇熊市或危机事件，公司评级下降，债券融资就会停滞。

随着海航的复杂性越来越高，海航的资金链困局也一触即发。

近年来，大量媒体一直在关注海航持续并购所带来的资金链紧张问题。而这一问题集中爆发的导火索就是海航系的7家上市公司突然遭遇停牌。此事件将海航资金链困局集中曝光。

很显然，海航集团的众多收购需要大量资金，仅仅2016年以来的全球收购需要的资金就超过400亿美元。海航的总负债超过1000亿美元，资产负债率超过80%。为了收购，海航的很多融资都是短期信贷，其中250亿美元都是一年内到期，因此，债务压力之大可想而知。

而银行贷款的手法和早期买飞机的手法并无本质区别，还是通过借钱购买资产，然后通过资产评估抵押，再去借钱。当资产不断上涨或者评估价格上升的时候，就可以不断地扩张；而当资产下跌，杠杆收紧的时候，所借的钱就成为债务。为了还债，只能以更高的利息融资，或者变卖其中一部分资产，解决短期资金难题。

由于海航企业架构复杂，股权关系复杂，很容易出现循环注资，虚假出资的问题，也很容易出现大量重复抵押。尽管海航集团的资产负债率已经严重高企，存在着巨大风险，但银行为了保住之前的贷款，只能继续发放新的贷款。这种做法如果不加以监管，其风险敞口是巨大的。

2018年1月，海航集团旗下8家A股上市公司的股权质押高达834笔，股权质押的金额超过1000亿元。其中海航控股一家股权质押就达到256笔，质押比例为37%；其他如渤海金控质押116笔，质押比例60%；凯撒旅游质押71笔，质押比例58%。质押比例高的渤海金控、凯撒旅游都处于停牌状态。

3阶
大戏灵魂

好导演决定戏剧的艺术高度

如果说并购是场大戏，主要参与方除了演员，就是导演了。导演首先要是一个会讲故事的人，如果说编剧决定故事的下限，那么导演将决定故事的上限。同样的故事框架，如何布景，采用什么样的光影，从什么角度拍摄，故事如何剪辑等，处处都在考验导演的功力和对火候的把握。同样的剧本，给不同的导演拍，呈现的必然是不一样的视听感受。

　　在以往的并购大戏中，我们不难发现，每个成功并购大戏背后一定有一个杰出的财务顾问或投资银行家，这些时代的佼佼者们凭借自己的能力操盘了一出又一出的并购案例。深厚的专业知识储备和对时势的正确判断使得他们在并购中成为企业家们的左膀右臂，其能力直接决定了并购的高度。接下来本书将挑选国际以及国内比较有代表意义的三家投资银行，来分别介绍其在并购中作为幕后总策划的经验得失。

> 风格一：踏实稳健，于传统中寻求突破

KKR：PE 的鼻祖

说 KKR 是并购界的天王，相信没人反对，虽然这家公司诞生于 1976 年。

1976 年，Henry Kravis 和 George Roberts 以及 Jerome Kohlberg 在纽约共进晚餐时，做出创立投资公司的决定。KKR 的名字正是来自这三个创始人姓氏的首字母（Kohlberg Kravis Roberts & Co. L. P.，KKR）。

KKR 是全球历史最悠久的私募股权机构之一，其投资者包括企业养老金、社会养老基金、金融机构、保险公司和大学捐赠基金等。不过 KKR 并不同于一般 PE。KKR 具有开创性，一度被认为是 PE 出现的标志。说他是 PE 出现的标志倒不是因为当时还没有股权投资私下募集的形式，而是因为他们将投资理念往前推进了一大步，这个接下来再说。

KKR 一直都以实业家的心态去做投资，成功帮助了很多公司发展壮大。**KKR 开创了一种结盟关系的投资方式**。KKR 之后，PE 行业的最大变革在于推广了这种投资机构与企业结盟的"关系式投资"。

KKR 的创始人亨利·克拉维斯在接受记者采访中曾说过："我们像实业家一样思考和行动，为好的企业提供帮助，并且使它们更卓越，我们有耐心的资本和创造力。"

投资都是耐心的长期资本投入，不喜欢"快进快出"。和目前国内知名PE公司不同，KKR的业务重心不是去做Pre-IPO业务，也不会在促成公司上市之后就立即退出获利。KKR希望通过长期投资，真正与管理层合作，将企业做大做强，以达到长期的投资回报。

在决定投资一家企业之后，KKR会执行一个"百天计划"，和管理层一起完成。一般来说，在第一个100天内需要完成的事情包括，管理评估、产品定价、考核指标、供应链管理等。随着企业的发展，KKR也会继续推进类似计划，看看还需要做什么，能使这个公司发展得更好。

现今KKR集团业务遍及全球，总部设在纽约，在旧金山、伦敦、巴黎、中国香港、东京、北京等地设有多个办事处。财报显示，截至2017年12月31日，其私募市场的管理资产（AUM）为975亿美元，其中收费管理资产（FPAUM）为617亿美元，包括460亿美元的私募股权基金（包括成长型基金）、157亿美元的产业基金（包括基础设施、能源和房地产）及其他基金等。目前，其累计完成的私募股权项目超过320项，交易总额超过5600亿美元。

LBO + MBO

KKR是私募股权基金之中最具有传奇色彩的教科书。在其一系列令人眼花缭乱的收购战中，KKR专门用小钱并购那些经营不善的企业，然后通过与管理层合作，经过重组获得丰厚利润。KKR的伟大不仅在于将杠杆收购（leveraged buyout或LBO）发扬光大，更在于成为管理层收购（Management Buyout或MBO）的创始级玩家。

在1981年，美国出现了近100起杠杆交易。1982年，美国经济严重衰退，但出乎意料的是LBO交易竟然上升到164起。1983年，美国又发生了230起杠杆收购，总金额达45亿美元。从那时开始直至20世纪80年代末，美国年平均杠杆收购数量为300起左右。KKR在这段时间，专攻杠杆交易，凭借杠杆交易，KKR 也成了华尔街并购界的新领袖。

在 KKR 成立后的前三年交易记录中，一共出现了 6 次收购，KKR 给这些交易起了一个响亮的名字——MBO（管理层收购）。从此，KKR 打响了自己的"金字招牌"，使得公司区别于其他精通 LBO 的同行。MBO 极大地吸引了目标公司管理团队的注意。

KKR 好似一根金手指，它染指的公司最后都会获得巨大成功。例如 1977 年 4 月收购的 A·J·Industries 就是一家摇摇欲坠的大企业，这家大企业拥有着一个非常突出的核心业务。他们抓住了 KKR 赋予的自主权，拼命工作，仅用了两年的时间就重整了公司，赚下了足够多的资金偿还债务。让人不禁去想，之前他们干什么去了？再想想肯定就会明白，自己的公司和别人的公司确实努力程度是不一样。**这不是和当初中国搞联产承包责任制有异曲同工之妙吗？**

不管黑猫白猫，能抓耗子就是好猫。不管 LBO 还是 MBO，能赚钱你就是 CEO。从 1977 年至 2006 年底，KKR 累计完成了 140 多次收购，累计总交易额达到了 1929.65 亿美元。而 MBO 在 KKR 发迹过程中的作用无疑是巨大的。

在这里做一个普及贴，其实 MBO 一般都发生在相对成熟的产业，例如零售业、食品加工业、服装业等。因为这些行业在成熟阶段，正是拥有大量现金或现金等价物的时候。KKR 联合管理层收购，可以凭借这些公司稳定的现金流增强举债能力。而那些新兴行业或者高科技企业，由于风险较大、现金流较少，一般不太可能成为 MBO 的目标。

LBO + MBO 模式是 KKR 投资的基本形式。LBO 方面堪称高手的 KKR 与目标公司管理层联手完成 MBO 收购，并在收购后赋予目标公司管理层极大的自主权，在目标公司竞争实力增强、价值上升后，通过上市等方式退出公司，取得高额回报。

KKR 创造的"LBO + MBO"模式，形成了投资者参与企业控制的治理结构。以 KKR 为代表的财务收购者被称为积极的投资者，恢复了传统的履行公司治理责任的股东职责，在促进上市公司合并、分立、重组及改善公司治理等方面起了重要和积极的作用。同时，改变了股票市场对上市公司股价投资理念，使股东价值理念广为盛行。

低成本、高杠杆收购的扛鼎之作

虽然 KKR 的辉煌记录数不胜数，但让 KKR 公司真正变得大名鼎鼎的当属美国历史上最大的杠杆收购——对食品和烟草大王雷诺兹·纳贝斯克（RJR Nabisco）的收购。在剔除通货膨胀因素之后，该项收购的交易金额至今排名第一。[1]

作为当时美国仅次于菲利普·莫里斯的烟草生产企业，雷诺兹每年能产生 10 亿美元现金利润。可是公司的 CEO 罗斯·约翰逊拿着巨额的经理津贴，却毫不重视股东利益。1988 年 10 月 19 日，约翰逊在美国运通公司、希尔森—莱曼—赫顿公司、所罗门兄弟公司等投资银行的支持下，提出以每股 75 美元的价格收购公司的方案。但由于代表纳贝斯克方面利益的股东与约翰逊不和，对他提出的收购方案迟迟不表决。

不久，听到风声的华尔街"杠杆收购之王"KKR 加入了雷诺兹公司的收购战。1989 年 2 月 9 日，KKR 以 250 亿美元的天价完成了对雷诺兹的收购，超过 200 名律师和银行家与会签署了收购合同。华尔街的大牌投行美林、摩根士丹利，大名鼎鼎的垃圾债券大王迈克尔·米尔肯也参与其中。

在收购投入的资金中，辛迪加银团贷款 145 亿美元。德崇和美林提供了 50 亿美元的过桥贷款，KKR 本身仅提供了 20 亿美元。在整个收购案中，KKR 在整个市场的号召力达到了巅峰，且付出的代价极小。**特别值得一提的是，这次收购使用了大量垃圾债券进行融资**，这种形式在美国市场非常风靡，但是国内

---

[1] 袁健，曾盟盟. 博弈视角下的企业并购研究——以 KKR 收购 RJR Nabisco 为例 [J]. 河北企业，2016（5）.

目前还没有类似产品。总之，这次收购资金的规模虽然超过 250 亿美元，但 KKR 使用的资金还不到 20 亿美元。

但天不遂人意的是，高成交额并没有带来理想中的收购结果。雷诺兹公司在收购完成后并没有重整旗鼓，而是一蹶不振。2003 年上半年，雷诺兹的销售额比前一年下降了 18%，仅为 26 亿美元，而营业利润下降了 59%，为 2.75 亿美元。2005 年 KKR 出售了所持有的 RJR Nabisco 的所有股权，收益率平平。

与企业管理层共谋

KKR 的成功在于与管理层共谋。与轰轰烈烈开始，最终却成绩平平的 RJR 世纪大收购相比，仅比它早半年发生的劲霸电池（Duracell）收购虽然过程平淡，却是 KKR 完成的最完美案例。

早在收购前，劲霸电池的主营业务就非常突出，管理层也十分不错。公司唯一发展瓶颈是规模太小。它仅仅是食品加工巨头克拉福特下属的一个事业部，而且与总公司的业务风马牛不相及。

1987 年末，劲霸电池的总裁鲍伯·坎德得知克拉福特要将公司卖给柯达和吉列等战略性买主，为了掌握自己企业的命运，他向 KKR 等潜在金融买家咨询 MBO 的可能性。经过与众多买家长达 5 个月的角逐，KKR 在 1988 年 5 月得到了劲霸电池。当时的分析普遍认为劲霸的总值超不过 12 亿美元，但 KKR 出价 18 亿美元，至少高出竞争对手 5 亿美元。

KKR 的收购方案也十分有利于劲霸电池的管理层。公司的 35 位高级管理人员共投入 630 万美元购买股份，而 KKR 给每一股股份分配五份股票期权，这样，管理层总共拥有公司 9.85% 的股权。

劲霸电池的管理层果然没有辜负 KKR 的期望。在收购完成后的第一年，公司的现金流就提高了 50%，并以每年 17% 的速度增长。如此高速增长的现金流让公司很快偿还了收购产生的债务。KKR 还果断支持了经理层扩张企业的愿望，把总裁坎德的资本投资权限从收购前的 25 万美元提高到 500 万美元的水平，并把管理下级经理报酬的权力完全交给了他。

1991 年 5 月，劲霸电池发行 3450 万股股票，IPO 的价格是 15 美元。上市之后，KKR 通过出售部分股份，成功收回了它投在公司的 3.5 亿美元资本金。1993 年和 1995 年，劲霸又进行了二次配售股票，并进行了两次分红。到 1996 年，KKR 在劲霸电池的投资收益达到 13 亿美元，偿清了收购劲霸时借贷的 6 亿美元债务。

1996 年 9 月，KKR 通过换股把劲霸电池卖给了吉列公司。到 2000 年 9 月为止，KKR 及周围的投资商总共从劲霸电池的收购交易中得到了 23 亿美元现金和价值 15 亿美元股票。

劲霸的管理层也赚了大钱，到 1996 年劲霸再出售时，当年的 35 名经理的持股价值翻了 11 倍。劲霸的坎德早在 1994 年底就自动退休了，靠着丰厚的回报，到酿酒业去进行第二次创业了。

担任 "白武士"

收购西夫纬连锁超市也是 KKR 历史上一个影响力巨大的案子。20 世纪 80 年代中期，美国食品连锁店成为大企业兼并的受宠对象。原因是收购者从连锁店高额的人力资本和经常资本的投入中看到大幅削减成本的机会；连锁店又很容易被分割出售，必要的时候可以用来偿债。

西夫纬就是一个理想的猎物。它拥有遍及美国本土 29 个州以及欧洲、中美洲和中东等地的 2300 多家连锁店。1986 年，由哈福特家族控制的达特集团，提出以每股 64 美元购买公司的 6110 万股股票，而西夫纬深知哈福特家族并非善辈（以恶意收购出名），赶紧请 KKR 作为 "白武士"（White Knight）救助。

"白武士" 顾名思义是向遭受第三方恶意收购的公司提出善意收购的人。"白武士" 进行收购的目的是阻止第三方以较差的条件或价钱收购目标公司的权益。"白武士"通常会提出更好的条件或价钱,以抬高收购价格,从而击退进行恶意收购的公司。

1986年7月下旬,KKR以每股69美元的价格买下整个公司,交易额达到41亿美元。其中,西夫纬的管理人员只筹集了150万美元,却按他们与KKR达成的协议,拥有了公司20%的股权。

随后,在KKR和管理人员的操刀下,通过销售不属于西夫纬连锁店主营的资产以及在欧洲的业务部门共得到了24亿美元,超过估价的40%。接下来,公司大幅裁员,约有45%的员工被"炒鱿鱼";留下的员工在福利和工资方面遭遇了"宰割",薪水只是原来水平的70%,医疗保险大打折扣。通过在人力资本和经常性资本方面的削减,公司变得"经济而高效"。西夫纬在1990年重新上市,但KKR公司并没有出售其股票。

KKR的耐心在20世纪90年代后期得到了回报。他们在1996~1999年二级市场销售中,出售了50亿美元的西夫纬股票,但仍然持有20亿美元的股票(截至2000年8月,西夫纬总资产超过了240亿美元)。

KKR原则

经过多年的经验积累,KKR形成了一些收购的原则。

第一,寻求价值低估、低市盈率的收购对象;第二,目标公司必须有好的现金流特征,即现金流必须稳定,至少是可以预测的;第三,目标公司必须有3~5年的时间里大幅度降低债务水平从而提高股权价值的显而易见的潜能;第四,目标公司有一位好的CEO或者至少有这样一位人选;第五,收购建议必须被目标公司的董事会接受(减少硬性"袭击"),必须说服经理们入股。

KKR一般在自己的"LBO+MBO"交易中担任三重角色:(1)财务顾问;(2)投入自己的资本,成为其中的一个合伙人,与参与LBO/MBO股权投资的其他有限责任合伙人共担风险;(3)作为LBO/MBO股权投资团体的监管代理人。

此外，KKR的融资模式有自身特点，用10%～20%的股权资金和80%～90%的债务资金收购公司。股权资产主要来自KKR筹措的基金，KKR对每个项目进行1%的股权投资，一般会拿走20%的利润。优先级银行债务的偿还期限必须较短（5年），而次级债务一般期限较长。典型的KKR收购方案要求公司在5～7年里偿还收购时发生的债务。

至于帮助企业提高收益并保证自己的投资取得回报，KKR自有妙方。

首先，美国国内收入法是一个重要因素。它规定利息可以从应税所得中扣除，而红利则不能。对企业来说，高负债可以将更多的利润留在企业，增加股东价值。

其次，KKR在收购中运用杠杆比率一般接近60%～75%。在1992～1997年KKR的11件收购中，只有旗星一例的杠杆率超过80%。60%以上的杠杆已足以使现金流充足的公司管理层在收购后感到压力。

最后，交易的资本结构决定了收购后的经营战略。面对高比例的杠杆和大量的银行债务，公司管理层别无选择，只能大规模精简、压缩成本，削减管理费用，出售收益率低的资产。一般情况下，收购后的前3年，企业计划必须考虑到迅速偿还债务，特别是那些期限短的优先级债务，这类债务有严格的定期偿还条款。这就给管理层施加了严格的限制，经常迫使管理层在降低成本的同时出售资产。

KKR在中国

从2005年开始，KKR就把触手伸向了亚洲，并从一开始就对中国市场的本土需求有着敏锐的重视。2005年，KKR在中国香港建立办公室，迈出了进入亚洲市场的步伐。KKR在亚洲共有四支基金：首支亚洲基金、亚洲二期基金、亚洲三期基金及中国成长基金，资金规模分别为40亿美元、60亿美元、93亿美元和10亿美元。在其前两期亚洲基金中，中国地区的投资占比都在

3~3.5成。2017年6月募集完成的亚洲三期基金，以其庞大的资金规模，成为亚洲最大的私募基金池。虽然进入中国的时间不算早，但其在亚洲地区的私募股权投资领域十分活跃，截至2018年5月，其在该地区的投资规模占其总投资的20%。

在中国市场，KKR投资了青岛海尔、南孚电池、平安保险、蒙牛乳业、中粮肉食、百丽鞋业、58到家和恒安国际等，涉及的领域包括农业和食品安全、环保、房地产、医疗健康等。这其中比较著名的案例当属青岛海尔。

2013年，KKR向青岛海尔投入34亿元，持有后者6.06亿股。通过3轮减持，KKR目前仍持有后者3.05亿股。以截至2018年5月21日的18.43元股价计算，其所持股票市值超过56亿元。加上此前分红，KKR的这笔投资目前浮盈超过80亿元，业绩亮眼。

KKR之所以投资青岛海尔，主要有如下考虑：一方面，青岛海尔是稳定的市场型制造企业，但因为不是当期市场热点导致价值被严重低估。KKR投资青岛海尔时，后者的市盈率是8.5倍，市值达330亿元，账上净现金超过200亿元。对比国际同类企业——GE、惠而浦等的市盈率均在15倍左右。KKR认为，海尔将受益于中国快速成长的城市化，成为价值洼地。

另一方面，KKR方面觉得，通过并购，青岛海尔在投后管理上的提升空间非常大。投资青岛海尔后，KKR做了很多投后管理工作，包括利用后者资产负债表上的200多亿元净现金，收购GE的白色家电业务，以提升海尔每股净利润；帮助海尔建立新的采购体系，为公司节省了约16亿元的采购成本等。

事实证明了KKR的努力成果。截至2018年5月，青岛海尔的股价已经提升了3倍多，KKR也在这笔投资中收获了丰厚回报。合算下来，KKR套现及分红所得已近56亿元，扣除成本外，其"落袋为安"的资金已经达23亿元。

风格二：深厚责任感带来使命和信念

硅谷天堂：积极小股东主义

近几年来，证券市场波动和 IPO 政策的不稳定并不利于 PE 行业发展，PE 机构如何在行业演变中保持持续发展？硅谷天堂的发展经验具有一定的借鉴意义：保有创新思维，在坚持现有业务的基础上寻找新的增长点——并购业务。

第一个标准公司制创业投资基金

2000 年，硅谷天堂的前身天堂硅谷在杭州成立。组建之初，硅谷天堂同国内大部分创投公司一样，处于战略迷茫期。[①]

2005 年 11 月，国家发改委联合十部委颁布《创业投资管理办法》。这部创投办法的诞生，为私募行业的发展奠定了法律基础。当然，仅有法律基础是不够的，私募行业还需要规范的基金托管制度。这个托管制度分为银行端和企业端。其中，浦发银行负责银行端的搭建，硅谷天堂负责企业端的搭建。在两

---

① 郑一真. 从天堂坠入地狱："硅谷天堂"模式神话如何破灭 [J]. 经济观察报，2018 - 01 - 20.

家机构的共同努力之下，中国私募行业才有了规范的基金托管制度。因此在2006年6月20日，硅谷天堂发行了中国第一个标准的公司制创业投资基金，全称叫做浙江天堂硅谷阳光创业投资有限公司，由投资公司转变成创投基金管理公司。

公司制创投基金在当时意义非凡。我们今天所熟知的合伙制基金在当时还没有，《有限合伙法》要到2007年3月才颁布。在之后长达4～5年的过程中，中国的创业投资公司，创投基金都是以公司资本性质出现的。

2006年，硅谷天堂创业投资有限公司在北京成立，成为天堂硅谷的控股股东。此时，资本市场结束近5年熊市，二级市场资产价格飞升，而一级市场依然处于较低估值区间，这是创投的绝佳时代。硅谷天堂的管理规模也呈现出快速增长的态势。然而也是在这一年，全球经济萧条，中国A股市场发行制度变革，高歌猛进的投资回报率和IPO增速曲线掉头向下，以IPO为主要退出模式的中国股权投资行业顿时哀鸿遍野，纷纷寻找属于自己的希望之窗。

战略转型解决退出难

在IPO市场如火如荼的时候，一夜之间市场就涌现出大量私募机构，那个时候PE的主要退出手段就是IPO。但可惜的是，中国的A股IPO是审核制，并不受市场行为决定。IPO会不时地重启或暂停，暂停的时间也无定数，最长可达13个月。当IPO无法退出的时候，很多PE傻眼了。不退出，没有投资收益，管理费也无法连续收，团队会无法维系。团队人才流失，就会导致基金募资困难。

因此，摆在众多私募面前的难题就是，Pre-IPO业务无法持续，私募公司的生存就会出问题。在这个时期，硅谷天堂决定向并购业务延伸。为什么是并购？笔者判断应该主要是基于三个方面的考虑。

第一，受全球经济一体化的影响，全球的经济逻辑、经济理论是趋同的。

中国经过改革开放35年，第一产业、第二产业和第三产业的绝大部分已经从稀缺经济进入到过剩经济中。过剩经济的弊端是什么？会带来社会资源的浪费。以汽车为例，假如全国市场上只需要1000万辆汽车，可众多的车企会生产出2000万辆汽车，这多生产出来的1000万辆汽车，消耗了巨额成本和社会资源，最后却成为多余的产品。想要从过剩经济中走出来，美国花了20年时间。这20年中，美国经历了6次并购浪潮，从过剩经济步入寡头经济。寡头也许会有很多缺点，但寡头可以最大程度节约社会资源，中国也一样要经历这个过程。

第二，在过剩经济中，产能过剩，投资不可能再拉动经济，必须要通过消费拉动，同时还要去杠杆、去库存，供给侧改革出现了。

第三，解决前面提到的，仅靠IPO退出的难题。除了IPO之外，私募需要寻找正常稳定的、持续的现金流。而并购退出无疑是可以持续的一条道路，虽然它的收益可能没有IPO那么高。

有了并购元素，硅谷天堂的业务布局会更加趋于稳定，也奠定了其国内最早转型做并购业务的PE机构的地位。自2011年以来，硅谷天堂成功完成了多起跨境并购案例和国内上市公司产业整合项目。通过并购，硅谷天堂成为整个PE行业效仿的对象。

不断进化的并购模式

1. 践行"PE＋上市公司"并购模式

硅谷天堂的"PE＋上市公司"并购模式其实既有对伟大机构的复制，也有针对本土特殊实际的结合。硅谷天堂与上市公司各出资一定比例，其余出资额由硅谷天堂负责募集，成立一家从事产业并购的合伙企业，通过并购基金对并购对象进行收购。由硅谷天堂选择标的、进行资产评估、交易定价、退出条件设计和整个项目的管控；上市公司负责整个项目的运营管理。并购标的会在约定时间"装入"所合作的上市公司，硅谷天堂实现退出。

硅谷天堂与湖南生猪龙头企业大康牧业合作，就是此思路的典型代表。2011年，大康牧业与硅谷天堂子公司浙江天堂硅谷公司共同设立从事产业并购服务合伙企业——长沙天堂大康基金。大康牧业作为LP出资人民币3000万元，占出资总额的10%；浙江天堂硅谷指定其全资子公司恒裕创投担任GP出资人民币3000万元，占出资总额的10%；80%的出资额由天堂硅谷负责对外募集，并根据项目实际投资进度分期到位。

2012年，长沙天堂大康正式签约收购武汉和祥畜牧。随后不到5个月，长沙天堂大康又收购了湖南富华生态农业发展有限公司。在2013年和2014年，长沙天堂大康又分别收购了武汉登峰海华农业发展有限公司和慈溪市富农生猪养殖有限公司。

至此，大康牧业在完善养殖模式、拓展产业链的基础上，迅速布局长株潭地区。可以说，联手硅谷天堂，大康牧业得到的不仅是资本的支持，更是借助硅谷天堂的资源优势、品牌效应及专业的投资管理能力，更大范围发挥私募股权投资基金这一管道的乘数效应。而硅谷天堂则通过与行业龙头上市公司成立合伙企业，并助其培养整合产业链上、下游，当项目达到一定能力之时，再由企业回购以实现套现退出。

2. 投资标的借壳上市

2009年，作为吉林省第一支产业投资基金，天亿投资设立。其出资方有长白山投资、太钢投资、平安信托投资和硅谷天堂创业投资有限公司（即硅谷天堂前身）。成立不足3个月，天亿投资就进行股权改制，引入多位LP投资者，大大稀释了原始股东股权。前股东硅谷天堂创业投资有限公司亦变身为持股51.84%的孙公司硅谷恒裕，持股额也由7500万元减至4920万元，股权比例相应稀释为 18.64%。

2009 年 9 月，刚成立不久的天亿投资，从富奥汽车原始股东宁波华翔（002048.SZ）手中，以每股 1.16 元受让 22000 万股权，跃升为继一汽集团后富奥汽车第二大股东。该次股权转让的原因为宁波华翔投资战略调整，并为富奥股份引入新的战略投资者，推动富奥股份尽快进入资本市场。

2012 年，ST 盛润拟引入富奥股份完成重大资产重组。2012 年 2 月 8 日，*ST 盛润 A 控股股东莱英达集团与天亿投资签署《有条件受让股份之股份转让协议》，莱英达集团同意将其让渡的 6384.13 万股 A 股以每股 4 元，总计 25536.52 万元转给天亿投资。该协议的生效条件为本次重大资产重组方案获得证监会核准。

2012 年 12 月 19 日，*ST 盛润 A 收到证监会核准重组批复，上述股权转让协议生效，重组完成后，天亿投资将合计持有*ST 盛润 A 26228.82 万股。

以 2013 年 2 月 22 日该股收盘价 9.1 元计算，上述股权对应的市值约 238682.26 万元，相较 51056.52 万元初始投资，天亿投资该次股权投资溢价高达 18.76 亿元。这意味着，以 LP 身份通过天亿投资间接参股富奥汽车的硅谷恒裕，将在四年蛰伏后，获得 3.43 亿元的投资回报。

3. 与大股东成立并购基金

"PE + 上市公司"也可以理解为产业和资本的合作。当然，模式并非一成不变，其有很多灵活性。在硅谷天堂的并购基金版图上，已正式亮相的上市公司合作方，已经有大康牧业、合众思壮、京新药业、升华拜克等。

2011 年 12 月，硅谷天堂与合众思壮设立并购基金。相比大康牧业的案例，虽然在架构上两者基本相同，但不同点表现在，合众思壮并购基金因 GP 成为上市公司的关联法人及因基金设立而产生的关联交易，需要及时对外披露。披露带来的问题是上市公司未来股价有了预期，上市公司股价会逐渐走高，在并购标的市值一定的前提下，标的持有方并购基金所能换取的上市公司股权就会减少。

为了避免上述问题的发生，硅谷天堂转而选择与上市公司大股东成立并购基金，与大股东合作的好处是不需要及时信息披露，但大股东是并购基金的相关利益人，有的时候需要回避表决。2013年1月，天堂硅谷与京新药业合作，由天堂硅谷与京新药业持股4.57%的浙江元金投资共同发起设立产业并购基金，规模为10亿元，在并购对象达到约定的并购条件时，由上市公司对并购对象进行收购。

此外，与上市公司合作设立并购基金的模式也有了创新，比如升华拜克的案例。根据升华拜克的公告，该产业基金的规模不超过3亿元，资金依据项目的实际投资进度分期到位。上市公司出资占产业基金规模的98%；天堂硅谷出资占产业基金规模的2%。按照《合作协议》，产业基金存续满3年后的6个月内，由上市公司收购天堂硅谷持有的产业基金股权。

双方同时约定，天堂硅谷作为产业基金管理人，每年与上市公司共同考察3家以上的投资对象，上市公司每年向天堂硅谷支付投资服务费50万元；若产业基金对外投资额超过5000万元，则自产业基金完成5000万元的投资出资之日起，天堂硅谷停止收取投资服务费，改为产业基金每年按投资额的2%计提，并向管理人支付管理服务费。

4. 新探索：咨询

2014年8月底，梅安森（300275.SZ）公告，公司拟向浙江天堂硅谷久盈股权投资合伙企业（有限合伙）非公开发行不超过370.64万股，发行价格为13.49元/股，募集资金总额不超过5000万元。天堂硅谷拟采用现金方式全额认购本次定增股份，且承诺锁定期为3年。同时，梅安森与硅谷天堂签署了《战略咨询、管理咨询及并购整合服务协议》，协议总金额300万元，协议期限为3年。

2014年5月，创业板再融资管理办法出台，创业板公司可以做小额（定增金额不超过5000万元）快速灵活的定增机制，这一机制非常市场化，只需要股东大会通过，不要证监会专项审批，也不要券商保荐。梅安森是第三家宣布用小额定增的创业板公司。不过，定向增发不超过5000万元，对于一家创业板公司，融资的意义并不大，但天然适合硅谷天堂这样偏爱以小股东身份，来与上市公司战略合作的机构。

2014年9月17日，高新兴与硅谷天堂签署《战略合作及并购顾问协议》。硅谷天堂为高新兴资本运作事项提供顾问服务，包括但不限于为高新兴进行并购标的的筛选、提供收购与兼并等资本领域的财务顾问服务等。协议中约定，高新兴每年向硅谷天堂支付财务顾问费100万元，总金额为300万元。高新兴方面称，双方合作有助于公司进一步厘清战略规划和并购思路，提升公司产业运作效率，促进公司实现持续快速的发展。

其后，从2014年9月22日开始，硅谷天堂开始逐步增持高新兴股份。在2014年9月~2015年1月，硅谷天堂及其一致行动人通过大宗交易及二级市场举牌等方式完成入股。

2015年2月13日，高新兴停牌筹划重大资产重组事项。5月27日，高新兴发布重组预案，公司拟以发行股份及支付现金结合的方式，购买创联电子100%股权、国迈科技90%股权，共支付交易对价12.88亿元。同时，公司拟向控股股东刘双广、易方达资管（员工持股计划二期）、平安大华（汇垠澳丰1号）、广发乾和、西藏硅谷天堂（恒兴1号）非公开发行股票募集配套资金不超过12亿元。高新兴在发布上述资产重组预案后于6月9日复牌，接连收获7个涨停。

这种模式可以理解为升级版，可以是"先并购后入股"，即把并购标的卖给上市公司获利后，利用部分变现资金，以参与定增或接盘的方式成为上市公司的小股东，进一步分享未来收益。可以是"先入股后并购"，即先成为上市公司的小股东，负责为上市公司提供战略发展规划及并购整合服务。

通过这种设计，硅谷天堂获取收益的方式也变得更为多元和可观，其获取到的收益主要有三部分：一部分是帮助上市公司进行并购业务的财务顾问费，一部分是并购标的最终被装入上市公司获得的投资收益，还有一部分是其所持有上市公司的股份经过上市公司并购整合之后往往能带来较高的股权增值。据媒体不完全统计，2015年与硅谷天堂采用此种合作模式的上市公司达到了几十家。

赋能式投资

硅谷天堂的并购手法和战术与弘毅、中信资本、鼎晖等大不相同，在多数并购案中，硅谷天堂并购背后都站着一个产业集团，并购标的最终要被这个产业集团接手，并购主体是产业集团，而不是硅谷天堂。而弘毅、鼎晖更多的战术是将其投资的企业养成行业大鳄，然后再让这个大鳄去吞食其他企业，并购主体不是基金而是被投企业。为什么会产生这样的差别？

从这些过往案例来看，作为小股东，硅谷天堂对上市公司产生的影响是深远的。通过若干个案例的积累，形成了硅谷天堂自身的并购特色。对于上市公司，硅谷天堂一直信奉的理念是做一个积极的小股东，或者说负责任的小股东。相比海外做空股东的消极主义，硅谷天堂的小股东积极主义很能适应中国国情，可以对上市公司做到有效的赋能式投资。

硅谷天堂的赋能式投资之所以大获成功，与他们团队对于中国国情的深刻理解分不开。基于国情的理解，硅谷天堂与上市公司合作的第一阶段为"**协同作业**"，即，上市公司做并购，PE做后勤。首先，最了解产业情况的，只能是上市公司。一般在某个细分领域，一家上市公司从创业到上市，经历十几年的过程，哪个阶段会产生跑冒滴漏的风险，哪个阶段需要控制，要用什么手段控制，是技术控制还是人来控制？这些问题，只有深刻浸淫产业的公司，才会理解和管理。所以，如果PE想介入并购，只能依靠一个有产业背景的上市公司来做。从上市公司的角度而言，也是近水楼台先得月。

第二阶段是"二者一起干"。上市公司在某个领域精耕细作十几年，硅谷天堂在投资行业也有了十几年的历史，积极布局高端制造、TMT、环保、大健康、大消费等行业。在各自的专业领域，二者实力相当。到了这个阶段，硅谷天堂作为战略股东，就不再是一个旁观者。在上市公司的并购中，硅谷天堂为上市公司出谋划策，对接资源，募集资金，聘请优秀的管理团队。

第三阶段就是"**KKR式控股式并购**"，这个阶段在中国目前暂时无法实现。KKR做控股式并购，前提是美国经历了几次大的并购浪潮，在这些并购浪潮中，公司数量急剧减少，但职业经理人却涌现出很多。这些优秀的职业经理人再配合科学的现代企业制度，对于并购后的企业整合会产生积极的效果。可是中国并没有完善的职业经理人制度，并购顾问独自操刀进行控股式并购还存在条件制约，因此，上市公司与并购顾问一起合作并购仍是主流模式。

争议与困局

近年来，我国经济增长持续放缓，人口红利消失，劳动力成本上升，传统行业面临产能过剩之困，并购重组成为推动产业转型和升级的重要手段。作为上市公司而言，面对业绩压力，外延并购是效率最高的方式。但并购容易整合难。除了对于行业发展、产业趋势等判断容易出现重大偏差，被并购公司能否融入上市公司团队、业务体系也是较大的变数。

硅谷天堂的并购模式作为市场创新，有利于推动并购重组市场化发展，有效整合各类市场资源，契合了近年来我国私募行业大爆发以及上市公司外延式扩张以推动转型和升级的趋势，因此发展迅速，成为市场一大热点。

但作为一种创新，该模式仍然处于探索阶段。那么，该如何看待"与产业方合作"的并购基金模式？**其实，并购基金只是一个工具，并购基金要怎么用，取决于使用工具的人。**只要并购基金在合理范围内使用，其对于并购的积极意义就是值得肯定的。

私募行业在经历了从严监管、短期业绩增速放缓、多家新三板挂牌私募公司相继退市之后，硅谷天堂在此艰难形势下仍然保持着较为稳健的发展。笔者相信，硅谷天堂还会继续在并购道路前进下去，带给市场更多惊喜……

风格三：标新立异，又导又演，斜杠青年

九鼎：中国投融资革命者

2010年，九鼎投资正式成立。8年后，九鼎由一家单纯PE演变为综合性投资公司。也就是这短短8年时间，九鼎颠覆了PE行业随机、小作坊式的生产方式，成为王者；拥有了三大资本运作平台——上市公司九鼎投资、新三板挂牌企业九信资产和九鼎集团；创建了涵盖证券、期货、保险、基金、P2P网贷等令人眼花缭乱的金融版图。

8年时间里，九鼎累计投资项目已达209个，累计投资金额154亿元，成为国内规模较大的民营PE公司。截至2017年底，九鼎集团归属于母公司的账面净资产为264亿元，其公允净资产值约500亿元。2018年4月27日，九鼎集团发布业绩快报，营业总收入预计为88.46亿元，归属挂牌公司的净利润预计为11.54亿元。

九鼎今天所取得的成就，也许连九鼎的创始人都不敢想象，要知道8年前，九鼎投资的起步仅仅是2名员工在五道口的一间地下室。然而更令人唏嘘的是，与成就如影相随的，是对九鼎的评价与非议：靠关系、粗放式、人海战术、激进、高价抢项目、压根儿不做尽职调查……甚至由此博得"PE公敌""游戏规则破坏者"等头衔。那么究竟该如何看待九鼎的成长路径？本书将尽量站在中立的视角，为读者剖析九鼎的成功密码。

重新定义 PE

九鼎最为外界传颂的，是其创始人团队的创业故事。与魔幻小说不同，九鼎的巨大成功不是什么神力作用的结果，相反地，成功之路就是脚踏实地、一步一步走出来的。这样的结论，可能无法满足读者的猎奇心理。但是这样的结论，反而能带给创业者更多的启迪。

1. 机遇只留给有准备的人

九鼎的创始人团队，是妥妥的学霸配置。吴刚是证监会出身，其优势在于顶层设计以及对于趋势的预判。2006 年 12 月，中国股市亟待爆发。吴刚抓住了这个机遇，这个史无前例的"中国资本市场扩容期"。其中的逻辑也很朴素：假设 2020 年前中国上市公司要扩容到 8000 家，那就意味着 5000 多家的增量，其中绝大多数都是中小企业；九鼎如能投资到其中 10%，也能赚到几千亿元！

2008 年汶川地震后，为支持灾后重建，证监会一度向四川企业上市开启"绿色通道"。2009 年，创业板机会来临。2009 年 10 月，首批 28 家公司登陆创业板，彼时名不见经传的九鼎独中两元：吉峰农机和金亚科技，赚得盆满钵满。这两家公司均来自四川，九鼎投资也因此"一战成名"。

九鼎的创始团队是一群对中国长周期经济信心爆棚的人，因此他们把握住了以 IPO 为主的发展机会。此外，PE 行业在 2010 年之前呈现供不应求的状态，即，需要资金的企业很多，但真正的 PE 机构很少，所以产生了超额资本回报，九鼎也得益于此。

2. 流水线式作业

不过，仅仅对趋势洞察是远远不够的。关键要看怎么干。过去传统 PE 项目

戏说并购

开发随机性很强，类似于游牧，与其说是猎人打猎，不如说是猎物撞上猎人。但九鼎偏偏反其道而行，2009年，九鼎开发出了"农耕式项目开发模式"。

九鼎在各个省市设立办事机构，负责联络和发现当地企业，横向比较出优质项目，并与当地政府、银行、券商进行串联；同时在北京建立研究所，对地方报上来的项目进行纵向筛选，选择出最终投资标的。

由此，九鼎实际上建立了一支相较其他PE大几十倍的全国网络，依靠"地推终端"深入一、二、三、四线城市与乡镇。2009年，九鼎投资项目只有20多家，一年后翻了1倍，五年后翻了10倍。《商界》杂志上有一个生动的比喻：九鼎把PE做成了连锁加盟性质的麦当劳。

3. 改变PE基因

PE做的是投资端和融资端的生意，仅仅在投资端流水线作业是不够的，融资端也需要革命。融资端开源的第一招就是打价格战。其他PE是先入账再服务，九鼎采取先服务后入账，成立基金不需入账，有项目才划账；其他PE每年雷打不动收管理费2%，九鼎是一次性收取3%，并与投资额挂钩；其他PE自顾自投项目，九鼎是向投资人汇报，由投资人投票决定投资与否。

而且，九鼎建立了自己的基金直销团队，但凡有钱的私营企业主都能接到其推销电话。以卖保险的方式销售基金虽有损形象，但从实际效果来看，九鼎在较短的时间里就打开了局面。

九鼎在降低价格的同时，还提高了服务质量，这样的PE，想必是很多企业家欣赏的。因此，从概率学角度来看，投资项目越多，哪怕收益率偏低，绝对收益也会相当可观。

新三板开辟新征程

不过，九鼎这种输送上市企业获得巨额差价利润的方式在2012年遇阻。

2012年IPO暂停，九鼎囤积的项目无法顺利退出，财务陷入困境。2013年，证监会撤销166家IPO申请，九鼎独占6家，位居创投首位。

此时的九鼎，已经募集上千名私募基金投资人，向200多家企业投资了150多亿元，其中多达180多家没有退出。IPO出口收紧无疑将拉低九鼎基金收益，最严重的情况则是资金链断裂，基金无法赎回。

也就在此时，九鼎将目光投向了新三板。**在挂牌新三板之前，九鼎又进行了一次"里程碑"式创新——以基金份额换股权**。这一创新解决了前期PE项目投资者的退出问题，也被其他PE效仿。

在这一换股计划中，昆吾九鼎的5名实际控制人，以个人出资方式共同创设了同创九鼎投资控股有限公司；并以该公司为控股股东，与数名其他股东共同创设三板上市主体九鼎投资——也就是通常所说的"壳公司"。

当作为"壳公司"的九鼎投资出现后，换股方案开始了：公司先以现金增发方式，以1元/股价格增发约580万股股权；其后原昆吾九鼎所管理的多家私募基金中的138名基金投资人，带着自己在相应私募基金中的投资份额"投奔"九鼎投资，并以相应基金份额换购580万股新增股份的相应股权。

这是一次复杂的换购——由于不同私募基金的续存期及股权账面价值不同，因此换购价格也各有不同。

据九鼎投资公告显示，其580万股新增股权的平均换购价格，相当于每股对应610元的基金份额"账面价值"。

以这一均价计算，注册资本仅为1000多万元的九鼎投资，以580万元的现金增发股份，一举获得了高达35亿元之巨的股权投资"账面资产"，成为新三板市场中当之无愧的"巨无霸"。

那么问题来了，基金投资人为何会同意这种方案？其一，客户变股东，管理费不交了；其二，份额变股权，日后若IPO出口放松，股权价值三年后的盈利空间至少在30%以上；其三，股价自己也会涨，日后也许还能转到主板。

此外，原私募基金的出资人（LP）在"免费捐赠"巨额资产的同时，获得了另一项保障：换股协议中的补偿条例规定，在入股三年后连续10个交易日股价低于一定水平，九鼎控股必须对新增股东予以"一定补偿"。这一补偿条例实际上是把原私募基金的"保底增值"承诺，转换成了上市公司股权的"股价承诺"。如果基金投资人能够通过九鼎股票的高价出让获得收益，其基金出资亦相当于获得了"保底增值"。

不过，如果在三年内股东自行卖出股份，则相应股份的补偿协议取消；同时三年内如果股价连续5个交易日最低收盘价高于某个水平，则九鼎控股自动免除补偿义务。

2014年4月，九鼎投资（430719，现名九鼎集团）携各位投资人以610元/股登陆新三板。

巧借融资并购扩版图

就在挂牌第二日，九鼎宣布募资25亿元，三个月后又定增22.5亿元。2015年5月，九鼎又启动百亿元融资。正是登陆新三板后的几笔融资，为九鼎系扩张金融版图打下坚实的基础。

2014年7月，九鼎设立九泰基金，这是首家PE系公募基金公司。2个月后，同创九鼎发布公告称控股子公司昆吾九鼎出资5000万元设立了北京黑马自强投资管理有限公司，该公司致力于募集并管理针对在校大学生个人的风险投资基金，向符合条件的在校大学生提供资金，并在其就业后一定时期内，按照一定比例分享其个人收入获得收益。

2015年1月，九鼎集团增资天源证券有限公司（已更名为"九州证券有限公司"），成为其控股股东的事项获得中国证监会批复；同年3月，同创九鼎发布公告称旗下公司嘉兴嘉源将出资7000万元人民币收购鹰皇金佰仕网络技术有限公司（简称"金佰仕"）70%股权。金佰仕持有中国人民银行颁发的

《支付业务许可证》，可以开展互联网支付、移动电话支付、预付卡发行与受理等多项支付业务。

2015年4月，同创九鼎发布公告称其董事会全票通过了《关于发起筹建一家民营银行的议案》。5月4日，同创九鼎发布公告称出资20亿元设立全资子公司九信投资管理有限公司运营网贷平台"九信金融"。九信金融平台运营初期主要为九鼎所管理基金的出资人、公司所投企业之股东、公司股东的借款需求提供相应服务，后续会逐步扩大融资主体的客户范围，打造符合互联网精神的创新金融产品。

紧接着5月8日，同创九鼎发布公告称通过全资子公司拉萨昆吾九鼎对深圳市武曲星网络科技有限公司（简称"武曲星"）进行增资。本次增资后，连同拉萨昆吾九鼎此前的直接出资100万元，同创九鼎直接及间接持有武曲星100%的股权。该次收购武曲星的目的是尝试构建一个网上平台，保险代理人可以利用武曲星销售保险产品，有保险需求的个人也可以利用武曲星发布需求信息。

2015年6月22日，九鼎推出的熟人借贷App"借贷宝"上线。此外在2015年12月底，团贷网称九鼎系的苏州夏启安丰九鼎创业投资中心（有限合伙）实缴其注册资本817.12万元，持股6.6667%。

2015年8月，九鼎集团通过控股子公司九州证券收购华海期货有限公司（已更名为"九州期货有限公司"）100%的股权。8月13日，拉萨昆吾九鼎成为新三板挂牌企业优博创控股股东。11月15日，优博创发布公告称已于12月3日获得成都市工商行政管理局准予变更登记，并已领取新的营业执照，公司名称变更为"九信资产管理股份有限公司"。九信资产将依托股东和管理团队历史积累的资产管理经验和资源，聚焦于不良资产收购和处置、债权及夹层产品投资、互联网金融和母基金等业务领域。

同样还是8月，九鼎集团收购中捷保险经纪100%的股权，进入保险经纪、保险咨询和服务领域。8月31日，同创九鼎发布《重大重组预案》，称计划以现金方式支付 106.88 亿港元，收购富通香港 100% 股权。2016 年 6 月 20 日，九鼎集团称该笔收购已获得相关监管部门的批复，并完成了相关款项支付等程序，但仍需股转系统进行相关审查。

一系列令人眼花缭乱的投资收购背后，九鼎投资所提出的"综合性资产管理机构"的战略目标及其"大金控式"的战略架构也渐渐浮出水面。然而这其中最引人注目的，是九鼎类借壳中江地产，创下了新三板反向收购 A 股的第一例。

2015 年 5 月，九鼎集团以 41.5 亿元收购中江集团 100% 股权，从而间接持有主板上市公司中江地产（600053，现名九鼎投资）72.37% 股份，完成新三板向主板"逆向收购"的壮举。

2015 年 9 月 24 日，中江地产以 9 亿元作价现金购买昆吾九鼎 100% 股权，收购后昆吾九鼎成为中江地产的全资子公司。此轮交易完成后，意味着昆吾九鼎的私募投资业务注入中江地产，上市公司的业务更加多元。上市公司中江地产更名为"九鼎投资"，主营业务之一是私募股权业务，另外也经营原中江地产的房地产业务。

至此，九鼎系的三大融资平台打造完毕，假如没有遇到监管阻力的话，这三大融资平台还有可能为九鼎系贡献几百亿元的融资。控股中江地产后，九鼎投资马上公布了规模为 120 亿元的定增计划。九鼎系在新三板的另外一家公司九信资产（831400.OC）也在 2015 年末抛出了市场关注的一笔定增案，融资总规模达到了 300 亿元之多。然而，九鼎投资的 120 亿元定增计划最后无疾而终，九信资产 300 亿元的定增案也被否定了。

九信资产定增融资计划被否定之后，九鼎投资再度展开"金融创新"：将其刚刚获得控股股东批复的九州证券股权，以私募方式"散卖"给市场投资者。

市场传言九鼎此次"私募融资"规模高达 300 亿～500 亿元，融资对象除上市公司和大中型企业外，还包括一些私募基金。据媒体报道的融资计划显示,九州证券希望此轮"私募增资"后立即申报新三板挂牌。

但据媒体的后续报道显示,从保证金数额反映出来的融资规模已超过300亿元,九州证券"私募增资"令证监会相关领导"很不满意",监管层在2016年5月展开了对九州证券为期两周的现场检查。这也意味着,在监管层此轮调查结果发布之前,九州证券此轮"私募增资"能否落地尚属未定之数。

并购是PE的未来

融资计划遇阻,项目退出渠道收窄,创业8年的九鼎似乎又回到了分叉路口前,重新面临抉择。对于下一步的业务方向,九鼎似乎早已成竹在胸。九鼎把PE的发展分为四个阶段:

第一阶段——导入期:典型的中国模式,这个阶段主要做成长性企业的参股,选优秀的快速成长的行业龙头企业,特别是蒙牛、伊利、双汇等这些企业,成为他们的股东。

第二阶段——Pre-IPO:2009年创业板开始以后,九鼎投资模式进行优化,增加上市因素的成长性投资,就是Pre-IPO投资。

到2013年以后,中国整个大的外部环境经济增长方式发生了很大的变化。中国经济的高成长期已经过去了,PE此时再讲上市前的参股投资Pre-IPO已经不是主流。

第三阶段——产业整合投资:这个是当下PE投资的主流。核心模式是"1+N",即帮助产业龙头整合,通过整合加上N的方式,成为一个区域性龙头,再变成中国龙头,甚至国际龙头。还有很多行业可以主动去打造这个N,就是通过整合N的方式打造1个龙头,这就是中国现在PE的主流模式。

第四阶段——杠杆收购:未来的中国市场也可能逐步走向一个标准的美国模式,可能出现杠杆收购。随着中国经济整体增速进一步下降,这是必然的,中国金融体系进一步成熟,各种金融手段进一步增加,大量的第一代的创业者退休，中国很有可能也逐步迎来杠杆收购时代。但这个阶段还需要等5~10年，现在还不是主流。

在此基础上，九鼎进一步提出并购型投资阶段的投资模型——1.5×1.5×1.5。

第一个"1.5"是要继续投资于成长型的行业，但不追求过高的增长，每年增长5%~10%即可，几年后利润增长到1.5倍。

第二个"1.5"是要利用好中国资本市场一、二级市场的溢价，目标企业通过直接上市或间接上市实现从1~1.5的溢价。

第三个"1.5"是通过整合并购提升效率，发挥协同效益，带来企业额外的增长，从1增加到1.5。这三个1.5乘在一起是1变3到4的回报。这就是中国PE的第三季——并购季。

依照这个判断，九鼎针对投资项目提出两种并购模式。其一是"1+N"龙头模式。在细分行业里与一家龙头企业达成合作，协助这家企业整合行业内的多家相关企业，最终成为百亿元、千亿元市值企业。其二是"N合1"模式，九鼎主动去打造龙头，即集中某个行业内数个潜质小企业，合并成为行业龙头。

例如深圳最早上市的"八大王"之一宝利来。这本是深圳一家五星级酒店，九鼎将投资过的新联铁并入宝利来，改名为神州高铁（000008），将壳转变为轨道交通主业。2015年，九鼎又协助神州高铁收购交大微联、武汉利德，完成高铁运营、企业通信信号全领域布局，神州高铁市值从20亿元飙升至300亿元。

2016年5月，家纺龙头罗莱启动12.5亿元定增计划，意图从传统家纺向家居生活一体化品牌零售运营商转型。"九鼎系"已组团认购，金额达到5.1亿元。

据悉，九鼎对燃气、冷链物流、医疗细分领域、建材市场以及课外辅导等教育领域的整合已经悄然上马。

从创业到现在，九鼎改变的不仅是PE，更是改变了中国资本市场创新匮乏的原始面貌。这一切只是开始。后无来者尚不可知，然前无古人非九鼎莫属了。

4阶
品味经典

互联网二十年（1998~2018年）并购棋局

时光如梭，年年都会有并购大戏上演。这其中，有平庸的戏、有精品的戏。而精品中的精品，我们就可以称为经典了。应了那句广告词——"经典永流传"。互联网产业在进入 21 世纪后狂奔不止，可谓全球的当红产业，中国也同样，这个产业里 BAT 和小巨头们的并购故事，值得反复回味。

对于 20 世纪的人来说，即将到来的千禧年是令人焦灼的，千禧虫会不会引发计算机系统混乱，甚至崩溃？当然，这都不算啥，更骇人听闻的还有。法国预言家诺查丹玛斯曾说："在 1999 年 12 月 31 日上帝要惩罚人类，将会造大灾难使人类灭亡。"

于是，全球 60 亿人，在惶恐和忐忑不安中迎来了 21 世纪的第一天，太阳照常升起。不过，情绪上的大悲大喜使大多数人忽视了在经济领域的一个里程碑序幕。什么样的序幕？**在 21 世纪大放异彩的互联网产业，在世纪之交的混沌中，悄然成长起来了。**

1998～2000 年，中国的互联网产业非常火热，门户网站、个人网站、游戏平台、论坛、电子商务网站等多种类型百花齐放，而现如今名震互联网的 BAT 三巨头——阿里巴巴、腾讯、百度，也在那时顺势而生。

到 2018 年，不过短短 20 多年的光阴，"互联网"这三个字成为中国无数创业者顶礼膜拜的神明。李克强总理更是在 2015 年的《政府工作报告》中首次提出"互联网＋"。互联网产业已经成为中国经济的新引擎，甚至被提升到了国家经济发展最高决策的高度。

互联网带给我们的影响，绝不仅仅局限于经济领域。它深刻影响了我们的生活方式，甚至是社会结构。而具体到本书主题并购层面，互联网并购相较其他行业并购独树一帜，有着自身的独特气质，其带给社会的影响和思考也更为深远。

2015：一个特殊的年份

朱啸虎曾笑称，"2015 年，互联网的主题是爱情。"

之所以产生这样的"爱情说"，是因为贯穿 2015 年全年的，是互联网小巨头的并购潮。2015 年 2 月 14 日，滴滴、快的宣布合并；紧接着 4 月 18 日，58 同城、赶集网宣布合并；2015 年 10 月 8 日，"十一小长假"后的第一天，大众点评、美团宣布合并；随后的 10 月 26 日，携程、去哪儿网结盟。百度成为携程的最大股东，拥有 25% 的总投票权；携程则拥有去哪儿网的约 45% 的总投票权。

滴滴和快的闪电合并仅是倒下的第一张多米诺骨牌，这些过去多年拼死对战的公司相继合并，新合并的公司迅速变身"四小巨头"。这"四小巨头"的相继诞生，体现了资本的强大逻辑：资本投到一定时候肯定要实现利益最大化，而实现利益最大化肯定需要整合。整合后的新公司问世后，业内将形成"一家独大"的局面，如果这样的局面持续下去，其他竞争对手就必须走差异化道路才能撼动霸主。

当然，你还会发现，在这些轰轰烈烈并购案的背后，都有 BAT 无形的手，在推动细分行业重塑格局。有个段子说得好，"世界是你们的，也是 BAT 的，但归根结底是 BAT 的。"包括前面所提到的 2015 年的四大合并案，再加上

戏说并购

2015年前优酷和土豆的合并，以及之后蘑菇街和美丽说的合并，这六大合并案，与BAT都渊源颇深。在他们的投资者中，都出现了BAT的身影，要么直接控股，要么是最大投资股东，"操控"着幕后的一切。

快的打车、美团、优酷土豆（2015年8月6日更名为"合一集团"）是由阿里巴巴支持的；腾讯则是滴滴打车、大众点评、58同城、美丽说最大的投资方；去哪儿网则是由百度一手控股的。

滴滴打车和快的打车合并时，最令人惊讶的不是这两家"仇敌"在一夜之间化干戈为玉帛，而是它们背后的大佬阿里巴巴和腾讯竟然能握手言和。

除了BAT，在2015年的互联网合并大潮中还有一个不可忽视的身影，那就是华兴资本。其深度参与了滴滴和快的、58和赶集和美团和点评的合并案。华兴资本的灵魂人物是包凡，这个从小在上海长大，身形精悍的男人给外界的感觉永远是稳稳地掌控着一切。

对于2015年的印象，这位互联网行业并购之王的感慨颇为形象，"BAT是天上的神仙，神仙在看人间打仗，而我跟滴滴、快的这些兄弟们就是打仗的凡人。"

无论BAT、小巨头还是背后的资本，历经百战之后都得出一个结论：**互联网2C（面向消费者）实现盈利的前提就是赢家通吃**。为了做长久的大赢家，BAT正抓紧巩固各自生态圈。过去几年，三大公司之间的卡位竞争早已公开化，但那些收购兼并相比2015年来说只是"前菜"。出行、分类信息、本地生活、OTA（在线旅行社）四大细分行业排名一二的对手，最终在2015年产生巨量的化学反应，两两合并，坐实行业老大，促使BAT三大生态圈走向了更高层级的闭环与成熟。

移动互联网时代，BAT都说要做"连接"，内在逻辑却大不相同。三寡头错势定位的竞争生态基本成型：百度自喻"冰山"，海面上是手机百度和百度地图两大入口，中部是核心业务搜索，海底则是O2O的"3600行"；腾讯要做"亚马逊森林",森林中央是腾讯自己的线上内容,以微信和手机 QQ 两大社交平台输血投资领地,最终实现连接一切"树木";阿里要做商业社会的"水电煤",打通云端,控制各条战线,最终落地金融支付和数据变现,形成闭环的移动电商生态体系。

"四小巨头"的相继诞生,令背后 BAT 网罗天下的棋局进一步浮出水面,关于 BAT 是否形成更强垄断格局的争论越来越热。似乎谁都逃不脱 BAT 的势力,无论这三家在具体案例里是推动、阻碍还是中立。

互联网企业"野蛮生长",巨头之间横向兼并,市场边界越来越难以清晰界定,市场主体的市场份额、市场支配力、对竞争的约束等越来越难以度量,这已经成为一个全球性的市场监管难题。

下面,让我们用倒叙视角,从十多年前开始讲这个故事。

BAT崛起

1998~2000年这3年，腾讯、阿里巴巴和百度相继成立。腾讯自OICQ起家，其业务几乎囊括了中国互联网发展的每个重要阶段：SP（互联网服务提供商）服务、门户网站、电商、搜索、网络游戏、视频、SNS（社交网络服务）、移动互联网。2004年腾讯在香港联交所主板上市，它也是三巨头中上市最早的。

百度由海归李彦宏自中关村设立，成立之初便将公司主业定位于搜索引擎领域，其中包括：以网络搜索为主的功能性搜索，以贴吧为主的社区搜索，针对各区域、行业所需的垂直搜索，以及门户频道、IM（即时通讯）等，全面覆盖了中文网络世界所有的搜索需求。2005年百度在纳斯达克成功上市，上市时股价一口气冲上100美元大关。

阿里巴巴始于1999年的B2B互联网贸易市场平台，由马云领导的团队一手创办，现已成为中国最大的电子商务企业。自公司开创以来，阿里巴巴团队先后设立了网上支付、消费者电子商务、企业对企业网上交易市场以及云计算等领先业务。2007年，阿里巴巴有限公司（Alibaba.com Ltd.）在香港证券交易所主板登陆，融资17亿美元。之后阿里巴巴集团以约24亿美元价格，于2012年6月将Alibaba.com私有化。最终在2014年，阿里巴巴集团在纽约证券交易所正式挂牌上市，募资 211 亿美元。

　　与近些年很多互联网创业企业给人的"烧钱"印象不同，BAT 自设立以来有着自身清晰的盈利模式。凭借数量庞大的用户基数，腾讯在销售虚拟商品（QQ 秀、网络游戏等）上大获成功；而阿里巴巴则在中小微企业用户达到一定规模之后，向会员收取年费；百度则有着基于自身主业打造的竞价排名模式。此外，BAT 盈利模式的最大特点便是多元化，针对不同的服务开发多样的收费模式。

　　在 BAT 发展的最初几年中，除了自身健康的造血模式外，BAT 也积极引入外部投资。腾讯成立初期，OICQ 用户成长很快，但暂时无法产生盈利，运营 OICQ 所需的投入越来越大，腾讯只好四处筹钱。为了获得盈科数码和 IDG 的 220 万美元投资，OICQ 出让了 40% 的股份。之后，非洲国际传媒大鳄 MIH（米拉德国际控股集团公司）收购了腾讯公司 46.5% 的股份。之后，在 MIH 的安排下，腾讯香港上市，首次公开募资达 14.4 亿港元。

　　阿里巴巴在挑选资金方面也是异常谨慎，马云曾说过，"我们需要的不是风险投资，不是赌徒，而是策略投资者，他们应该对我们有长远的信心，20 年、30 年都不会卖的。两三年后就套现获利的，那是投机者，我是不敢拿这种钱的。"

　　阿里巴巴首期 500 万美元的风险投资是由高盛牵头，包括富达投资和新加坡政府科技发展基金在内的一批投资机构投入的。仅间隔 3 个月，阿里巴巴便启动第二轮 2000 万美元融资，此次融资的首席顾问便是软银投资主席孙正义。第二轮融资并不是因为马云缺钱，而是要在短时间内给竞争对手设置一个更高的门槛，使阿里巴巴在电子商务格局变化中掌握主动权。

　　第二轮融资后，阿里巴巴有了蔡崇信（曾任欧洲 Invest AB 基金公司副总裁）、关明生（曾在 GE 工作 16 年并历任要职）、吴炯任（雅虎搜索引擎发明人）等诸多高端人才的加盟。高端人才的加盟使得阿里巴巴在整体运营、技术研发、战略等各方面都获得了极大提升，再次获得了软银、福达投资、GGV（纪源资本）合计 8200 万美元的投资。以庞大的资金作为后盾，阿里巴巴在 B2B、C2C、电子支付等领域开始了全面扩张。除此之外，阿里巴巴在中国香港和美国的两次上市也为公司储备了宝贵的发展资金。

我们再来看百度。众所周知，2005 年百度上市时创造了纳斯达克的记录，更有评论家评论道，"如果说 2005 年是中国互联网的第二春，那么百度无疑是这个春天里最灿烂的花束。"在上市前，百度经历了三次融资，前两次是在其成立之初的 1999 年和 2000 年，融资金额分别为德丰杰 e 星风险投资的 120 万美元和 IDG 创业投资基金的 1000 万美元，第三次融资则是在 2004 年 6 月，共有 8 家企业参与了此次融资，其中包括了著名搜索引擎 Google 的 1000 万美元的战略投资。

随着三巨头的成长，他们已远远无法满足于内生增长。刚刚提到的百度登陆纳斯达克的 2005 年，主打免费策略的淘宝网占据国内 C2C 市场份额的 57.1%。据第三方机构预测，当时国内 C2C 市场规模有望达到 87.74 亿元。而腾讯的 QQ 空间找准了数码相机已经普及的时间点上线，分享图片这一功能击中了社交痛点，每日 QQ 空间的图片上传量高达亿次。

估计当时没人能想到，再过十年，BAT 会成为超脱一般行业龙头公司的"超级存在"，它们是公司，同时又是投资人，当然也是并购者。BAT 这么做当然有其合理之处：

（1）查漏补短板，对抗竞争者。随着移动互联网时代的到来，他们发现各自在互联网领域都存在很多短板。比如阿里巴巴发现自己的移动出口端存在不足，而百度和腾讯则发现自己的平台流量应该可以产生更多价值。在这种大背景下，为了在重要业务中能与其他两家公司形成对抗，需要通过投资或者并购来达到这一目的。

（2）攻击对手腹地，削弱竞争力。商场如战场，需要主动出击，通过投资或并购来阻击竞争对手，实现"弯道超车"，特别是在一些重要的业务领域。2014年，阿里巴巴收购了UC（优视科技有限公司）来达到阻击百度的目的。

（3）寻找平台流量变现的出口。对于百度和腾讯来说，一个专注搜索领域、一个专注社交领域，他们都拥有了大量的流量，但却苦于无法真正将这些流量产生效益。而通过收购电商平台，就能够使利益最大化。比如腾讯投资大众点评网和京东之时，把微信的流量入口端作为一个非常重要的部分提及。现在微信端很快便成为大众点评和京东这两大电商的入口。百度作为国内最大的搜索引擎厂商，拥有互联网上最佳的流量入口，投资和收购案中流量变现也是其主要诉求之一。

（4）投资新业务，押宝新市场。BAT除了巩固发展自己行业内的业务之外，都希望将触角伸向国家鼓励支持的朝阳行业或业务，或许这个领域与BAT们原先做的业务完全不相干。比如阿里巴巴投资恒大以及文化中国等。

星星之火

真格基金创始人徐小平曾说过,"这是个充满创业激情和机会的时代,我不相信BAT可以垄断一切。大树和绿草可以共生于森林,一粒种子也可能长成一棵参天大树。"

的确,如果我们把目光拉回10多年前,就会发现互联网人的创业热情恰如莹莹绿草一般,在恣意生长着。

2005年

2005年,一切是那么的波澜不惊,也是那么的不平凡。对于资本市场来说,由于股权分置改革的推出,即将迎来一波大牛市,而后A股产生历史最高点6124。作为故事的起始点,2005年值得大书特书,一场10年棋局就此展开。

2005年4月,曾经写过小说,做过编剧的王微创办了土豆。8个月之后,土豆就获得来自IDG的第一轮种子投资。几乎同时,王微未来的宿敌的古永锵也刚刚结束了美国之行,为自己在搜狐的日子画上了句号,毅然决然地创办了优酷。几年后,他们两人以第一名和第二名的身份瓜分大部分市场份额,同时,为了江湖地位,在视频江湖展开激烈厮杀。

每年的金秋十月，都代表着成熟。但是对于王兴来说，2005年的金秋不能算是收获时节，已经历了多次未果创业的他，终于发布了一个他认为真正惊艳的产品——校内网，其灵感来源于Facebook。此后校内网一炮而红，发布3个月，吸引3万用户。不过此时王兴还不知道，校内网最终会被收购，成为人人网的前身，他将在不久之后投入到一个更具魅力的市场中去，他的名字将与美团这两个字捆绑起来。

在校内网最需要钱的时候，王兴曾经找到红杉资本，但是红杉却没有给他一分钱。而此时在上海创业了3年的张涛还不知道的是，红杉资本将在不久后为自己创建三周年的公司献上一份大礼，也就是首轮的100万美元投资，这家创业公司叫做大众点评。未来王兴和张涛都将获得红杉的投资，只不过还需要一点时间。

也是这一年，一位80后小伙子从北京来到杭州定居，他刚刚正式被阿里巴巴聘用，负责一款"出口通"的产品销售工作，因为业绩出色，迅速被提拔为阿里巴巴最年轻的区域经理，这个人叫程维。而当时念大二的陈伟星还陶醉于在浙江大学做大学里面的风云人物，一边创办校内刊物，一边黑校园网，也许他不知道的是在7年后无意孵化的一个App项目会把他和程维的命运绑在一起，这个新项目叫做快的App。他们两个人也不会知道，他们目前仅仅是在为一场血战做着准备，而这场血战将是互联网领域最惨烈的一场。

在这个特别年份的冬天，姚劲波的58同城正式上线了。当初之所以取名为58，据说是为了吉利，谐音"我发"的意思。而几个月前，赶集网成立，其创始人杨浩涌与接地气的姚劲波不同，属于纯粹的硅谷精英。他们两个不会知道，在不久之后即将到来的分类信息搜索领域以及O2O领域这两个巨大的风口上，命运会将他们俩绑在一起十年，相爱相杀，做将近十年的敌人。

自然我们不会忘记日后大名鼎鼎的"并购之王"包凡。2005年的包凡依旧意气风发，在以摩根士丹利、高盛、中金、中信证券为代表的国内外一流投行的包围之下，包凡愣是做成了6单生意，凭借其彪悍的性格和客户至上的性情，此时的他已经在投行界小有名气，当时公司也搬到了靠近东大桥的尚都国际崭新的办公室。包老大是包凡在华兴内部的昵称，不喜欢别人叫老板或者包总，交朋友胜过谈生意的理想主义性格，使得他很另类，和其他投行家天然分野。

一年前，他不可思议地离开亚信，并于2005年创立了华兴资本。创业之初比较艰难，包凡在建国门酒店租了一个房间做办公室，当时公司只有一个员工，还要身兼分析师和他本人的秘书。包凡开始的时候只能在酒店大堂见客户，几乎没有人认为这个理想主义者可以成功。当包凡说要做中国人自己的投行的时候，很多人说他疯了。主要因为两点：第一，现实国情是民企不大可能做成投行，金融业是命脉产业，这是国有资本属性决定的，如果你非要做，可能连业务都未必抢得到，谁会相信一家民企的背书能力。第二，最重要的是，当时的包凡，既没钱也没啥关系。估计当时连包凡自己也未曾想到十年后，他将杀出重围，在铁板一块的海外金融业务中，成为一家顶级投行。

土豆、优酷合并

2006年5月，土豆网获得来自IDG、纪源资本、集富亚洲的850万美元风投；2006年12月，优酷获硅谷（Sutter Hill Ventures）、国际投资基金（Farallon Capital）和成为基金（Chengwei Ventures）3家风投总共1200万美元注资。2006年《武林外传》红遍大江南北，全81集网络版权仅10万元左右，可见当时视频网站还不是主流。

2007年4月，土豆网获1900万美元融资，由今日资本、General Catalyst主导，前两轮的投资者IDG、纪源资本、集富亚洲也继续跟投。2007年11月，优酷网获得贝恩资本集团Bain Capital旗下1支基金及3家既有股东追加的共

2500万美元注资。

2008年4月，土豆网D轮融资5680万美元。2008年7月，优酷获4000万美元融资，国家广电总局要求视频网站合法播出视频节目需要视频许可证。监管之下，播客们自己主导的视频节目会大幅下降，有点儿像今天的抖音。同时从2008年开始，电视剧网络版权开始疯长，单集就突破十万元。

2010年7月，土豆网完成上市前最后一轮5000万美元融资。到了2011年，电视剧网络版权单集进入百万元时代，价格令人咋舌。这段时间，视频行业采购成本激增。

两家公司之外，还有乐视、酷6、爱奇艺、搜狐视频等强劲对手瓜分这个市场，大家纷纷高价买剧争抢观众。

相互竞争不仅体现在首播权的竞价，还有互相毁灭式的打击。曾经一度，视频行业网络版权纠纷不断，互成被告的现象比比皆是。视频公司之间官司不断，酷6起诉过土豆，乐视起诉过悠视，土豆因为《康熙来了》向优酷索赔1.5亿元。优酷又起诉土豆，不亦乐乎。

从2009年开始，视频行业就陷入了"压力山大"的境地。这种畸形的竞争，不仅仅是抬高了视频的价格，还会令公司陷入泥潭，不断的融资并未带来盈利。王微和古永锵也许早就意识到烧钱的游戏根本没有赢家。

而他们的同行，当时的酷6创始人李善友正在试图与盛大联姻，最终酷6在年底借壳华友世纪成功。不过，这次联姻最终导致了李善友的出走，两年后，李善友就因与陈天桥战略不合，从自己一手创办的酷6网离职，之后去了中欧商学院，再后来也就是2015年创办了混沌研习社。

回到正题，酷6在2009年底借壳上市，令李善友意气风发，也令王微蠢蠢欲动，2010年，土豆向纳斯达克提交了上市申请。无巧不成书的是，几乎同时，优酷也向纽交所提交了上市申请。

2010年土豆申请在美国纳斯达克上市第二天，创始人王微的前妻提出起

戏说并购

诉，要求分割婚姻存续期间的财产，这个意外事件导致了土豆延迟上市9个月。而优酷则于同年12月8日，成功登陆纽交所。当天登陆纽交所的还有当当，当当网当日收盘价为29.91美元，较发行价16美元上涨87%。李国庆认为投行故意压低当当网的定价，当时在网上与大摩女互相对骂了将近1个月。

而上市耽误数月的土豆却遭遇了冰火两重天，也正是因为上市进程耽误数月，美股市场已经逆转。2011年8月17日，土豆成功登陆纳斯达克上市首日即跌破发行价，跌幅近乎12%。

焦灼的市场，混战的局面，对于视频网站来说，是困难重重的。行业的束缚，严格的监管令这个行业雪上加霜。

上市对于土豆与优酷的争霸剧情是终点吗？明显不是，这部剧的剧情并没有按照王微和古永锵所认为的方向发展。2012年，一次大合并呼之欲出，并且启示与影响了未来几年互联网战场的格局。

由于王微的婚姻问题，2011年8月上市的土豆和2010年12月上市的优酷相比整整相差了9个月，使得土豆错过了上市的最佳时机。王微别无选择，因为当时土豆的现金流难以再撑过长的时间，如若不能上市，就只能破产或者被收购；即便上市成功，也就是多撑了几个月而已，还是要继续寻找融资。对于优酷来说，虽然坐上了国内网络视频行业的头把交椅，但是其上市时的募资面对不断上升的版权费用也是杯水车薪，现金流依旧是最大的问题。

古永锵知道目前局势对于优酷稍稍有利，优酷稍稍领先了，但是他担心得更长远，他内心期待赶快吞并土豆。一方面，合并起来可以确保市场份额第一，与其他对手拉开大差距；另一方面，优酷略强，土豆稍弱，合并起来，一定是优酷主导。最重要的一方面是，优酷好歹是市场第一，这个位置很重要。一旦百度、腾讯、搜狐和新浪展开行动吸收合并土豆，自己将万劫不复，优酷就难以做视频行业的老大，一切就会付诸东流。

因此，即便被土豆伤了千百遍，但依旧要把土豆当做初恋。还是那句话，商场上没有永恒的敌人，只有永恒的利益。更何况，决定这场战争最后归属的，可能根本不是王微或者古永锵，而是背后的金主们。

2012年初，土豆的股东纪源资本与优酷的股东成为基金，牵头谈判搞定了整个合并方案。这一年2月16日，合并初步讨论会完毕后，连会议都没有参加的王微直接点头同意了。王微究竟是被绑架还是主动点头众说纷纭，但是从合并之后的举动来看，王微还是愿意与这位昔日对手一笑泯恩仇的。或许也是真的累了，毕竟离婚事件给他造成了巨大损失。

2012年3月12日，在美股开市之前，优酷和土豆联合对外宣布合并。2012年8月20日，股东们投票表决通过了优酷并购土豆案，新公司优酷土豆集团正式诞生。据媒体报道，土豆占新公司股份为28.5%。

在互联网界，优酷与土豆的合并是标志性的。在其之后，互联网界才开始陆续发生行业第一、第二名合并的案例。大家从优酷土豆合并案上，看到了化敌为友的可能。

创业像一个大吸盘，把无数人的青春才华通通吸进去，换出来的可能是一败涂地，也可能是万世留名。整个事件结束后，王微就可以过一个他真正想要的生活了，创业九死一生，能出来的人已经足够幸运。

58同城、赶集合并

互联网改变世界，移动互联网改变互联网，激烈厮杀的领域除了视频领域，还有分类信息领域，相比较土豆和优酷来说，这个领域照样是一将功成万骨枯。姚劲波和杨浩涌整整相爱相杀了十年。

姚劲波曾说过：我想杨浩涌的时间比想我老婆还要多。58同城的融资经历极其具有戏剧性，和他这位老朋友也有关系。

58同城的两笔融资简直可以说是赶集网无偿奉送过来的。2006年赶集网的负责人找到软银赛富合伙人谈投资，投资后再并购58同城。这反倒最终使得软银赛富的投委会主动找到并投资了58同城，软银的决定一点儿不违背投资规律——竞争对手嘴里最害怕的公司一定是好公司。继2006年软银赛富500万美元的天使投资之后，两年后软银赛富又追投4000万美元。

58同城很烧钱，但是其创业之初就从来没有因为钱犯过愁。事后证明，姚劲波没有让软银赛富失望。

姚劲波很早就意识到，58同城根本无力统帅各大分类领域O2O垂直网站，他能做的是替代传统线下广告，加之二三线城市的迅速崛起，58同城汇集了无数二三线城市的生活服务者和个体户。姚劲波抢占市场的方法简单粗暴，依靠3000人的地推团队，挨家挨户去敲门，网络巨头们不愿意干的脏活累活，58同城从来不会嫌弃。就这样，执行力强的销售体系转化为流量，流量再转化为销售收入。

相比较他的竞争对手，姚劲波明显最重视二三线城市市场，这和《战狼2》票房创造历史之最的道理相同，得中小城市者得天下。

只要方向是正确的，钱烧光了就会继续补上。为了继续支持58同城，2010年3月，软银赛富和DCM又注资1000万美元；同年12月，DCM又联合华平投资向58同城注资4500万美元。2011年3月，58同城最后一笔融资是日本最大分类信息集团Recruit集团注资6900万美元。这些融资支撑58同城于2013年10月31日登陆美国纽交所挂牌上市。

相比姚劲波的幸运，杨浩涌的融资之路比较坎坷。赶集网的创业比58同城还要早几个月，初始资金就是杨浩涌从亲戚那里东拼西凑的10万美元。因为资金限制加之软银赛富没有投资，赶集网只得耕耘一线城市，而且只做三个类别——交友、租房和闲置物品交易，直到最后做到北京市场份额第一的宝座。

恰巧2006年谷歌打算进入中国市场，彼时中国政府还不允许外资公司拥有ICP（互联网内容提供商）牌照，谷歌需要一个中国合作伙伴。于是杨浩涌在谷歌工作的朋友就为双方搭上了线，双方成立了一家合资公司——谷翔，赶集网因此每年可从合资公司的收益中分一部分，用这部分收益维持网站运营。直到2009年，赶集网才终于获得第一笔资金，蓝驰创投的A轮投资800万美元。而那个时候，赶集网也终于盈利了。

赶集网从2010年起就没有了资金上的束缚，子弹充足。

2010年，获得诺基亚成长伙伴基金和蓝驰创投的B轮投资2000万美元；2011年，获得今日资本和红杉资本的C轮6000万美元投资；2012年，获得来自中信产业基金、OTTP及麦格理的两轮融资总规模9000万美元D轮融资。2014年8月，赶集网获得E轮融资，融资总额超过2亿美元，投资方为老虎基金和凯雷投资集团。

与视频网站土豆和优酷在夺取内容上的竞争不同，58同城和赶集网在广告上进行大量投放。两家公司都是不差钱的，58同城赞助了《超级女声》《非诚勿扰》《中国好声音》等知名栏目，让杨幂大声喊出"一个神奇的网站"；赶集网则是签约姚晨作为形象代言人，花了几亿元砸向央视等电视台，一时间，在公交车上也全是赶集网广告。58同城和赶集网的争斗最后演变成一场广告大战。

创业初期，为了提升流量，两家拼得你死我活；到了企业发展期，伴随营运成本提升，成长趋缓，还要承担大量广告投入，势必让两家企业都苦不堪言、精疲力竭。

互联网生态中的拼杀，是循环往复的烧钱史，永远要面对一个缺少资金，且群敌并立的环境，最后往往是苦了自己，幸福了周边行业。 无论是土豆与优酷的第一争夺战，还是58和赶集网的誓死拼杀，最后的结果都是为其他产业带来了丰厚的回报，让自己陷入资金的泥潭，自己的市场未见起色。

上市后的姚劲波终于松了一口气，但一想到杨浩涌，一定就会联想到那场耗资无数的广告大战，他打起了并购赶集网的主意。所以他要来了杨浩涌的电话，发了一条短信，求聊天，但是杨浩涌始终没有回复。

对于杨浩涌来说，赶集网暂时不缺资金，计划在2015年上市。但是他没有想到的是，到了2015年，分类信息业务在华尔街已经不再吃香，终于，他接过了老对手姚劲波抛过来的橄榄枝。

2015年春节前后，双方开始多层面接触，商讨合并细节。这一切还要归功于"媒人"的撮合，这个媒人不仅有双方共同的投资方老虎基金，还有知名的华兴资本。

早在2012年，包凡在业内已经是无人不知、无人不晓了，当时数一数二的互联网公司都已经成为华兴的客户。赶集网的创始人杨浩涌曾经公开评价过："在投行这个圈子里，包凡很有江湖地位。他跟圈内很多人关系都很好，大家也都卖他面子。"

土豆与优酷的合并的案例，是由资本方主导，代表着一种新思考，这一切或许让包凡得到了启示，合并是可以由投资方主导的。

4月，姚劲波、杨浩涌终于在"媒人"的运作下坐到了一起。两人整整斗争了十年，这场谈判的过程无疑是决定谁是未来新公司老大，谁是老二。外界似乎都普遍认为如果没有特别情况出现，谈判一定会被这种仇恨拖垮。谈判的过程，磨难重重，在一间总统套房里，整整谈了29个小时，甚至有一次姚劲波想扔酒杯走人不干了。

2015年4月17日下午6点，在北京东三环的一家五星级酒店，姚劲波和杨浩涌召开了记者会。

发布会上，双方宣布，58同城将获得赶集网43.2%的股份，在资本层面两家将组成新公司——58赶集有限公司，双方品牌、网站及团队均保持独立运营。专业人士认为，这个合并架构最重要的就是解决了反垄断的问题。从表面结构看，58同城只持有赶集网43.2%的股份，没有形成控股，也就绕开了反垄断调查。

并购不是流水线作业，一次成功的合并的经验，最多10%可以用在下一个案子里，可复制性很小。

合并后58赶集调整为三大事业群、三大事业部，杨浩涌卸任CEO，58赶集这个重担将交给姚劲波。而杨浩涌继续投入到"瓜子二手车"的创业中。

美团 vs 大众点评

2003年从美国回来的张涛，回到家乡上海遇到的第一个难题，居然是，不知道该去哪家餐厅吃饭。餐饮信息不对称的现状促使张涛在2003年4月创立了大众点评网。在刚开始的时候，网站的初始资金都是张涛自己的钱，推广方式也非常"原始"，张涛发动身边的亲朋好友去餐厅吃饭，然后写评价。即便如此，大众点评逐渐吸引了越来越多的注册用户，浏览量也在逐步上升。

而此时的王兴，离美团还很远。在王兴放弃第三个创业项目的同时，大众点评发展势头正好。2006年，凭借会员卡业务，大众点评获得了红杉资本领投的A轮100万美元融资。2007年，大众点评网又进行了第二轮来自谷歌的400万美元融资。拿着投资人的钱，大众点评的日子过得不错，公司2007年的营业收入达到千万元级别。

2008年初，张涛曾公开谈到了大众点评的上市计划。当然，如果没有团购网站，大众点评也许会稳步前行，慢慢达成上市目标。但命运的程咬金此时杀出，2010年，王兴的第六个创业项目美团网正式推出。2010年8月，美团刚成立5个月，就获得了红杉资本1200万美元A轮投资，红杉资本也投资了大众点评。

接下来的2010～2012年，便是可怕的"百团大战"，而手握大量餐饮用户资源的大众点评网也被裹挟进这场洪流中。面对团购网之间的大战，美团很兴奋，也很投入。2010年，美团在10多个城市开通业务；2011年，美团开通了100多个城市的业务。

互联网是一个充满魅力与魔力的地方，在接下来的时间里，双方还需要在团购这个市场展开激烈的拼杀。

黑马——去哪儿网

2005年一个美国人、一个马来西亚人和一个中国人（庄辰超）创立了蛇猴龙（亚洲）投资有限公司，这家公司就是去哪儿网的前身。这三个不同国籍的创业合伙人的组合并不是偶然为之，在去哪儿网之前，他们曾成功创办鲨威体坛，当时这家网站一度与新浪体育齐名。2000年前，鲨威体坛被李嘉诚旗下的TOM集团收购。

去哪儿网在创业之初的想法就是要做一个轻型网站，成立一个旅游信息搜索平台。消费者在平台上比价，搜索预订项目，最后进入不同的交易商平台完成交易。要知道，去哪儿网的机票比较业务是超前市场发展的，因为当时中国机票市场还没有完全放开，直到2008年国内机票才实行凭二代身份证登记。

2006年7月，金沙江创投对去哪儿网投资了200万美元，去哪儿网还获得了梅菲尔德风险投资公司的投资。然而，投资人对这个项目并没有多看好，只是赌一把。好在去哪儿网的用户访问量飞速提升。于是，去哪儿网成功获得雷曼兄弟主导的1000万美元B轮融资。

有了资金的去哪儿网马不停蹄加速成长，2009年11月，去哪儿网完成第三轮融资，由纪源资本领投、梅菲尔德风险投资公司、金沙江创投和特纳亚资本跟投，总额1500万美元。

此时，在线旅游市场，携程仍然是身型庞大的老大哥。去哪儿网、蚂蜂窝、途牛等新兴公司，都不是携程的对手。去哪儿网真正对携程产生威胁的，是 2010 年 7 月推出的系统解决方案。如何理解这个产品？去哪儿网为航空公司、酒店、代理商开发旅游产品"一揽子"解决方案，也就是说，用户在去哪儿网平台完成交易行为，去哪儿网再将生成的订单传给代理商。

携程终于发现了这个小弟不好惹，双方打了几轮价格战。颇值得玩味的是，大哥并不想置小弟于死地，而小弟的账上已经开始盈利，这接下来的剧情，会怎么发展呢？

BAT三国杀

互联网出行领域：BAT的默契

2012世界末日是一种末日理论，宣称地球将在2012年12月21日发生重大灾难，或出现"连续三天黑夜"等异象。今天我们再往回看，世纪末日的预言并未成真，但2012年对于互联网来说，是一次浴血重生。

2012年初，土豆网CFO黎勇劲离职。辞职后，黎勇劲将成为大黄蜂打车联合创始人。而大黄蜂打车，未来会成为滴滴、快的争夺的重要棋子。只是，滴滴、快的当时还未出生。

2012年6月15日，曾成功打造网游魔力学堂的陈伟星，投资300万元孵化出快的打车。3个月后，前阿里巴巴优秀员工程维推出了他的第一个创业产品——滴滴打车。与互联网创业如影相随的，就是烧钱。强大的融资能力是互联网创业公司的一项核心竞争力。

腾讯、阿里巴巴你追我赶

滴滴诞生时，程维投了10万元，前阿里优秀员工、天使投资人王刚投了70万元。不久之后，金沙江创投主动找上门，投了滴滴300万美元的A轮。仅隔了十几天，快的也获得了阿米巴资本和阿里巴巴的天使投资，而阿米巴资本合伙人李治国也是前阿里巴巴员工。此人给快的引入了吕传伟，在而后的滴滴、快的的合并过程中，也是积极的撮合者。

2013年4月，对于滴滴和快的是与众不同的，对于腾讯和阿里巴巴也是与众不同的。

当时陈伟星在硅谷和马云有过一次简短的交流，他和马云都知道，三年内这个项目不会赚钱，需要很多钱来烧，很多钱来抢市场，培养消费习惯，马云没有犹豫就说了一个字"干"。随后，快的打车获阿里巴巴和经纬创投1000万美元的A轮融资。

与此同时，程维与马化腾在北京聊了两次。在腾讯表示不干涉公司独立发展和不谋求控制权之后，他只提出了一个条件，腾讯由跟投变成领投，最后腾讯妥协，阿里巴巴出身的程维终于决定拿腾讯1500万美元B轮融资。

腾讯和阿里巴巴同时看重的市场一定具有非凡前景。随后，腾讯给滴滴多少钱，阿里巴巴就给快的多少钱，没有什么道理可言。

给读者们总结一下两家之间的融资较量。继A轮融资后，2013年4月，滴滴获腾讯1500万美元B轮融资；2014年1月，滴滴获腾讯集团、中信产业基金和其他机构合计1亿美元C轮融资；2014年12月，滴滴获腾讯、淡马锡、国际投资集团DST共7亿美元融资。

2013年4月，快的打车获阿里巴巴、经纬创投1000万美元的A轮融资；2014年4月，快的获阿里巴巴资本领投的B轮投资；2014年10月，快的获阿里巴巴资本等机构超1亿美元C轮融资；2015年1月，快的获软银、阿里巴巴、老虎基金等机构6亿美元D轮融资。

融资之后就是"补贴大战"。

截止到2014年，滴滴和快的共补贴超过24亿元，滴滴14亿元，快的10亿元，滴滴补贴最高的时候，订单峰值530万单，快的峰值则到了600万单。停止补贴之后用户量就下滑，补贴也会上瘾，那就再继续掀起补贴大战。滴滴通过微信支付车费抢红包，快的马上推出打车返金券，下次直接抵扣车费。滴滴快的补贴越打越凶，根本没有停下来的迹象，你给5元，我给10元，你随机补贴代金券，我就更随机地发红包。

这个时候就连马云也看不下去了，终于表达一下双方可以坐下来喝杯茶商量一下的看法，马云说道："不要认为街上看热闹的人多，不要认为人家是在看比赛，别人是在看笑话。"

是的，想一下土豆和优酷，疯狂的烧钱最后导致影视播放权暴涨到威胁到自身生存的程度，那么滴滴和快的呢？这样下去，最终一定是两败俱伤。双方还算克制，没有在杀得你死我活的时候失去最后的理智。

烧钱大战的第二个结果就是确立行业寡头格局，第一战就是收购大黄蜂。

"大黄蜂"在上海地区的市场占有率与滴滴和快的基本持平，大黄蜂在和百度接触。程维和陈伟星都不太希望看到BAT各投一家打车软件形成所谓的"三国并立"的局面，于是大黄蜂成了滴滴和快的争抢的对象。

滴滴、快的分别与大黄蜂进行了洽谈，而大黄蜂则利用两边的竞争关系，拼命提高收购价。大黄蜂一战，摆明了是第一名和第二名为了第三名争风吃醋，损伤的其实是前两者。程维很不爽，陈伟星也一样。

程维决定放弃争抢大黄蜂，由快的把大黄蜂收到旗下。虽然是竞争对手，但是双方此时好像已经有了默契，他们不希望第三方占便宜。快的笑纳了程维的见面礼，完成了打车软件市场一次成功的收购案例。

由于滴滴和快的的龙争虎斗，打车软件市场仅用了一年时间就洗牌完毕。整个打车软件市场形成了两家寡头的稳定格局。

2014年8月对于滴滴来说格外不同，因为一个人的到来，程维格外激动，这个人就是柳青。柳青加入后4个月，滴滴获腾讯、淡马锡、国际投资集团DST共7亿美元融资。

这次融资更加确立了程维的信心，与此同时，快的也拿到了软银阿里的

D 轮巨额融资。

就在大家要庆祝的时候，意外发生了。

一次致命打击

2014 年 12 月 24 日，圣诞节的前一天，上海市交通运输和港口管理局某副局长回应：滴滴专车是黑车，营运不合法。很快，上海开始查扣专车运营。

而后，沈阳、南京、济南等地也宣布了封杀专车的"禁令"，出租车司机也掀起罢工运动。一时之间，专车是否违法的问题再次浮出水面。对于滴滴和快的来说，双方那时候正拿到了 D 轮巨额融资。还没来得及庆祝，就遇到了政策封杀，那感觉如同从天堂到了地狱。如果专车被判定为非法，那么整个专车市场，将会受到重创，很可能从此无法翻身。

地方管理部门的为难，让滴滴、快的从对立面站到了统一战线。为了争取合法地位，双方多次交流。那段时间，面对各种政府出文，大部分时间都是两个寡头派代表一次又一次去跟政府有关部门交流沟通解释。

那一刻，他们成了同一战壕的兄弟。

市场呈现出来的东西，很像西方政治，最终留下老大老二，而不是一位帝王一统河山。老大老二斗争起来最终宿命也不是你死我活，而是日久生情，也是由于政法管理部门的监管，使他们从对立面走到了统一战线。

大合并

一年前，滴滴、快的在收购大黄蜂的时候，就已经有了合并的想法，当时的谈判中滴滴和快的背后的阿里巴巴、腾讯也都出面了，但由于很多涉及股东分配的问题导致滴滴和快的无法达成共识，所以最终没有谈拢。不过程维和陈伟星似乎都明白了一件事，第一和第二为了第三名争风吃醋，不如一、二名合并，联手奠定市场地位。

带着这样的想法，在2015年初，滴滴再一次叩开了快的的大门。

在谈判过程中，双方都赞同一个人作为重要的中间人，这个人就是包凡。

包凡的气场决定了他主导的事情就要按照规矩进行，他上来就约法三章。1月21日的深圳，双方真正进入到实质性的谈判阶段。

撬动BAT利益的支点，在谈判中是最难寻找的。

这次谈判选择深圳也是经过了精心安排，滴滴总部在北京，快的在杭州，那么为了不偏袒任何一方，就挑一个第三方城市，深圳对于大家来说很方便。

包凡的撒手锏就是关小黑屋。滴滴快的谈判桌上，包凡就曾撂下狠话，"吃的喝的我管够，搞不定不出门。"包凡的坚硬是一种投行人的理性，这种理性在对抗互联网人的情怀上具有一击致命的功效。当他说"你得听我的，这样才是公平的。"没人敢投去怀疑的眼神。

谈判的落脚点是公司独立发展，最终谈判的结果是谁拥有管理团队的控制权。21日，两个CEO达成一致，他们认为：滴滴快的合并成一家，对于日益激烈的竞争市场，将有益无害。

2015年2月14日，快的打车与滴滴打车宣布进行战略合并。合并是通过双方合股的方式完成，不涉及现金交易。新公司滴滴打车CEO程维及快的打车CEO吕传伟同时担任联合CEO。一切皆大欢喜，两家公司在人员架构上保持不变，业务继续平行发展。

7月，合并不到半年的滴滴快的公司完成了20亿美元的融资，公司估值高达150亿美元。新一轮投资方包括资本国际私募基金、平安创新投资基金等多家全球知名投资者，而阿里巴巴、腾讯、淡马锡、高都资本等现有股东也都追加了投资。这轮融资之后，滴滴快的公司将拥有超过35亿美元的现金储备。

9月，滴滴快的对外宣布，结束新一轮总计30亿美元的融资，本轮融资创造了全球未上市公司融资新的最高纪录。据称，该轮融资完成后，滴滴快的将拥有近 40 亿美元的高额现金储备。而这一轮投资者里，出现了中投的身影。中投公司是国务院批准设立的从事外汇资金投资管理业务的国有独资公司。

吞并 Uber 中国

投资人还没来得及享受一统江山的快感，新的战役又开始了。

就在滴滴快的合并的前夕，2014 年 12 月，百度投资 Uber 全球，外界猜测投资金额在 6 亿美元左右。1 个月后又支持了 Uber 中国的 A 轮融资。紧接着，中国移动端 LBS（基于位置服务）最大入口百度地图接入 Uber 中国的后台。

2015 年国庆长假刚过，滴滴快的获得上海市交委颁布的网络约租车平台经营许可，这意味着滴滴快的在最重要的市场上获得关键的政府认可。但与此同时，Uber 中国也正式亮相，其正式入驻上海自贸区。两家出行服务公司的战争，进入全新阶段。

有媒体传言，滴滴快的刚刚合并，Uber 的卡兰尼克找到程维，向其表明：要么接受 Uber 投资公司，占 40% 股权；要么正面开战。当然，程维拒绝了卡兰尼克的提议。

不欢而散直接导致了 Uber 中国的高补贴扩张。有声音称，Uber 一次性预备了 10 亿美元补贴资金。看到 Uber 中国如此，滴滴快的只能应战，价格战再度开打。来自媒体的数据显示，价格战期间，滴滴快的一个月平均烧掉 1 亿美元。

投资人也加入战团。腾讯陆续封杀 Uber 在微信上的各地客服账号。接下来的几个月，Uber 从微信上销声匿迹，不能公开发优惠券，也不能开展客服服务。

此外，融资必须跟上。然而与建设者滴滴快的不同，颠覆者 Uber 在中国的融资进展很不顺利。舆论纷纷认为 Uber 融资搁浅，到了 2016 年 8 月，卡兰尼克只好公开在中国的融资进程，称已经完成 12 亿美元融资，未来可能会有

"国字头"投资人加入。然而,平安、中投、高瓴等先后以公开或私下方式向媒体澄清并未投资 Uber。

此外,Uber 中国的政府公关能力也令人担忧。一位滴滴政府事务部人士称:"有好几次,政府部门要约谈 Uber,都找不到人,还要来问我们。"此外,Uber 中国还爆发一轮离职潮,其北京、上海两地的负责人很快先后离职。

当然,滴滴快的也成功狙击了大型投资机构投资 Uber。投资人的顾虑也不无道理:(1)外资公司在中国提供本地化服务的成功先例还很少;(2)投资机构并不想得罪腾讯和阿里巴巴。也有传言称,尽管 Uber 全球融了很多钱,但要一直输血中国,承受极大的财务压力,卡兰尼克无法说服所有股东,最终将 Uber 中国资产卖出。

意料之外又似乎在意料之中,2016 年 8 月,在中国政府出台网约车新政,明确专车合法地位的 3 天后,滴滴吞并了 Uber 中国。滴滴以换股形式收购 Uber 中国,后者估值 70 亿美元,整体权益按 AB 股(即同股不同权)的结构设计。Uber 拥有合并后公司 20% 股份的经济权益,成为单一最大股东,对应 5.89% 的投票权。滴滴再投 10 亿美元给 Uber 全球,同时占有后者 1.47% 的股权。双方创始人程维、卡兰尼克进入双方董事会。

虽然几乎所有主流媒体都认为滴滴吞并 Uber 中国是滴滴的胜利,但滴滴实现"大一统"之后,如何从大规模补贴走向真正商业可持续,仍是一个难题。

不得不说的是,所有的互联网公司都具有两大特点:第一是资本驱动,互联网公司表面上业务的角逐已经演变为背后资本方主导的角逐。第二是同质化严重,这导致了互联网公司的要么通过战胜对手成为用户唯一选择,要么通过合并。说白了,就是要成为头部公司。

新美大：腾讯独领风骚

美团、大众点评合并

打得乌烟瘴气的百团大战，资本怎会缺席？要知道，资本永远是不甘寂寞的。2011年4月，大众点评收获挚信资本、红杉资本、启明创投和光速创投联合1亿美元的投资。2011年7月，美团又顺利拿到阿里巴巴和红杉资本5000万美元的B轮融资。

拿到投资的美团和大众点评，都在有节奏地攻城略地，抢占市场份额。在团购市场，流传着著名的"**721法则**"。第一名会有70%或更高的市场份额，会活得非常好；第二名会有20%左右，还不错；其他剩下的所有各家抢剩余的10%，是难以为继的。

王兴和张涛都在思考，谁会成为那个"7"呢？不过，市场的快速发展并没有给他们太多思考的时间。2013年1月15日，腾讯宣布，高朋网、F团、QQ团三家合并，三家团购网站将全部跳转到新高朋网，由新高朋网的团队统一管理。

百度也没有闲着。2014年初，百度收购糯米网，组建了百度糯米团购。不过腾讯显然没有止步，2014年2月，腾讯与大众点评宣布达成战略合作，腾讯投资4亿元入股大众点评，占股20%。入股协议中提及，腾讯在一年内有权按照大众点评网在海外上市后的IPO价格增持5%的股份。从这份协议可以看出，大众点评的上市梦想一直有，并且在为之努力。

至此，BAT在团购领域的布局清晰起来。美团背后是阿里巴巴，大众点评携手腾讯，而糯米则完全属于百度。

2014年，我国移动互联网进入全民时代。O2O概念呼啸而至，团购领域的竞争迅速升级，大量网站倒闭的同时，市场越来越集中，接近九成的市场份额被美团和大众点评瓜分，而美团一家的市场份额就达到五成左右。2014 年 5 月，美团宣布获得 3 亿美元 C 轮融资，泛大西洋资本领投，红杉资本和阿里巴巴跟投。

2015 年 1 月，美团网完成 7 亿美元融资，不过，此次的投资方却很神秘。2015 年 4 月，大众点评完成新一轮 8.5 亿美元融资，投资方包括腾讯、淡马锡控股、万达集团和复星集团。弹药充足的大众点评快速布局餐饮 O2O，这其中就包括大众点评以 8000 万美元入股外卖平台"饿了么"。

美团也通过自营方式，推出了美团酒店、美团外卖、猫眼电影等，发力垂直领域。有趣的是，身处竞争旋涡的张涛和王兴，理念却完全不同。王兴对"团购"的战略方向越来越坚定，而张涛"去团购化"的战略方向也越来越坚定。

然而，老大、老二之间的斗争异常艰苦。很多业务线都需要大量资金，很多业务线也尚未盈利，两家公司需要的钱越来越多。可资本不是永无止境的。除了腾讯与阿里两位金主外，两家公司背后还有一个共同的出资人——红杉资本。如果竞争始终分不出胜负，资本的耐心又会有多少呢？

美团点评的合并谈判用了两个星期，包凡又一次做成了。不过包凡对媒体透露，促成这笔交易用了长达两年时间。2015 年 10 月 8 日国庆长假后的第一天，美团和大众点评几乎是平地惊雷地宣布合并。王兴在美团发内部信称，"美团和大众点评合并，从相杀到相爱只用了一个长假"。

有消息人士对新浪科技、《商业周刊/中文版》透露了美团和大众点评的合并的交易细节：（1）美团、大众点评现有股东将权益注入新组建的境外公司（仍采取 VIE 架构），比例大致为 5∶5。（2）与此前滴滴快的、58 赶集的合并类似，美团和点评合并后将采取联席 CEO 的人事制度。不过，可以想见，由于美团份额大，创始人王兴也更加强势，两个 CEO 的制度设计将是一个过渡方案，很快大众点评原有团队将从新公司中慢慢退出，最终由美团接管。

（3）合并后大众点评的业务重点是低频、高客单价业务，如婚庆、会展等，不再参与高频、低客单价领域的价格战、补贴战。这也是投资人希望看到的结果。

在双方合并三个多月后，新公司新美大完成了合并后的首轮融资，由腾讯、DST、挚信资本领投，资金超过33亿美元。这一大笔钱刷新了中国互联网行业私募融资单笔金额的最高纪录，也成为全球范围内最大的O2O领域融资。现在美团点评最大的股东是腾讯，而阿里巴巴，从2016年9月开始逐步出售新美大老股，加之阿里巴巴又投了60亿元重塑口碑网，阿里巴巴退出新美大只是时间问题。

2018年9月，新美大港股上市成功。上市后的新美大开启新的征程。巧合的是，紧跟新美大的步伐，包凡的华兴资本也在港交所上市。

腾讯携手新美大的逻辑

1. 流量的互相合作

BAT们都在寻找新的流量窗口，比如阿里的新零售、腾讯的小程序以及百度的无人驾驶等项目。而美团也不可避免地出现了流量滞涨甚至下滑的情况。

而F轮融资对美团最直接的效果就是，美团可以长期获得腾讯体系的流量导入。在微信的"钱包"里，腾讯为美团点评增加了"美团外卖""吃喝玩乐"和"电影演出赛事"三个入口；在小程序里，美团点评占据了六席，而且都排名靠前；在地图互联互通、商家支付、联合营销、猫眼合作等方面，双方也有紧密的合作。要知道，微信的月活目前稳定在9亿以上，是国内绝对的龙头老大，而且基本上都是国内用户，这对任何一个希望获得流量的产品而言都是极为重要的入口选择之一，而这种入口位置有限，必须是腾讯需要，且深度合作的产品才有资格入驻。

对于美团而言，这个流量入口的导流是极具诱惑的。毕竟，对手饿了么早已在支付宝获得了稳定的流量入口，而在合并了百度外卖之后，又获得了百度的流量入口。而微信这个入口的流量比支付宝要大一倍多。反过来说，如果美团失去微信的流量导入，将很有可能在后续的争夺中逐步败北，毕竟，流量前十名的 App 中，大部分都属于腾讯和阿里系，少量属于百度系。既然饿了么已经选择了阿里系，百度外卖又没有完全脱离百度系，口碑和飞猪都属于阿里旗下，而美团早已公开和阿里"红脸"，那么对于美团而言其实基本上没有其他选择，只能依靠腾讯。

而对于腾讯而言，美团作为当前在线下领域触及最多商户的产品，同样有着非常重要的引流作用。根据媒体披露，微信、手机 QQ 中的美团外卖入口为腾讯贡献了日均 500 万笔的支付订单，并且比重很有可能继续扩大。

2. 线下资源与小程序战略

除了流量的需求之外，腾讯领投美团的另外一个重要逻辑，就是美团具有非常强大的线下触角。据报道，新美大拥有 2.8 亿年度活跃买家和 500 万年度活跃商家，此间的连接拥有极大的市场空间。

实际上，美团早有一统线下餐饮的野心，其强力推进的 ERP 系统，正是其希望增强商家黏性和依赖性。2016 年，美团亿元战略投资餐饮软件服务商屏芯科技，建起了覆盖全国 500 多个城市的销售服务网络。根据媒体的报道，餐饮行业通过开放平台连通了 1000 家餐饮 ERP 服务商里的 619 家，占比超过 60%，美团成功地帮助了餐饮商家打通 ERP 服务商，提高了他们的效率。但根据另外一些渠道和媒体的报道显示，美团 ERP 的计划远没有其公布的数据那么光鲜。

美团的野心与腾讯不谋而合。腾讯希望通过小程序，链接线上线下的

"一切"，这个战略一度让大众认为小程序与美团将来会是敌人。

不过，从这次的联姻来看，这对敌人，可能会成为朋友。而对于腾讯而言，小程序也是可以借助美团的线下能力进行快速铺设的。

可能的情况是，美团的 App 和美团的小程序中的大部分商家，都会接入一个免费的、简单版本的小程序。美团 App 和小程序中的商家展示和卡券、活动等将会更加丰富多彩，美团为用户提供了更加丰富的展示能力，商家在美团界面中就能展示类似于 App 的复杂界面，而腾讯则利用美团的线下资源，快速铺开了小程序，为小程序的飞速拓展提供了极好的平台。同时，所有线下微信小程序可以直接对接美团点评，从而形成盈利的闭环，这是一个三赢的格局。

所以，投资美团，极有可能是微信正式开始发力小程序的开始。毕竟阿里系的新零售在线下已经进展得如火如荼，腾讯的线下除了支付之外，进展缓慢，借助美团线下 500 万户的商家资源，不仅利好小程序，甚至对其针对商户的企业微信也有良好的推动作用。

3. 众多的边界

由于美团是少有的天然具有线下基因的，用户量众多的互联网产品，因此，王兴所谓的"核心和边界"的理论才有实施的可能。实际上，美团在历史上早已实践了"核心和边界"的战略。众多业务板块中，无论哪项都围绕餐饮、酒旅、到店综合展开，目前的新增业务有四项：打车、民宿、共享充电宝、掌鱼生鲜。

要知道，这些领域全部都是红海，酒旅的携程和飞猪，打车的滴滴和首汽，等等，竞争极为激烈，而共享充电宝和生鲜则极为耗钱，至少还要再烧好几年的钱。不过，有了腾讯的介入之后，这一切是有可能盘活的，酒旅、打车、充电宝、生鲜，全部可以用微信钱包以及小程序带流量。

戏说并购

而对于腾讯而言，任何一个线下的"边界"业务，与美团合作来做，都会快过他自己操作。毕竟，美团的线下经验非常的丰富，这一点连饿了么＋百度外卖＋口碑都比不了。

而在马化腾的战略体系中，腾讯在未来要做两个角色：第一个是连接器，通过微信、QQ 通信平台，成为连接人和人、人和服务、人和设备的一个连接器；第二是做内容产业，内容产业也是一个开放的平台。

其中，美团的角色，就是连接人和服务。通过连接器的战略，让大数据更加的丰富，从而得到真正的用户画像，至少能够与阿里体系的用户画像相媲美。而这种用户画像，在未来的精准广告、产业互联网等方面，有着极为广泛的用途，市场巨大。

百度操盘携程、去哪儿网结盟

百度并购去哪儿网

书接上文，去哪儿网与携程的价格战并没有太伤筋动骨。2010 年，去哪儿网实现盈利，账上有着上千万美元的盈余。业绩好了，自然考虑上市问题。可偏偏这时候百度战略投资部董事总经理汤和松找上门来，向去哪儿网抛出橄榄枝，不过后来因为种种原因，双方并没有谈妥。

坊间也有传言称，携程也曾向去哪儿网提出并购想法，但遭到庄辰超拒绝，其认为两家公司理念不一致，无法合作。此时的携程，梁建章还未回归，业务越来越笨重，一直在"半网络、半传统"的模式里，未及时作出改变。

2011 年 4 月，在百度联盟峰会上，百度董事会主席兼 CEO 李彦宏公开提出了"中间页"战略思想，"在搜索引擎和传统产业中间的状态来给别人提供服务",如提供生活服务信息的 58 同城等。在搜索基础上发展起来的"中间页"网站,不仅在解决互联网信息的精准与可信度方面为用户提供了保证;更重要的是,它解决了中国传统产业对互联网发展速度认识不足、认识过慢等问题,通过搭建传统产业与互联网间的桥梁发掘产业价值。

基于这样的战略目标,百度在垂直领域开始了大规模的"跑马圈地",通过收购 PPS 扩大其在线视频市场份额,投资安居客提供房屋租赁信息服务。在旅游信息服务方面,百度也接触过艺龙网等公司,甚至产生过自建在线旅游公司的想法。左思右想之后,百度认为性价比最高的方式还是继续与去哪儿网谈并购。

2011 年,双方再度坐到谈判桌前,这次谈判有了纪源资本合伙人符绩勋作为中间人(符绩勋既投资过百度,也投资过去哪儿网),谈判顺利了很多。一个月时间,去哪儿网和百度战略投资部就拿出了详细的并购协议书。经过半年的协商,2011 年 6 月 24 日,百度发布公告称,以 3.06 亿美元现金获得去哪儿网 62% 的股份,百度终于成功并购去哪儿网。

这次并购之所以成功,总结下来有这么几点原因供市场参考:

(1)基因相似。百度和去哪儿网都是技术导向型公司,去哪儿网是中国排名首位的旅游搜索平台。其盈利模式是用户通过登录去哪儿网搜索旅游产品后,按点击付费广告(CPC)和按效果付费广告(P4P)收费,这与百度搜索形成契合。可以说,去哪儿网凭借着搜索基因成为百度投资战略的理想对象。

(2)盈利模式互补。二者主要都是通过提供搜索服务帮助用户获得整合后的信息,以此获得 CPC、P4P 等广告收入。百度搜索占据互联网的第一层入口,获得大量流量;去哪儿网则是其下的垂直搜索,可以作为百度搜索的细分和延伸,专注于在线旅游市场。百度可以通过优先展示去哪儿网搜索结果的方式,将自身庞大的用户和流量导入去哪儿网,这对去哪儿网业绩的增长是有直接性的帮助。

（3）**背靠大树好乘凉**。去哪儿网想做到在线旅游市场的第一，其竞争压力必然不小。被并购的潜在对象虽然并非只有百度，但却只有百度才能与其形成技术互补，再加上百度的品牌和平台优势，与百度"联姻"是去哪儿网最好的选择。

去哪儿网上市

百度收购去哪儿网后，去哪儿网迅速扩张。并购后去哪儿网得到了百度在资源和业务上的一系列支援，发展速度大幅提升。据去哪儿网2013年年报披露，2013年，去哪儿网总营业收入为人民币8.51亿元，同比增长69.6%；移动营业收入为人民币1.27亿元，同比增长558.4%。

虽然新旧业务不断扩张，去哪儿网却一直处于亏损状态。不过，这并不影响资本市场对去哪儿网的信心。2013年11月1日，去哪儿网登陆纳斯达克。

诚然，百度对去哪儿网上市是有加分作用的。首先，百度在业务上为去哪儿网带去了强大的流量支持；其次，作为去哪儿网第一大股东，百度在美国资本市场良好的信誉让美国资本市场对去哪儿网更有信心；最后，早在2006年就登陆纳斯达克的百度为去哪儿网上市提供了不少经验支持。

去哪儿网上市虽然赚了个盆满钵满，但财务报表却仍然不见起色。2013年，去哪儿网净亏损人民币1.87亿元；2014年，归属于去哪儿网股东的净亏损约为人民币18.5亿元。这样的连年亏损，大股东百度不能不在意，去哪儿网的独立话语权似乎在慢慢流失。

而携程2014年年报显示，2014年全年营业亏损1.51亿元，这是携程上市10年以来的首次亏损。而携程2015年第一季度财报显示，归属于股东的净亏损为人民币1.26亿元。

为了止损，携程唯一的办法就是吞掉对手。梁建章2014年投资途风网、同程网、途牛网、晶赞科技等公司，快速扩张携程版图。2015年5月8日，携程宣布出资4亿美元入主艺龙网，占股37.6%，成为艺龙网第一大股东，腾讯为艺龙网第二大股东。

既然收购了艺龙网，携程自然对去哪儿网也展开了追求攻势。只不过，去哪儿网仍然傲娇地公开拒绝了携程的好意。似乎两家之间未来的市场大战在所难免。

结盟来得太突然

这时候，改变战局的关键人物出现了。2015年9月，前高盛董事总经理叶卓东低调加盟百度，任百度副总裁、投资并购部总经理。加盟百度前，叶卓东曾参与大量IPO和并购案，包括香港历史上最大合并案——长江集团与和记黄埔的合并。

叶卓东到岗百度仅一个月，即成为携程和去哪儿网换股合并的操盘手。其代表百度取代了庄辰超，与梁建章谈价格、交易结构等核心内容。2015年国庆期间，美团和大众点评的闪电合并，成为压垮携程、去哪儿网和百度三方心理的最后一根稻草。

2015年10月26日，携程发布公告，表示与去哪儿网合并。此次合并是以携程与百度达成股权置换交易的方式进行。交易完成后，百度拥有的携程普通股可代表约25%的携程总投票权，并成为携程的最大股东，而携程拥有去哪儿网45%的总投票权，成为去哪儿网最大的股东。

任由庄辰超怎么反对，只有7%股权的他，没能阻止这场合并。对于百度而言，这是一笔划算的买卖，双方合并后，百度成为携程的控股股东，相当于从行业老二的老板变成了行业老大的老板。

此前，阿里巴巴和腾讯在滴滴快的、新美大的项目上已经联手，对于在线旅游市场，百度不敢掉以轻心。携程与去哪儿网的合并，使得百度在BAT的竞争中扳回一局。

合并自然利好双方。比如在营销领域，与去哪儿网合作可以提高公司营销、广告和流量获取方面的效率；在产品促销方面，双方合作可以减少非理性竞争；在产品研发方面也可以减少不必要的支出。

阿里的 O2O 之战

退出新美大不是结束

书接上文，新美大合并后的首次巨额融资阿里已经摆出了退出姿态。原因也可以理解，之前投资美团及现在负责新美大劲敌口碑网的都是蔡崇信，2015 年阿里集团和蚂蚁金服以 60 亿美元投资重整口碑平台，欲急速挺进 O2O 板块。阿里口碑网事实上希望阿里能彻底退出竞争对手美团。

而新美大与口碑的矛盾也公开激化。双方不仅互挖墙脚，地推团队也爆发口角，紧接着美团 App 产品设计调整，支付的一级页面只留下了微信支付和银行支付，将支付宝折叠入了二级选项。这样的结果令人唏嘘。

此前，阿里巴巴甚至已经给美团留好了淘点点的入口，准备把美团纳入囊中，建立自己的线下阿里帝国，但是阿里巴巴没有完成对美团的控制，反而是腾讯不动声色地主导了美团与大众点评的合并，掌握了一个占据 O2O 绝大部分市场份额的新盟友。对阿里巴巴来说，失去美团已经无法避免。

然而，阿里巴巴亲自打造的新口碑网，其市场份额不及新美大。若要用口碑网与新美大抢占市场，阿里巴巴在短期时间内难以迅速缩短差距。因此，对于阿里巴巴来说，与自己从头辛苦打造相比，直接买下一个发展良好且有口碑的生活服务商是更好的选择，而饿了么正是阿里所需要的外卖服务商。

收购饿了么

颇具喜剧色彩的是,此前饿了么基本处于腾讯的投资生态圈。2014 年 2 月,大众点评在获得腾讯投资后 3 个月,砸下 8000 万美元投资饿了么。此后腾讯持续跟进大众点评和饿了么的各轮融资,甚至其盟友京东也在 2015 年 1 月投资饿了么。到 2015 年 11 月中旬,滴滴快的投资饿了么传言成真。饿了么在腾讯生态圈里获得了多个战略投资方,2015 年 8 月又完成了 6.3 亿美元 F 轮系列融资,准备继续和美团、百度外卖拼补贴大战。[①]

然而,对于饿了么来说,F 轮融资已然不易,况且饿了么和京东到家还存在竞争关系。不过饿了么创始人张旭豪始终坚持独立发展的方针,想要自己控制公司发展方向。就在张旭豪表态后不久,阿里和饿了么洽谈投资入股。当然,以阿里的风格,其希望能成为饿了么单一最大股东。

最终,在 2016 年 4 月,阿里巴巴以 12.5 亿美元控股最大外卖平台饿了么。对于饿了么,背靠阿里,能够获得资金和技术上的帮助,同时继续独立运作,这对日后在正面战场上与新美大、百度糯米继续抗衡,无疑是最保险的战略举措。

携程、去哪儿网合并后,百度止损去哪儿网,腾出资金将进一步支持百度糯米在 O2O 市场继续烧钱圈地。腾讯则通过新美大也占住了 O2O 领域的高地。这一格局演变已令阿里警觉。

与新美大、百度糯米相比,饿了么的核心竞争力在于即时配送网络,即为依托社会化库存,可满足 45 分钟内送达要求的配送方式。阿里巴巴并购饿了么是基于战略考量,给饿了么提供资源和协助,全力扶持后者发展,并购不会在短期内给阿里巴巴带来明显的财务绩效提升,但随着饿了么日后的发展壮

---

① 赵珊. 阿里巴巴并购饿了么案例分析 [J]. 现代企业, 2016 (7).

大，将给阿里巴巴带来的商业价值不言而喻。

阿里收购优酷土豆

优酷土豆合并后，并未达到一家独大的目的。在线视频领域的竞争依然激烈。2013 年，百度以 3.7 亿美元收购 PPS，实现爱奇艺和 PPS 合并。搜狐有搜狐视频，腾讯旗下有腾讯视频，还有争议不断的乐视网。这些竞争对手在自制视频、独播剧方面都取得了不小的收获。腾讯视频更是与 HBO 达成了战略合作，收获了一拨海外剧的忠实观众。

在百度有爱奇艺、腾讯有腾讯视频的情况下，阿里能选择的只有优酷土豆了。2014 年 4 月 28 日，马云迈出了收购计划的第一步。当日，优酷土豆宣布与阿里巴巴建立战略投资和合作伙伴关系。阿里巴巴和云锋基金以 12.2 亿美元收购优酷土豆 A 股普通股，其中阿里巴巴持股比例为 16.5%，云锋基金持股比例为 2%。

当然，阿里的谋划不止于此。阿里在影视制作领域成立阿里影业，又入股华谊兄弟，入股光线传媒，全面涉足电影制作；在放映领域，阿里以 8.3 亿美元成功竞价粤科软件，由此，在一夜之间拥有了全国几乎所有在线选座软件接口，掌握了全国大半影院的票房数据和商品销售数据；在电视播放领域，创造了自有品牌天猫魔盒，抢占客厅屏幕。

在网络播放板块，自建平台显然代价太高、风险太大，阿里不会去做。所以马云打算一步步来，先入股优酷土豆再说。拿到了阿里的投资，优酷土豆加快了对于娱乐内容生态系统的构建，重点放在了自制内容上。

不过，虽然守着市场第一的位子，广告收入也不错，但优酷土豆仍处于亏损状态。面对竞争对手的虎视眈眈，优酷土豆的未来要如何走？

2015 年 8 月 6 日，优酷土豆正式更名为合一集团，未来将转型为文化娱乐产业的创业平台。此外，古永锵将重磅推出自频道战略，宣布打造三大计划：即"新人计划""万万计划"和"巅峰计划"。不过，这个庞大战略的投入需要 100 亿元。这笔钱从哪儿来？

没过多久，2015 年 11 月 7 日，阿里巴巴集团和优酷土豆集团共同宣布，双方已就收购优酷土豆股份签署并购协议。阿里巴巴将出资约 45 亿美元现金收购优酷土豆。收购完成后，合一集团管理层并未丧失控制权，古永锵会继续担任优酷土豆董事会主席兼 CEO，而优酷土豆将会停止在纽交所挂牌交易。

在稍后的采访中，古永锵透露，此次收购花了阿里约 58 亿美元。这个金额在收购史上也成为中国第一、全世界第二的收购案。全世界第一的收购案是 2014 年，Facebook 宣布以 190 亿美元收购 WhatsApp。

阿里收购合一集团之后，很快就朝"多屏合一"方向进行了尝试。2015 年 12 月，优酷发起了大派福利的"优酷会员周"，与阿里数娱产品深度融合。活动期间，所有使用天猫魔盒和搭载阿里数娱业务的机顶盒、智能电视的终端用户都获得了优酷提供的黄金会员权益。而在天猫购买两张优酷会员卡就能获赠一个天猫魔盒。

这只是一次浅浅的尝试，未来还有更多可能。

华兴资本上市

前文提到，在 58 赶集合并，滴滴快的合并、美团大众点评合并中，都出现了华兴资本的身影。华兴资本作为一家顶级投行，同样也在这一轮互联网并购潮中获得了财富和威望。

华兴资本的灵魂人物包凡，精准地描述了投资人和创业者之间的关系："他们（创业者）是我们的英雄，我们是他们的拥戴者和代言人。"

戏说并购

2006年、2007年,华兴一口气为21世纪不动产、奇虎、当当网等知名企业完成上百亿私募融资,一举斩获"最活跃中小型投行""年度最佳新型投行"等桂冠。特别是奇虎,由于当年周鸿祎遭遇某些对手恶意抹黑,几乎无人喝彩,包凡却认定老周必成大器,助其完成B轮2500万美元融资,从此成了不离不弃的好兄弟。之后2007年的巨人网络,2008年的暴风影音,2009年的开心网,2010年的神州租车、奇艺(后改名为"爱奇艺")都成了华兴的客户。

2013年对于华兴来说,显得格外特别,立足做一流投行的华兴此时已经拿到了中国香港和美国券商牌照。当时国内IPO市场关闭造成A股市场一片低迷的同时,华兴却逆势而上,完成亚信联创私有化、兰亭集势赴美IPO、奇虎可转换票据发行、唯品会增发、去哪儿网赴美IPO等交易,可谓是一路高歌猛进。

华兴在2014年基本确立了行业翘楚的地位,完成了近50个私募融资及并购项目、7个IPO项目、2个可转债项目,总交易金额超过110亿美元。2014年5月,华兴担当京东20.5亿美元IPO的联席主承销商,一举创出当时中概股最大规模融资纪录。

2015年被称为新经济领域的并购年。这一年,发生了本书提及的若干并购案。打了多年的对手、行业最强者开始停战熄火,握手言和,华兴都有参与。由此,华兴有了互联网圈"并购专业户"的称号,奠定了自己在新经济并购领域的"江湖一哥"地位。

2016年,华兴资本成功获得了A股证券业务牌照,华菁证券开业。拿到A股证券业务牌照后,华兴也彻底完成了转型,从以FA(财务顾问)为主业的精品投行,转型成为可以提供私募融资、兼并收购、证券承销及发行、证券研究、证券销售与交易、私募股权投资、夹层投资、券商资产管理等一系列服务的全业务投行及投资管理公司。

2018年9月27日,华兴资本正式在港交所挂牌交易。华兴资本的股东名单也可谓星光熠熠。从 2011 年成为资本投资华兴开始，李世默、沙烨、沈南鹏，以及挚信的李曙军，都投资了华兴；这次华兴宣布上市前，梁建章、刘强东、左晖都分别投了几百万美元。

从 2 人发展到将近 600 人的华兴资本，早已不满足于精品投行的定位了。它在招股书中定义自己为"中国领先的服务新经济的金融机构"。华兴资本的上市，也许是中国投行走向世界的开始。

BAT投资版图

既有共性，也有个性

BAT 三个巨大的寡头生态圈正在逐步成型。2015 年的互联网"小巨头"并购潮，与这三大生态圈的演变相辅相成。

以 2017 年为例，腾讯的投资并购涉及 125 家公司，涉及动漫、游戏、短视频、电影、阅读、内容付费、社交与工具、教育、医疗、生活服务与电商、金融、汽车交通、企业服务、机器人与智能硬件等十几个行业。

2017 年阿里投资并购涉及 77 个公司，主要分布在 7 个相关领域：VR/AR 与人工智能、汽车、云计算与云服务、共享经济、生活服务、新零售、金融科技。

2017 年百度投资并购涉及 36 个公司，主要分布在 5 个相关领域：VR/AR 与智能硬件、智能汽车与人工智能、大数据、电商与汽车、房产服务、媒体。[①]

从 BAT 的投资和收购案例来看，其投资理念中既蕴藏着部分相似的逻辑，也有各自鲜明的个性与特色。**相似的逻辑主要体现在：凡是收购的公司，都与公司的未来战略和既有业务有着高度关联度和融合度。**比如百度收购渡鸦和

---

① 高小倩. 过去半年，BAT 都投资了哪些公司？逻辑是什么？[J]. 36 氪媒体, 2019 (3).

XPerception 是为了更好地让人工智能技术落地，实现软硬结合的发展。而早前腾讯收购 Supercell 更能说明这一点。从三家公司投资的对象来看，不仅仅是与公司业务和战略有着紧密关系，而且各家公司也在努力补足自己的短板以及押注未来的风口。

投资的个性和特色则主要体现在：百度很讲究战略性的概念与战术性的分析相结合。从战略上讲，百度不只单纯追逐概念，像撒胡椒粉一样地投资。投资目标所处的领域要有 make sense 的概念，但也绝不会只为一个概念埋单，还要理性地进行战术分析。这是一种将宏观投资概念与理性分析相结合的投资哲学。

在投资界历来有"概念派"和"量化派"，百度尽量要在概念和量化中做好平衡。这种"看森林，也要见树木"的理念，简单来说就是"抬头看概念，低头看细节"。这些行为，让百度看上去最像 BAT 当中超凡脱俗、仰望星空的那家，李彦宏看上去也似乎是三位大佬中"野心"最大的那位。当然，换种角度，也可以认为，李彦宏和百度更像在赌一个更长远的未来。

而阿里则采用产业链投资的方式，在看中的领域进行系统性投资，将触角伸至衣食住行、娱乐社交等人们日常生活的各大领域，以建立商业生态。马云曾数次公开强调过阿里看好的未来方向：大数据、健康、文化。正如有投资人所说："阿里比较激进，投资比较广，各方面都在布局。特别是对手机流量特别看重，所以出高溢价投资了高德、UC、优土、新浪等。"

腾讯的投资理念及风格则是另外一种路数，"别人做一个，我们不做，等别人的那个最终从市场竞争胜出，我们再介入投资，帮他做大。"简而言之，就是做一棵庇护树苗的大树。对腾讯而言好处有两点：一方面，从为人所不齿的互联网"公敌"，转变成"别人"的庇护所；另一方面，则是依靠这些苗壮成长的树苗，构建腾讯的"防护林"。腾讯对于并购标的的选择，都是站在产业链战略协同的角度出发，重在谋求控制权，并且日后并不打算进行财务退

139

出。对于某些关键的并购标的，腾讯甚至可以承受收购之后短期内的巨亏。

　　三巨头在投资方式的选择上，都采用了投资入股和并购并用的手段，并且三家都以直接投资方式为主。除了投资方式之外，在投资轮次上，百度也更靠后。根据 FellowData 的数据，腾讯更偏早期，B 轮之前的项目占比接近 50%；阿里虽然有较大比重的中后期并购项目，但也在早期、甚至天使阶段有所涉猎；百度投资最为传统，几乎不投天使种子轮的项目（在发展变化速度极快的互联网业，较早轮次进入，更容易占据较大股份、获得更大回报）。仅从投资数量这个最粗浅的维度上看，百度就已显得最为保守。

BAT 看重的行业和赛道

　　在三巨头的投资布局中，我们不仅可以看到竞争，也经常会看到合作。从合作角度看，百度与腾讯合作最多：易车网、威马汽车、蔚来汽车、链家网、货车帮；百度与阿里在 TigerGraph 上有合作。腾讯的最佳投资搭档第一应属红杉资本。类似红杉在海外捆绑一流科技企业投资一样，红杉在中国与腾讯捆绑最为紧密。红杉资本也是阿里巴巴最紧密的投资伙伴。

　　2017 年简略盘点，我们可以明显感到：汽车交通领域、VR/AR 与人工智能领域是 BAT 都在关注的重点领域，并且在人工智能领域，百度面临的威胁很大；阿里旗帜鲜明的推动新零售领域的发展，腾讯跟上，但百度却有心无力；腾讯在泛娱乐的自留地里继续深耕，并且将触角伸向电商、金融、智能硬件与企业服务。[①]

　　以大数据为代表的数字经济快速发展，数字经济成为经济发展新动能，也成为企业投资布局的风口。BAT 作为国内科技企业巨头，自然会抢夺数字经济

---

① 知链数据. 看完这几张图片，搞懂 BAT 2017 年的投资版图 [J]. IT 桔子，2018 (3).

等新经济风口。2017年即将过去，BAT在这一年加大了投资力度，投资领域主要分布在人工智能、新零售、汽车、文娱等新经济领域。

尤为突出的是阿里巴巴和腾讯在多个领域形成了竞争态势，如：阿里28.8亿美元直接和间接持有高鑫零售36.16%的股份，拿下了欧尚、大润发，巩固和发展其新零售战略；腾讯则以42.15亿元入股永辉超市，加速布局新零售；腾讯投资了蔚来汽车，阿里巴巴则投资了小鹏汽车，当然百度也投资了威马汽车、蔚来汽车；文娱项目一直是腾讯的投资重点，与其业务也紧密整合，2017年也不断加码，阿里巴巴也一直希望做好文娱，但是目前来看并不突出。

当然，人工智能是BAT都不可缺席的领域。百度在无人驾驶、机器翻译、图像识别等领域具有优势，投资也是围绕其优势和战略定位进行，并且进行了多个全资收购。

新三板

BAT投资的新三板企业数量很多，阿里与腾讯的投资力度相对较强，百度则显得有些保守。对新三板企业而言，背靠BAT，不但能够帮助企业在资本市场获得资金支持，更能充分借助BAT的用户流量、数据优势等资源在短时间内实现快速崛起。

百度投资的新三板企业数量较少，而且都是通过旗下的投资公司（百度网讯、北京鼎鹿中原科技）实现间接控股。

据媒体统计，截至2016年9月29日，百度目前投资新三板的项目只有5个，分别是五八汽车（430081）、客如云（835268）、捷通华声（837791）、百姓网（836012）和知我科技（836435）。

阿里巴巴通过阿里创投、天弘基金、阿里巴巴网络公司投资新三板企业，在新三板的投资方向主要是文娱产业和体育市场。据不完全统计，阿里系的三板企业有：恒大淘宝、新片场、智臻科技、龙图信息、百胜软件等。

腾讯在新三板投资的企业更倾向于互联网金融公司，当然还有游戏软件公司，见表4-1。腾讯投资的益盟股份和好买财富在新三板表现十分活跃。

表4-1　　　　　　　　　　新三板腾讯系

证券简称	投资公司	所属行业	主营业务
云高信息	腾讯创业	信息技术	高尔夫行业通信产品
益盟股份	腾讯计算机系统	信息技术	互联网金融
上海寰创	腾讯创业	通信设备	商业WiFi
好买财富	腾讯产业投资基金	金融业	财富管理
像素软件	腾讯计算机系统	信息技术	游戏软件研发

资料来源：公开信息

BAT不仅与新三板企业存在直接的股权投资，更存在着密切的业务合作关系，双方在产品研发、垂直O2O、增值服务等方面相互协作、资源共享。比如，钢钢网在成立之初就与腾讯旗下的财付通达成战略合作，共同拓展钢铁电商市场。

华燕房盟与腾讯地图街景房产达成合作，共同打造"云烟安家2.0"平台，推动"互联网+房产"模式实现快速落地。2015年，腾讯与掌上通开展积分兑换腾讯增值服务方面的商务合作，为期两年。

和创科技与阿里达成战略合作，积极探索企业级移动应用市场，为企业解决销售管理问题。阿里还与万人调查建立密切合作，未来将建立网络交易平台"万人智库"，为发展大数据研究咨询打下坚实基础。

百度作业帮与跨学网达成合作，共建在线教育行业新标准。百度作业帮可以获得跨学网提供的优质在线教育资源，而跨学网则能得到百度为其提供的庞大流量。

5阶 主流剧种

资本市场是并购大戏的主要舞台

如果说并购的主导者企业类似演员，而投资银行类似导演，那么资本市场则类似于这场大戏的舞台。有了舞台，导演和演员都有了施展的空间。而资本市场本身所独具的投融资魅力吸引了无数有才华的导演和演员投入其中，大展拳脚。因此，我们可以说，基于资本市场的并购，才是并购的主流。

中国的A股市场具有审核制的基因，错过了以BAT为首的大量互联网企业，大量互联网企业最终选择了登陆与深圳一岸之隔的中国香港和大洋彼岸的美国。不过，伴随新三板这一准注册制度倒逼的力量，相比A股"挂羊头、卖狗肉"的并购，新三板上的并购案例倒是让市场看到了希望和曙光。

下面我们就从国内A股的小案例开始，逐步引领读者走到新三板并购的战场。

> 剧种一：以并购扩规模，成长传记剧

蓝色光标：公关并购第一股

在开始蓝色光标的故事前，笔者还要多啰唆两句。A股由于其独特的历史原因和稀缺的牌照，很多公司并购的目的并不纯粹，可以说"忘了初心"。有的并购重组是为了挽救退市，有的并购是为了管理市值，也有的并购只是为了美化业绩。很多并购的目的和效用在A股是扭曲的，因此，我们选取的A股案例不多。考虑到借鉴意义的问题，我们仅为大家呈现能体现正能量的并购故事。

2010年，蓝色光标（股票代码：300058）在创业板上市。上市之初，蓝色光标的主营业务是公关。自上市以来，蓝色光标便坚定奉行并购战略，四处并购。根据公司2016年年报显示，上市7年来，蓝色光标通过并购快速扩张，收入增长40倍，从一家公共关系公司发展成为一家大型传播集团。2018年4月，蓝色光标公告拟更名为蓝色光标数据科技股份有限公司。未来蓝色光标（简称"蓝标"）将转型为在大数据和社交网络时代为企业智慧经营全面赋能的数据科技公司。

蓝标的偶像是WPP（Wire & Plastic Products Group）。这家全球排名第一的

戏说并购

广告集团，2016年营业收入超过500亿英镑。正是在1987年、1989年完成了对智威汤逊和奥美广告的两次大并购，WPP奠定了行业领先地位。于是理所当然的，蓝标走上了一条通过不断并购重组来壮大自己的道路。上市6年以来蓝标在国内外先后投资并购了60家公司，从一家收入3亿多元的公关公司成长为一家年收入近100亿元的公司，集团内收购业务收入已超过自有业务。数据显示，自2011年至2016年，7年间蓝色光标营业收入同比增幅分别达155.38%、71.79%、64.75%、66.82%、39.6%和47.58%。几乎每一年的营业收入增幅都超过了40%，发展之快，令人惊叹。

并购重头戏

2011年5月，蓝色光标收购北京思恩客广告有限公司；2011年7月，蓝色光标收购北京美广互动广告有限公司；2011年9月，蓝色光标收购精准阳光（北京）传媒广告有限公司。其中，恩恩客主要从事网络游戏领域广告推广，美广互动主要从事综合类互联网广告业务，精准阳光主要从事城市户外广告业务。以美广互动为例，美广能够为蓝标带来一些如德国大众、欧洲利洁时的年度大型项目；而蓝标作为在公共关系行业的领头羊，能够为美广带来一定规模的客户资源和媒体资源。

经过2011年的大肆并购后，蓝色光标从一家公关公司，变成公关业务与广告业务并行。2012年、2013年蓝色光标再度开启并购之路，分别买下大型综合类广告公司今久广告和电视广告公司博杰广告，支付交易对价分别高达4.35亿元和17.80亿元。博杰广告核心业务始终着力于央视媒体广告资源代理，曾代理过CCTV-1《今日说法》、CCTV-新闻频道《新闻直播间》等央视频道栏目。

这两年中，作为并购大户的蓝色光标，其中并购标的不乏海外公司的身影，这其中包括：位于伦敦领先的国际化公共关系集团Huntsworth，英国全球最大的专业社交媒体营销公司 We Are Social，中国香港最大的独立广告公司 METTA，来自美国硅谷最火的智能硬件设计公司 FuseProject，加拿大历史悠久的综合性整合营销传播公司 Vision7 集团，总部位于新加坡的亚洲知名投资者关系顾问公司 Financial PR，以及 Blab——一家借助大数据分析预测，可以帮助人们"看到明天的报纸"的美国科技公司。正是借助这些海外投资并购，蓝色光标迅速跻身全球传播业跨国巨头行列。

前几年收购广告公司，近几年蓝色光标又把方向转向了数据。蓝色光标曾表示："我们近三年一直在大力推进自我转型，力图从一家公关广告公司转型为一家数据科技公司。"如 2015 年斥巨资收购数据公司多盟、亿动。多盟和亿动的加入，让蓝色光标在规模上成为中国移动广告行业的绝对领军者，战略性地保证了蓝色光标由公关广告公司向数据科技公司转型。蓝色光标还曾打算收购大数据营销公司 Cogint，只可惜被 CFIUS 否决。

2018 年 3 月 14 日晚间，蓝色光标又发布公告表示，公司将以自有资金 1.5 亿元，通过增资方式取得考拉科技旗下深圳众赢 25% 股权。深圳众赢是一家金融科技公司，通过大数据分析，形成对互联网用户的信用评估、风险控制、反欺诈等能力。据悉，深圳众赢主要为考拉科技服务，而该公司是一家互联网金融平台，业务涵盖消费信贷、供应链金融、理财、社区金融等领域。

从收购战略上来看，蓝色光标一方面通过外延式并购壮大产业链条，增强公司的综合服务能力；另一方面通过国际并购实现国际化发展，使得公司业务能够覆盖全球。

蓝标模式

蓝色光标的收购方式主要有两种：直接收购全部股权和多次收购股份最终实现取得全部股权。在蓝标的案例里，直接全部收购的案例不多，方式是以自有资金及发行股份结合，同时均有业绩补偿条款。多次收购占蓝标收购案的大部分，优点是如果收购后发现并购对象有控制不了的问题，就可以放弃收购剩余少数股东权益，减少风险（如精准阳光）；缺点是如果后续有意图收购少数股东权益则可能被抬价（如美广互动）。

下面通过一次精彩的收购来跟读者分享蓝色光标的收购逻辑。我们来看蓝标对于会展运营管理公司上海励唐的布局过程。

第一阶段，与业内精英一同协作，合资设立专业公司。2011年3月16日，蓝色光标通过上海蓝色光标公关服务有限公司出资460万元，与三位自然人共同设立上海励唐。

第二阶段，当专业公司业务发展向好，逐步以现金收购的方式取得公司控制权。2012年2月，蓝色光标通过上海蓝色光标公关服务有限公司以人民币1391.03万元取得上海励唐69.49%的股权。

第三阶段，通过现金或换股的方式取得专业公司全部股权。2013年4月10日，蓝色光标通过上海蓝色光标公关服务有限公司以241.73万元收购取得上海励唐10.51%的股权。收购完成后，上海励唐成为蓝色光标的全资子公司。

此外，在不断并购出击的背后，读者们也一定关心收购资金的来源。自从蓝色光标上市以来，其先后进行过多次股权融资及债权融资，其中公司分别在2012年、2013年及2016年进行过4次股权融资，合计募集资金48.4亿元，见表5-1。

表5-1　　　　　　　　蓝色光标历年融资状况

融资方式	年度	发行价（元）	发行对象	募资总额（万元）
短期融资券	2018	100.00		30000.00
短期融资券	2017	100.00		50000.00
短期融资券	2017	100.00		50000.00
定向增发	2017	12.21	机构投资者	175000.00

续表

融资方式	年度	发行价（元）	发行对象	募资总额（万元）
定向工具	2016	100.00		40000.00
短期融资券	2016	100.00		75000.00
定向增发	2016	12.26	大股东，大股东关联方，机构投资者，境内自然人	82999.99
公司债	2016	100.00		40000.00
可转债	2015	100.00		140000.00
定向工具	2015	100.00		60000.00
短期融资券	2015	100.00		25000.00
短期融资券	2015	100.00		50000.00
定向工具	2015	100.00		50000.00
定向工具	2015	100.00		50000.00
短期融资券	2014	100.00		75000.00
定向增发	2013	42.00	机构投资者	53400.00
定向增发	2013	28.69	机构投资者，境内自然人	140199.99
公司债	2012	100.00		20000.00
定向增发	2012	10.09	境内自然人	32625.00
首发	2010	33.86		67720.00

资料来源：蓝色光标公告

并购隐忧

并购带来的并不是只有业绩增长，同时也带来了可能的隐患。

2015年收购博杰广告，就给蓝色光标带来了大麻烦。在完成收购的最初两年里，博杰广告在上市公司扮演着现金牛的角色，在第三年发生业绩滑坡，实际净利润较承诺数少了约1.82亿元。博杰广告巨额的商誉和无形资产减值"吞噬"了蓝色光标的利润。年报显示，蓝色光标2015年产生商誉减值2.05

亿元、无形资产减值 7.11 亿元，两者合计 9 亿元之多。

并购带来营业收入增长的同时，蓝色光标毛利率却出现下滑。在公司主营业务中，分行业来看，服务业务、广告业务 2015 年毛利率分别为 41.42%、15.08%，分别较 2014 年下降 3.9 个百分点、4.57 个百分点；分产品来看，传统营销 2015 年营业收入同比下降 10.75%，毛利率为 33.99%，同比下降 3.12 个百分点，而公司大力发展的数字营销业务，虽然营业收入同比大增了 81.35%，但毛利率却较 2014 年下降 2.33 个百分点至 24.89%。

更为严峻的是财务费用和资产减值损失的大幅增加。2015 年蓝色光标财务费用达 1.84 亿元，同比增长超过 8 倍。资产减值损失高达 9.83 亿元，大幅增长 159 倍。财务报告同时显示，随着蓝色光标持续大力并购，蓝色光标的商誉大增。2015 年第三季度末，蓝色光标商誉达到 50.88 亿元，较 2014 年末商誉额增加 142.79%；2014 年其商誉约为 21 亿元，较 2013 年增加 41.8%。时至 2015 年第三季度末，蓝色光标的商誉金额竟然超过了净资产。商誉占净资产比例越高，发生商誉减值的风险越大。《法治周末》也曾指出，"通过外部收购的增长所需资金规模已经如同滚雪球一般越来越大，总有一天，这个雪球会大到滚不动的"。

事实上，并购后消化能力不足的后遗症还不止财务方面。据悉，蓝色光标 2016 年净利润为 6.4 亿元，薪酬支出却高达 19.38 亿元。到了 2017 年，公司净利润暴跌，但员工薪酬支出是很难大幅下降的。基于此，蓝色光标开始厉行裁员。外延式并购造成冗员的问题没有解决，暴力裁员却在一定程度上伤害了在职员工的积极性。

既享受了并购的好，也吃了并购的亏。未来的蓝色光标会怎么走下去，读者们还需继续关注。

> 剧种二：不按套路出牌的爱情剧

新三板并购纳斯达克第一例：百合网吸收合并世纪佳缘

  2016 年，新三板挂牌公司百合网完成吸收合并纳斯达克企业世纪佳缘，成为当时新三板并购的一个里程碑事件。这起经典并购案的成功也吸引了复星集团郭广昌的关注，在 2018 年 5 月，郭广昌通过旗下公司收购了合并后的百合网，郭广昌成为百合网实际控制人。能被复星集团看上，也从侧面说明这起并购案的成功。下面本书将带领读者回顾这个经典案例的始末，重温并购双方的心路历程。

跨界打劫来势汹汹

  在线婚恋本是一方创业热土，中国市场上存在着大大小小近 200 多家婚恋交友网站，大家在各自的业务领域内相安无事。而且**有意思的是，这个行业马太效应不明显，也没有出现赢者通吃的现象**。从 2014 年的互联网婚恋交友服务提供商的收入规模排名来看，世纪佳缘、百合网、友缘股份、珍爱网几家的市场份额分别是 27.6%、15.3%、14.9% 和 14.2%，换句话讲，这个市场上并没有一个绝对意义上的领跑者。因此，互联网婚恋产业犹如一江温暖的春水，大小婚恋网站均拥有各自的地盘，多年来稳步增长。然而，这里毕竟是互联网，任何一个细分领域的参跑者不仅需要关注自己赛道上的对手，更要关注其他相邻赛道上会不会跑来跨界打劫的杀手。有些改变还是猝不及防地发生了。

2011 年，在线婚恋业的杀手来了。2011 年 1 月，腾讯推出了微信；2011 年 8 月，主推男女交友功能的陌陌问世。前者快速成为人手必备的即时通信应用，以庞大的用户流量为载体，快速通过"附近的人""摇一摇""漂流瓶"等功能切入陌生人社交领域。而陌陌本就是着眼于男女陌生人社交，通过搜索附近用户、标签等方式，海量的异性用户就会呈现在面前，任意搭讪。这些显然是比传统婚恋网站更为便利高效的沟通模式。要结识异性不必再在婚恋网站上烦琐的登录、留言、等待反馈，直接用手机就可以快速对接。

婚恋是"大社交"的一个子集，移动互联网的社交应用让沟通变得前所未有的容易，从用户自生产的内容中就能充分了解用户的兴趣爱好，比起婚恋网站单一的用户信息页面来说，用户的形象更加真实立体，可以根据风格选择"搭讪"对象。最重要的是，这一切完全免费。仅仅经过了两年的发展，陌陌的注册用户已经达到 1.8 亿。IM（即时通信）在用户数量及免费模式等方面的入侵，成为仍然依赖 VIP 会员及道具收费的婚恋网站们需要面对的最大挑战。

祸不单行，很快一场监管风暴席卷了整个在线婚恋行业。就在 2015 年春节前几天，国家网信办宣布联合多个部门在全国范围内启动开展"婚恋网站严重违规失信"专项整治工作——违法违规和严重失信的婚恋网站将在此次行动中被清理、查处甚至关闭，此次行动共计 65 家不规范的在线婚恋交友网站被果断关闭。国家网信办要求，婚恋网站必须实行用户真实身份信息注册，对已注册、无真实身份信息的，必须限期补充真实身份信息，对限期仍无真实身份信息注册的用户，必须在网站平台上给予明显标注，并逐步清理销户。

到 2015 年 5 月，被关闭的网站已达 128 家。世纪佳缘、百合网、珍爱网、有缘网也被约谈，要求加强用户信息审核。这次大洗牌，直接加速了市场的集中化。洗牌过后，小型不规范的业务玩家纷纷出局，巨大的市场流量逐步集中到"四巨头"手中。

此外，经过多年的发展，世纪佳缘和百合网本身的业务层面已经缺乏足够的新亮点把故事讲大，资方难以获取超额收益。同时珍爱网、有缘网等第二梯队一直在背后紧追不舍，也在加快 IPO 的步伐，试图挑战在线婚恋的既有格局。因此在资本层面上，抱团取暖无疑是一个值得考虑的选项。

百合网的底气

其实从 2003 年成立以来，世纪佳缘一直稳占互联网婚恋市场第一的位置，规模和市场地位远超百合网。2014 年世纪佳缘的资产总额为 6.51 亿元，而百合网的资产总额为 6871.95 万元，世纪佳缘是百合网的近十倍。在盈利能力方面，2015 年世纪佳缘的营业收入再度增长 16% 至 7.136 亿元，净利润 5140 万元；百合网的营业收入却同比下滑 38% 只有 1.85 亿元，净利润则是继续亏损，亏损额为 5424 万元。在注册用户方面，截至 2015 年第三季度末，世纪佳缘注册用户数突破 1.5 亿人；百合网截至 2015 年 7 月 31 日注册用户人数 8960 万，世纪佳缘用户数将近百合网的两倍。

那为什么是百合网吸收合并世纪佳缘，而不是世纪佳缘吸收合并百合网？

2011 年 5 月，世纪佳缘在美国纳斯达克挂牌上市后不久，百合网管理层就曾向外界传达出上市的愿望。在这期间，百合网也曾做过海外上市和谋求 IPO 的准备。可是由于疲弱的数据，百合网的上市梦一直都未实现。事情的转机出现在 2014 年下半年。百合网创始人田范江曾表示，"我们从 2014 年下半年的时候感觉到新三板有很多机会。果然到 2015 年上半年的时候迎来了新三板的第一次高峰。在那个时候我们也是很迅速地去完成了比较大的融资。"

2015 年，百合网拆除原有红筹架构，决定正式回归国内资本市场。2015 年 5 月 20 日，百合网宣布获得 15 亿元融资；2015 年 9 月，百合网正式向新三板递交"公开转股说明书"。

2015年11月20日,百合网刚挂牌新三板,就发布了10.23亿元的定增方案并明确表示,"本次股票发行募集的资金主要用于公司战略收购与投资及日常经营发展"。并在同一时间,发布公告正在"筹划重大资产重组"申请停牌——收购目标公司正是世纪佳缘。

那么,站在世纪佳缘的角度考虑,它为什么没有底气利用纳斯达克的资本市场优势收购百合网呢?

世纪佳缘的郁闷

世纪佳缘于2011年5月11日就登陆了美国纳斯达克全球精选市场,首个交易日,就跌破发行价11美元,最终以10.52美元收盘。和很多中概股一样,世纪佳缘虽然在美国挂牌,但本质上是一个中国公司,99%用户在国内。在美国,没有和世纪佳缘相似的公司,由于美国投资者对于世纪佳缘的商业模式不熟悉或者认可度不高,其股价表现一直不理想。世纪佳缘2015年第三季度财报显示,公司上市以来已经连续第18个季度净收入保持同比两位数或以上的增长,当期净利润为1490万元,但同期的股价长期在5~7美元之间徘徊,估值常年在2亿~3亿美元徘徊。

与此同时,2015年,国内A股市场对TMT行业的疯狂炒作,TMT行业估值一飞冲天,加之当时"战略新兴板"的传闻也为中概股的回归提供了通道。因此,好多中概股都开始筹划回归A股市场。2015年3月,世纪佳缘开始考虑回归估值较高的国内市场,大股东向董事会开出了每股美国存托股5.37美元私有化要约。

可惜,战略新兴板最终也只是传闻,中概股回归A股的道路并不平坦。就在此时,百合网向世纪佳缘抛来了橄榄枝,百合网开出了远高于世纪佳缘大股东私有化要约的收购价格。对于世纪佳缘而言,选择和百合网合并是回归国内资本市场最便捷、风险最低的方式。世纪佳缘私有化与百合网挂牌新三板几乎是同时推进，这种操作模式相当于节省了两头的时间，既在筹备过程中实现"齐步走"，又在从美退市回国内上市实现了"三步并两步"。

此外，百合网和世纪佳缘合并也会避免无谓的竞争消耗：比如，双方实力过于接近，彼此的业务模式也是比较接近，双方主要的精力和资源全都放在彼此的竞争之上。看到新的业务机会，双方没有精力、没资源腾出手来占领市场，双方的盈利都受到了很大的影响。而双方合并之后，百合网将成为婚恋产业上游的领导者，可以将投资并购确立为新型业务增长引擎，迅速完善生态布局。

婚恋网站的美妙联姻

在这起并购案中，世纪佳缘作为以 VIE 架构海外上市的公司，百合网要对其收购，世纪佳缘想要回归都绕不开境外上市主体 Jiayuan.cn International Ltd.（开曼）的投资机构。

第一步，设计可以满足要求的交易结构。

说到对海外上市主体的收购，首先要对 VIE 架构进行说明。VIE 架构或 VIE 模式——（Variable Interest Entities，直译为"可变利益实体"），在国内，我们称其为"协议控制"。它是指境外注册的上市实体与境内的业务运营实体相分离，境外的上市实体通过协议的方式控制境内的业务实体，业务实体就是上市实体的 VIEs（可变利益实体）。中国公司实现海外上市的有效办法之一就是构建 VIE。

通俗地说，VIE 上市过程就是国内实际经营主体公司为了实现海外上市，其创始团队在开曼群岛、英属维尔京群岛或百慕大设立一个离岸公司，以这个离岸公司作为未来上市或融资的主体。之后，离岸公司通过各种资本运作，在香港设立公司，再在香港公司下成立境外独资企业（WFOE），境内实际运营主体通过与 WFOE 签订一系列的协议，将全部利益传输给 WFOE，这样，最顶层的离岸公司就成为境内运营公司的影子公司，就可以以此去登陆国外资本市场。

拆除 VIE 架构过程就是其建立的反过程，由于境外上市主体才是真正反映国内运营主体股权结构的公司，首要的就是找到投资人对境外上市公司股份进行收购。这时，我们要注意解决境外股东的去留问题，以及员工期权问题。如果解决不够妥善则可能产生一系列法律纠纷。

那么，回到本次收购，我们明确了收购对象是 Jiayuan. cn International Ltd.。针对收购对象的特点，百合网开始了一系列动作：百合网在天津自由贸易试验区设立全资子公司百合时代资产，并通过百合时代资产在开曼设立境外特殊目的公司 Love World，再由 Love World 在开曼设立子公司 Future World。

2016 年 3 月 9 日，百合网宣布，将百合时代资产全部股份转让其参股公司幸福时代，幸福时代将作为 Love World 和 Future World 的控股公司与世纪佳缘完成合并交易。

Love World 按照 7.56 美元每 ADS（美国存托凭证）的价格或 5.04 美元每普通股的价格（合计约 2.4 亿~2.5 亿美元现金）购买世纪佳缘发行在外的全部 ADS 和普通股。此后，Future World 与世纪佳缘依据当地法律吸收合并。

第二步，筹集交易所需的天量资金。

根据世纪佳缘 2014 年年报财务数据（根据美国会计准则编制），世纪佳缘 2014 年资产总额为 1.08 亿美元（约为 6.51 亿元人民币）。百合网 2014 年经审计，资产总额为 6872 万元人民币。显然交易金额超过百合网 2014 年度经审计的合并财务会计报表期末资产总额的比例在 50% 以上，故构成了重大资产重组。

那么，百合网 2.5 亿美元的收购资金到底从哪里来？

2016 年 3 月 29 日，百合网参股公司天津幸福时代向招商银行天津自贸区分行和天津金城银行办理了为期一年的 11 亿元和 5 亿元的并购贷款，该并购贷款仅限用于天津幸福时代向其全资子公司天津百合时代资产增资以完成其境外子公司 Love World Inc. 和 Future World Inc. 与 Jiayuan.com International Ltd. 的合并交易。

方案、资金都具备之后，同年 5 月 13 日，Love World Inc. 和 Future World Inc. 正式完成与世纪佳缘的合并交易。其后，世纪佳缘也完成从美国纳斯达克退市，成为百合网参股公司天津幸福时代的全资子公司。至此，百合网完成了行业老二对老大的收购，成为婚恋行业大佬。

借力新三板，打造生态圈

在收购世纪佳缘的同时，百合网的其他并购运作也在同时进行。与主板不同，主板定增一次需要很长时间，而在新三板，融资一次大概 3 个月就完成了。2016 年，百合网在新三板完成的两次定增合计 19.05 亿元。新三板的融资效率为百合网后续的资本运作提供了保障。

百合网在 2016 年进入并购发力期，2016 年 4 月以 210 万元入股兰亭数字，进入婚恋、婚礼 VR 领域；5 月以 4016.25 万元收购小两口网络 100% 股权并增资 4750 万元，完善在婚礼领域布局；8 月以 500 万元入股婚尚资讯平台时尚致爱，当月同时出资 5000 万元设立百合幸福文化运营婚礼业务；11 月出资 2000 万元设立百合心寓进入婚恋地产业务。

2017 年 9 月，百合网与世纪佳缘完成合并后，正式更名为百合佳缘网络集团股份有限公司。财报中，集团控股子公司天津百合时代（即世纪佳缘母公司）的收入从 2017 年 9 月 8 日起，开始纳入集团范围，至年度末为集团贡献 2.56 亿元收入，也使得百合网在 2017 年首次实现盈利。

2018 年 4 月 12 日百合网披露了 2017 年度报告。报告显示，百合网并购世纪佳缘以后市场占有率达到 40% 以上，公司 2017 年营业收入 6.71 亿元（世纪佳缘从 9 月起合并报表），同比增长 257.87%；归属挂牌公司股东净利润 6499 万元，同比扭亏为盈。而在 2016 年百合网营业收入仅为 1.87 亿元，净利润

戏说并购

-1.13亿元。可见合并世纪佳缘给百合网在业绩方面带来了巨大的提升。

同时，百合网与世纪佳缘的联姻无疑极大地增强了投资者的信心，在百合网披露了与世纪佳缘的联姻计划之后，不论交易量还是交易价格都出现了明显的放大。虽然在交易完成后随着三板市场整体的流动性限制，百合网的估值与交易又出现了一定程度的回落，但是从短期市场表现来看，投资者对于联姻的积极态度十分明显。

在合并之后，百合网获得了绝对领先的市场地位，这也使得百合网在业务策略配置方面获得了更大空间，百合网相继提出了"婚"基因概念与婚礼、金融、房产等全链条服务格局。更强大的流量支撑和竞争优势也使得百合网能够尝试更具有创新性的业务设计，从而进一步巩固和扩大自身的领跑优势。

除了并表世纪佳缘的业绩之外，传统婚恋交友业务与直播结合所产生的新增长，以及婚礼服务的拓展，也成为百合网新的业务亮点。百合网在2017年上线了直播功能、视频聊天功能，日均超过10万人次观看直播，用户活跃度显著提升，由此带来了广告收入同比增长97%。而通过控股或参股"爱菲尔"婚礼堂（婚庆婚宴服务）、"喜铺婚礼"（婚庆婚宴服务）、"兰玉文化"（高端定制婚纱、礼服）、"淘拍拍"（婚纱摄影），百合网2017年在婚礼业务上也获得6500万元营业收入，占总营业收入近10%。

之后的故事大家都知道了。2018年5月，郭广昌旗下的缘宏投资，通过股转系统场外协议转让的方式，以4.60元/股的价格，现金收购百合网8.69亿股流通股，占百合网总股本的比例为69.18%，交易总价达40亿元。

百合网只是近期复星投资组合拳中的一环，复星未来的愿景是服务十亿全球家庭的升级消费，首先从结婚开始，到生儿育女，组成基本的家庭单元。有了家庭单元，去太阳马戏团看马戏，去亚特兰蒂斯度个假，去买高级时装，这一切都在复星的生态规划之中。此外，复星入局百合，也为百合日后冲刺A股、IPO上市带来更多可能。

> 剧种三：熟悉规则，稳扎稳打，是正剧应有的风格

和君集团：产融结合，互为依托

一家净资产1800万元的培训公司，通过新三板成长为净资产25亿元、估值45亿元的资本集团，旗下甚至控股一家近70亿元市值的创业板公司。其不仅资本运作牛，经营同样出色。两年时间，公司从半年营业收入919.5万元，变成半年营业收入7亿元。这是资本市场少有的一次奇迹，奇迹的缔造者是王明夫。从履历上看，王明夫是一名资本市场老将。他1993年就进入君安证券工作，历任投资部副经理、研究所所长、收购兼并部总经理。2000年之后，他虽然起初做的是咨询，但其实一直是在构建"咨询—商学—资本"一体两翼的蓝图，让"咨询—商学—资本"相辅相成、互相成就、互相促进。

2000年，王明夫创立和君咨询。和君官网显示，在2004年和君咨询荣获"中国咨询业第一品牌"称号，正式员工超过2000人。2011年，王明夫成立和君集团，以此构建起了庞大的"和君系"。① 和君官网对此概括为"一体两翼"的业务格局：以咨询业务（和君咨询）为体、以资本业务（和君资本）

---

① 新三板智库. 新三板和君商学两年前蛇吞象 如今步入正轨却拱手让人. 东方财富网 www.eastmoney.com.

戏说并购

和商学业务（和君商学）为两翼。而这三者也是相辅相成的。和君咨询可以为和君资本提供项目来源和投资机会，和君资本为咨询业务强化品牌力道并创新盈利模式。和君咨询和和君资本又为商学教学提供实践真知和案例样本。

资本市场弄潮

在和君集团业务布局完成之后，王明夫就开始着手将和君的主业推向资本市场。2015年2月，和君商学（831930）挂牌新三板。其主营业务是基于移动互联网和大数据的技术平台运营系统，为企业（主要是中小企业）和个人提供企业管理培训服务。

与此同时，和君系的投资业务也在有条不紊地进行着。早在2009年和君资本启动后，和君的PE业务即展开，当年即投资了聚光科技前身聚光科技有限公司0.87%股权，聚光科技也在2011年4月实现上市。

2010年4月，和君系又参与了太空板业前身太空板结构工程公司的增资扩股，持股4.51%，太空板业2012年8月上市。同年9月，和君系参与三丰智能前身黄石三丰机械公司增资扩股，取得6.85%股权。2011年11月，三丰智能实现上市。2010年投资的三丰智能，到2011年上市后，收益曾达到27.58倍。

在和君官网中，聚光科技、太空板业以及三丰智能被列为投资案例，而从项目投资开始到项目上市，这一周期仅两年左右时间，显示出和君在PE上的资本运作速度较快。

近年来，相比于传统的PE，和君开始青睐PIPE这一新兴方式①。2014年7月和10月，和君系以PIPE首发进入了威创股份和清新环境。2016年和君系

---

① PIPE即私人股权投资已上市公司股份，即按PE的理念和方式进入二级市场，投资方式一般为大宗受让或定向增发，需要深度公司调研、大比例长周期持股，投资后一般也深度介入标的公司经营管理。

旗下苏州沣盈通过受让股份方式跃居亚威股份第二大股东，和君系从乾照光电的两位重要股东处合计受让 15.61% 股份，跃居乾照光电第二大股东。

据和君集团官网介绍，和君资本作为和君的核心业务之一，自成立以来累计投资了 100 多家创新企业、拟上市企业和上市公司。和君投资的公司一般以中小市值为主，实施小比例控股，很少有到控股的级别。除非是经营特别差、需要彻底改造，和君这时候才会去控股。

除了 PIPE 之外，"PE + 上市公司"这一 PE 升级版也是和君用于进军资本市场的工具，其具体表现即是联合上市公司成立产业基金。

2016 年 2 月，和君联合上市公司棕榈园林共同成立国内首只专注于 VR 产业领域的早期创投基金，和君资本为该产业基金管理人。和君在官网上对产业基金的描述是：以资本的力量优化产业结构，组建产业格局新秩序。

控股创业板公司

在投资 A 股上市公司、旗下公司挂牌新三板之外，和君系资本运作的高光时刻当属和君商学控股汇冠股份。2015 年 7 月，和君商学刚挂牌半年，就耗资 13.6 亿元现金从西藏丹贝手中收购了汇冠股份 23.08% 的股份，成为上市公司控股股东。此时的和君商学，2014 年度的营业收入才 3000 万元，那么其是如何筹集到收购所需的 13.6 亿元现金的呢？

1. 高明的融资手段

2015 年 4 月 13 日，和君商学挂牌三个月左右，完成了第一次定向增发，以 100 元/股的价格募集 2.65 亿元，包括俞敏洪、王亚伟等大佬，都参与了这次定增。之所以能吸引到资本市场大佬对公司投资，与和君集团的董事长、曾担任过君安证券研究所所长的王明夫是分不开的。

在王明夫的带领下，2015 年 7 月，和君商学成功在牛市顶部，以每股 150

元人民币的价格向民生银行质押 700 万股权，贷款 10.5 亿元。从收购交易的时间节点来看，和君商学收购了汇冠股份 23.08% 的股份的资金主要来源于此。笔者认为，银行之所以同意用这么高的价格进行质押，主要是因为和君商学将要成为一家 A 股公司的控股股东，银行的信任主要来自 A 股公司的信用，这正是和君商学作为一家新三板公司的高明之处。

除了此次收购汇冠股份所需的资金外，和君商学还为后续的资本运作储备了不少资金。2015 年 10 月 15 日，在股本 10 转增 70 后，和君商学以 30 元/股的价格募集 6 亿元，A 股公司欣旺达等 18 位投资者参与了认购；2015 年 11 月，和君商学向母公司和君集团借款不超过 5 亿元，借款期限不超过 1 年；2015 年 12 月 31 日，和君商学以 30 元/股募集 8.64 亿元，知行投资、莲朋投资、和君集团等 24 位投资者参与了认购。

2. 闪电般的收购速度

2015 年 6 月 17 日，和君商学正式发布重大资产重组预案，宣布预计支付 13.9347 亿元人民币受让西藏丹贝投资有限公司所持有的汇冠股份 2786 万股流通股股份。

在协议执行过程中，2015 年 6 月的 A 股市场股价大幅波动，和君商学经与西藏丹贝协商，将交易总金额降低至 13.6 亿元，同时延期支付 1.5 亿元，将依条件调整并延期支付部分延期款项。原标的股份的转让价款总额为 13.9347 亿元，比之前的价款少了 3347 万元。

同年 8 月份，上述转让正式完成过户，和君商学正式成为汇冠股份的控股股东。此次并购完成后和君商学的总资产从 2917 万元增长至 31 亿元，同比增长了 10656.27%，营业收入也从 3056 万元跃升至 5.3 亿元。

这笔交易，从公告提出收购，到完成交易，只花了一个多月。为什么会这么快？

一是因为此次交易和君商学采用现金支付手段。现金支付购买资产构成重大资产重组，较发行股份购买资产程序简单、速度快。

二是因为不借壳承诺。在收购股权取得上市公司控制权的时候，收购方为了避免引起监管部门的注意，减少审批、质询的程序，降低企业上市的时间成本，双方可以签订不借壳承诺。在创业板不得借壳的规定下，和君商学强调其入主只为战略协同，也不存在后续的借壳计划，巧妙地避开了监管。

3. 努力转型，扭亏为盈

在和君商学入主汇冠股份之后，就开始了利用自身管理能力的优势来协助汇冠转型，帮助其打造智能教育服务生态圈。该战略的实现需要通过外延并购进行。

继续收购华欣电子 19.6% 的股权。2013 年，汇冠股份已收购华欣电子的 51% 的股权。2016 年 8 月，汇冠股份耗资 4915 万元购买华欣电子 19.6% 的股权。此次交易完成后，汇冠股份合计持有华欣电子 70.6% 的股权。虽然此次收购占用了汇冠的大量现金，但是由于标的方在业务产品上跟汇冠股份有很强的关联性，所以随着收购的完成，汇冠股份的经营情况也开始好转。

收购恒峰信息。恒峰信息是一家长期为中小学、职业学校及各级教育管理部门等各类教育机构提供教育信息化解决方案、教育软件服务的提供商，目前已经累计服务基础教育学校 2300 余所，年覆盖学生 250 万人左右，累计服务职业教育院校 110 余所，年覆盖学生 130 万人以上。2016 年 7 月 12 日，汇冠股份以发行股份加现金的方式收购了恒峰信息的 100% 股权。

这两次收购将帮助汇冠股份实现智能教育装备与教育信息化的有机结合，在提升盈利的同时获取下游教育客户资源，从而最终实现汇冠股份智能教育服务生态圈的定位。这两家公司之后的表现也印证了和君商学的好眼光，如今成为汇冠股份良好业绩的重要组成部分。其实汇冠股份在 2015 年时曾亏损 1.1

戏说并购

亿元，和君商学入主以后，汇冠股份成功实现了扭亏为盈。

2016年，和君商学与汇冠股份的合并报表中，和君商学17.99亿元的营业收入，汇冠股份就贡献了16.96亿元，占和君商学营业收入的94.25%；和君商学2.07亿元的净利润，汇冠股份也贡献了1.59亿元，占比76.81%。

2017年底，和君商学以10亿元的总价出售了汇冠股份15%的股权。本次出售后，和君商学持有汇冠股份6.22%的股权。这倒是也符合和君系的投资风格，参股居多，控股很少。

产融结合，布局未来

在控股汇冠股份后，和君商学收购的步伐仍在继续。其先后出资4453万元，购买了4家公司的股权，其中2家是控股股东。这4家公司中，有3家公司与和君商学的业务相关。除此之外，和君商学还出资设立了一家私募基金。之后和君商学又收购了浪潮教育40%的股权，成为控股股东；收购华职教育55%的股权，成为控股股东。

但事情并没有在这里终止……和君系一直相信，从资本到实业，从实业再到资本，互为依托，产融结合。

产融结合是王明夫所提出的一个核心观点，即围绕一个核心企业，通过资本手段整合产业链的上下游，提高资源配置效率。具体操作来看，和君实施的是合伙人制，每一个合伙人带一个团队，和君提供大平台，通过咨询加投行运作，同时配合资本出资，很多上市公司都是和君合伙人十几年的客户。

以投资亚威股份为例，投资主体是苏州沣盈印月投资中心（有限合伙），其执行事务合伙人为和君沣盈资产管理有限公司，委派代表孙峰。和君官网信息显示，孙峰是公司战略及资本运作专家，和君集团资深合伙人。

在举牌亚威股份的过程中，和君在拿下其第二大股东之位的同时，与对方签署了战略合作协议，通过和君自身的资源为上市公司提供产业整合。

当然，向投资公司派驻董事，是投资方介入管理的重要手段，和君系大都会选择股权分散的上市公司投资。例如在乾照光电的案例中，出现了一系列人事"地震"，多位高管辞职。到2016年11月，乾照光电新高层浮出水面，金张育为新任董事长。金张育是深圳和君正德资产管理有限公司董事长、法定代表人，上海和君投资咨询有限公司系和君正德的股东。

在汇冠股份案例中，在2015年8月控股股东变更为和君商学、实际控制人改变为王明夫后，汇冠股份次月就完成了董事会、监事会换届和管理团队的聘任。其中，选举解浩然为公司第三届董事会董事长。解浩然曾在和君咨询集团任合伙人。

在和君人的努力下，和君系已经成为资本市场上的一股新锐力量。和君系谱写的故事，未完待续……

剧种四：大男主戏并不都是千篇一律的

英雄互娱：关于并购，你们都想错了

2015年，是新三板的高光时刻，甚至连A股都在新三板的光芒中显得黯然失色。这一年注定是属于新三板的，这一年，新三板两大指数均走出历史最高点；这一年，许多优秀企业纷纷选择投入新三板的怀抱；也是这一年，挂牌门槛并不高的新三板迎来了"借壳"现象。塞尔瑟斯原本是新三板一家默默无闻的仪表制造商，自2012年挂牌以来，没有融资，也没有交易，就是这样一家再普通不过的企业，在2015年6月其发布收购报告书后突然声名鹊起。

突然出名的原因也很简单，塞尔瑟斯通过定增，引入了明星投资团队，更换了大股东，未来公司的主营业务将变成颇有想象力的移动游戏产业。塞尔瑟斯本轮定增价格为1.33元/股，参与本轮定增的有天津迪诺、真格、红杉、华晟等9家投资机构，而天津迪诺由原中手游总裁应书岭100%持股。此次定增完成后，应书岭成为塞尔瑟斯第一大股东、实际控制人，持股比例45.86%。[①]

英雄互娱仅仅通过一次定增，就达到了三个目的。一是控制权变更；二是

[①] 创业三年即以百亿估值上市，明星投资人扎堆的英雄互娱究竟是什么来头．华股财经．www.huagu.com．

引入明星投资人；三是达到实际"借壳"目的。应书岭团队的第一步资本运作便起到了"一箭三雕"的效果，然而，这仅仅是英雄互娱在新三板大展拳脚的开篇序曲。

定增刚结束，塞尔瑟斯的整个管理团队就置换为英雄互娱的管理团队。仅间隔一个月，塞尔瑟斯便以每股10.99元的价格，通过定增继续引入战略投资者莉莉丝科技（上海）有限公司，莉莉丝科技属于全国排名前三的移动游戏制作商，占据业内资深地位。之后又只间隔一个月，塞尔瑟斯开始第三次定增。此次定增引入11名投资者（4个个人、7家机构），值得注意的是，此次定增价格为每股82元，本轮发行价格为上一轮的7.46倍。

第三次定增仅过去一个月，塞尔瑟斯便发布重大资产重组报告书。公司将以发行股份及支付现金的方式购买北京真格天创股权投资中心、天津西二旗科技合伙企业（有限合伙）持有的畅游云端（北京）科技有限公司100%股权。本次交易的总价为96770万元，畅游云端100%股权账面价值2802.34万元，增值率3355.30%。此次重大资产重组为公司注入了核心资产，畅游云端团队在电竞游戏领域的研发能力有目共睹，《全民枪战》这款游戏就是畅游云端的团队研发的。

接下来，公司名称和主营业务完成了变更，主营业务变为手机游戏研发、手机游戏发行，名称正式更名为北京英雄互娱科技股份有限公司。2015年10月26日，"英雄互娱"这个简称第一次取代"塞尔瑟斯"出现在全国股转系统中。

公司更名后，英雄互娱继续开始第四次定增。此次定增引入了新的战略投资者——华谊兄弟，华谊兄弟以每股68.53元的价格认购公司定增股份，成为公司第二大股东。此次定增为公司增加了货币资金19亿元，带来巨大现金流，为英雄互娱此后的收购奠定了雄厚的资金实力。

这之后，凭借其雄厚的资金实力和娴熟的资本运作技巧，英雄互娱一手抓

戏说并购

投资，一手抓并购，开始了对其业务模式的精雕细琢。这期间公司收购了手游发行商奇乐无限 100％ 股权；为了提升海外研发能力，公司还收购了 SKYMOONS EDINBURGH LIMITED 100％ 股权；下一步公司还计划通过全资子公司收购手游研发商珠海网易达。2018 年 2 月，英雄互娱公告了其 A 股 IPO 计划。

纵观英雄互娱在新三板上的一路进化，属于其的资本故事有神秘、有光环、有惊叹。甚至有舆论将这个过程总结为"其资本运作环环相扣，没有一步废棋"。那么，英雄互娱成功的密码，仅仅是其资本运作能力吗？在对熟悉英雄互娱的人士进行独家访谈后，我们可以肯定地回答您，当然不是。

人是一切的基础

在互联网的创投圈，流传着广为人知的一句话，"不论是做投资还是做并购，最重要的就是看人，看团队"。因为互联网的最大特点是，与很多传统行业不同，随便一家互联网公司，看得见、摸得着的资产并不多。而且就产品本身来说，很多处于早期阶段，一些核心产品的外在体现很大程度上还是商业计划书，要论开发程度的话，也就 20％ 左右。因此，在轻资产的互联网，人的因素就变得至关重要。而看人，也要分两个层面来进行。

第一层，高管团队。说到如何看高管团队，最有发言权的应该是真格基金创始人徐小平，而徐小平也是英雄互娱的投资人。徐小平在判断人上，引入了两个维度，一个维度是可信度，另一个维度是雄心。也就是说，创始人必须证明自己在专业上的能力，同时也要表现出进取心和雄心，既有才华，又有梦想。

具体到英雄互娱，其灵魂人物应书岭在手游界是资深元老，曾经担任过中手游的总裁，其在手游界有经验，有声望，有人脉，有资源。除此之外，应书岭还是个非常有个人魅力的人，他可以吸引来比自己更厉害的人加入自己的团队，这些厉害的角色绝不仅仅限于技术层面，作为一家创业企业，资本层面的人才更为重要，比如黄胜利和吴旦，这两位都是资本出身。黄胜利为前华兴资本董事总经理，曾帮助滴滴、京东、陌陌、昆仑万维等公司募集超过8亿美元的私募融资，并主导第七大道、银汉科技等资产重组。吴旦曾任真格基金副总裁，曾代表真格基金投资过《影之刃》《超级英雄》《全民枪战》《MT外传》等游戏，其对于游戏行业的理解颇为深邃。

第二层，经营团队。对于经营团队的判断和把握，在投资或收购阶段就显得尤为重要。不论是研发还是运营，都要有深厚的行业经验。比如，要曾经在大的游戏公司做过；又比如，最好曾是知名项目团队核心成员；再比如，要对游戏行业有很多创造性的想法。当然了，团队的和谐程度也很重要。

第三层，英雄互娱的投资收购如此游刃有余，其背后的明星投资团队功不可没。这个团队既懂游戏又懂资本。游戏方面，真格基金是游戏领域投资最成功的天使基金，连续抢投成功7款游戏产品，直接影响了中手游的IP运营计划。在投资层面，真格基金也会给英雄互娱推荐项目。资本方面就更无须赘述，英雄互娱的董事包括红杉资本全球执行合伙人沈南鹏、华兴资本创始人包凡，第二大股东华谊兄弟也是在游戏投资方面颇有建树的上市公司。

业务驱动并购

说到并购目的，可能很多人的惯常印象都是，为了提升利润规模，为了财务报表好看。不过应书岭对此却有截然不同的看法。他评论道，"也许上市公司出于业绩压力，会从这方面考虑。但作为三板公司，利润不是最重要的。英雄互娱的所有并购，都是业务驱动的。在日常工作中，如果业务团队觉得合作得还不错，比如某个美术团队，就会跟公司建议将其收过来。"

在英雄互娱收购畅游云端和珠海网易达之前，这两家公司都与英雄互娱存在业务合作，项目团队甚至会到公司办公几个月，这样的前期磨合比所谓的尽职调查管用得多。有了这样的磨合基础，再来进行并购，成功率自然要高得多。

此外，应书岭还想跟各位企业家分享的是，要想做好并购，秘诀就一个字，一定要"懂"。如何来理解这个"懂"呢？他打了个很形象的比方，"你想养热带鱼，也一定要懂。一条鱼好几万，如果不懂怎么养，买回来只能死在自己手里。"所以，英雄互娱的系列并购，也是围绕游戏行业产业链进行的。从这一点出发，想必读者就会理解，A股的监管层为什么会对跨界并购如此敏感。跨界在一定程度上，就意味着，收购人根本"不懂"。

"懂"的另一层含义就是对于行业的洞察。具体到手游行业来说，就要看并购标的的业务有没有独创性，在细分领域是否领先于其他竞争对手。比如畅游云端，其研发的游戏是《全民枪战》。《全民枪战》在当时卡牌类游戏遍布的情况下首次开创了电竞游戏的细分赛道，这在国内具有划时代意义，国内当时没有团队做电竞类游戏。此外，《全民枪战》是第一个在业内使用双摇杆技术的电竞游戏。还有就是电竞游戏对服务器的响应延时要求非常高，《全民枪战》团队在服务器的优化上面，在网络延时的解决上面，有深厚的技术积累。

并购整合在于消化能力

并购后的整合是个世界难题。曾有咨询机构做过统计，70%的失败并购都是因为整合没做好。但就英雄互娱这个案例而言，其整合技巧很值得广大三板企业借鉴。对于并购整合，应书岭是这样评价的，"并购整合就像吃东西一样，东西吃进去，要充分咀嚼、消化，营养才能被吸收。如果没有良好的消化能力，东西吃再多也是白搭"。

比如研发，团队进来之后，不是说我等着你把产品做出来就好，而是在整个研发过程中，英雄互娱都会参与进去，中间不停地沟通，不断地去跟进研发进度，对产品发表修改意见。说白了，收购方需要身体力行地参与到收购项目中。

再比如团队建设，**英雄互娱有个"老带新"机制**。收购进来的团队比方说有20个人，这20个人都是熟手。公司会把这20个人打散，分成两组，每组再分别分配 10 个新人，形成两个项目组，老手带新手。这样做既能防止原有人才的流失，又便于公司的项目管理。

对于英雄互娱未来的并购计划，公司高管表示，2014 年到 2015 年，是游戏并购的黄金年代，有很多优秀的规模不大的游戏公司值得并购。大的游戏公司那时也在纷纷跑马圈地。进入 2016 年以后，游戏行业格局基本稳定。未来公司会更偏好产业链的并购，公司愿景是打造生态型企业。强强联合的横向并购在游戏行业发生概率较小，毕竟文创行业有一定特殊性在里面。

至此，本书关于英雄互娱的案例分析就结束了。但英雄互娱的资本故事还远没有结束，IPO 之后，也许是其新的开始。祝福其在移动电竞游戏这条赛道上越跑越快、越跑越远。

剧种五：巧避规则，高智商烧脑剧

南洋股份并购天融信：是收购还是借壳？

上市公司收购新三板企业，一般给人的感觉都是上市公司财大气粗，觉得三板企业好，大手一挥就给买了。现实当然不乏这类"霸道总裁"剧情，不过也有例外，也有收购方想"攀高枝"的案例。

提到"攀高枝"，读者们脑海里一定蹦出了"蛇吞象"这个词，的确，这两年媒体上报道了几起"蛇吞象"的经典案例。但是这些经典案例之所以经典，往往是金额巨大，交易结构精妙，使人觉得成功概率低，离普通企业太遥远。大家千万不要被这种思维定式给禁锢住，其实只要方法得当，收购方想"攀高枝"，并没有想象中那么难。

近两年来，新三板市场上出现了一起创纪录的并购案，交易金额达57亿元。这个并购案就是南洋股份（002212）以发行股份及支付现金的方式，收购天融信（834032）100%股权，其中以现金支付20.79亿元，以发行股份方式支付36.21亿元（发行股份价格为8.66元/股，共计发行4.18亿股）。[①]

---

① 任飞. 南洋股份实控人开启减持 天融信曲线借壳梦将成真. 21世纪经济报道，2017-11-16.

南洋股份于 2008 年在深交所上市，是广东省最大型的电线电缆生产企业。南洋股份虽然体量较大，可惜所处行业传统，业务发展也进入瓶颈期。而天融信于 2015 年在新三板挂牌，是中国领先的信息安全产品与服务解决方案提供商，近几年的业绩处在高速增长期。

南洋股份 2015 年、2014 年的净利润分别为 0.56 亿元、0.52 亿元，而标的公司天融信的业绩远远超过并购方，在 2015 年、2014 年的净利润达到了 2.3 亿元、1.8 亿元。单独比较 2015 年以及 2014 年的情况，标的公司天融信的净利润在 2015 年达到了购买方的 4 倍，2014 年达到了购买方的 3 倍。

南洋股份遇到天融信，既满足了上市公司业绩提升需求，又满足了新三板公司登陆 A 股的需求，可谓双赢。

想并购，先融资

巧妇难为无米之炊，再好的资本运作前提是要有强大的融资实力，融到足够适当的资金以应对未来并购可能出现的变数。从南洋股份的配套融资不难看出其本次出征的决心，鸿晟汇等 9 家机构为本次并购提供了充足的"军粮"，以 9.7 元/股的价格认购了 2 亿股，使得南洋股份融资合计 21 亿元。

股权融资固然是好，但它对于股权结构的影响是立竿见影的，稍有不慎，控股权就会易主。下面来看看南洋股份掌门人郑钟南的持股变化，融资前持有 55%，融资后减少到 24%。不过，郑钟南作为第一大股东的实际控制人地位没有改变。

高估值，高承诺

目前主流的资产估值方法分为市场法和收益法，前者是以市场价格作为依据，由市场来把关价格；后者是未来预期现金流的折现得出资产价值。天融信的主营业务是信息安全，属于轻资产企业，适用于收益法估值。

戏说并购

天融信在 2013~2015 年主营业务收入复合增长率达到了 40%，其中 2015 年实现净利润 2 亿元，已经超过绿盟科技、美亚柏科等同行业上市公司，拥有超越同行业上市公司的实力，是高估值的基础。

此外，天融信全体股东背书，他们愿意为天融信的未来业绩做出高承诺。按照南洋股份和天融信达成的协议，天融信 2016 年度不低于 3.05 亿元，2016 年、2017 年两年累计不低于 7.15 亿元，2016 年、2017 年以及 2018 年三年累计不低于 12.5 亿元。如果天融信盈利未达到所承诺的数额，天融信持股主体将有义务进行补偿。

大比例现金支付

在就并购价格达成一致之后，接下来就是支付的问题了，对于这一问题需要考虑的是对于控制权的影响、财务压力、审批难度等方面。南洋股份最终选择了"股票+现金"混合支付方式，向天融信股东发行股份数量合计 4.2 亿股，支付现金 20.8 亿元，合计 57 亿元。值得注意的是，现金支付的部分大大超出其公司账面现金数量，为何南洋股份坚持以现金的方式支付 36.48% 的价款呢？

做出这一选择的出发点主要从两方面考虑，一是控制权问题，二是天融信股东利益问题。天融信第一大股东明泰资本持有天融信超过 40% 的股权，如果全部采用股权支付，明泰资本转而成为南洋股份的最大股东，南洋股份无法保持独立。另外，并购完成后，天融信股东们需要缴纳双重税负，有现金需求，同时，相对于股票，持有现金的风险更小。

混合支付以后，明泰资本的持股比例仅 14%，但第一大股东郑钟南的持股比例仍然达到 24%，南洋股份的实际控制人依然是郑钟南。

借壳疑云

前面提到，此次收购完成后，上市公司控股权不变。控股权不变，也许是出于保留控制权的考虑，但也有可能是为了规避上市公司借壳的规定。

根据2016年重大资产重组新规，借壳上市认定标准，包括3个主要方面：(1) 上市公司控制权发生变动；(2) 被收购方的资产总额、股本、资产净额、营业收入、净利润（5个指标中任意一个）是收购方上市公司对应指标的100%以上；(3) 上市公司主营业务发生根本变化。

本案例触及了借壳上市的后两个标准，即被收购方在资产总额、资产净额、营业收入、净利润等方面，均超过上市公司；其次，在收购后，天融信带来的信息安全业务已经成为南洋股份的利润支柱，有望成为上市公司的主营业务。

那要怎么规避这个借壳上市规定呢？**从第一条下手，上市公司的控制权不能发生变动**。既然要控制权不变，那就不能大比例采用股份支付，而要提高现金支付的比重，避免对方获得控制权，从而实现借壳上市。

另外，自南洋股份并购天融信以来，南洋股份实际控制人郑钟南自2017年11月起便大幅度减持，半个月套现2.4亿元，这一行为引起了更多人对于借壳说法的质疑，虽然他本人表示是出于个人资金需求。

若郑钟南减持计划全部实施，郑钟南持股比将由20%下降至18%，但结合郑钟南通过其一致行动人鸿晟汇所持1.8%股份，二者占公司总股本的比例合计为20%；与此同时，明泰资本与同样来自天融信的章征宇合计持股比例将达到19%。从股权比例上看，郑钟南在本次减持计划实施完成后仍具备对公司的控制权。

尽管双方承诺重组后三年内不对南洋股份的控制权进行变更，但双方股权差距大幅缩小是不争的事实。另外，如果在承诺到期后，南洋股份实际控股权发生了变化，则借壳的说法是可信的。

6阶
顶级配置

玩转并购大戏，及时更新内存

看了那么多波云诡谲的并购大戏之后，在学习前人经验的基础上，企业家们要开始取经借鉴了。借鉴的目的是为了修炼内功。按照并购大戏比喻的思路往下走，这修炼内功的第一重境界便是了解大戏，了解影视剧成功的核心配置。考虑到与并购的相关性，本章节涉及三个方面的核心配置：编剧、制片人和出品人。

　　可能读者会有点摸不着头脑，其实这三项配置对应并购中涉及的三个重要能力：制定战略、融资和尽职调查。至于为什么这样比喻，继续往下看，你自会有答案。

> 配置一：没有好剧本，戏一定不好看

战略：不打无准备之仗

战略之于并购，相当于剧本之于戏剧。剧本是地基，在地基的基础上，道具、摄影、导演等围绕剧本开始盖大厦。并购也一样，老老实实围绕战略，落实战略的并购才会在时间的长河中显示出其澎湃的生命力。假如并购战略制定的恰当又合理，就是写出了好剧本。而好剧本，是大戏成功的前提。

并购这件事，最重要的就是制定战略。

说到战略，可能很多人都觉得"假大空"。之所以会产生这样的感觉，可能与大部分战略只能停留在纸上而无法落地有关。制定任何战略，都要考虑自身特点。一味追求最大、最好，与自身发展阶段、发展能力相脱节，战略自然就"虚"了。

不过，战略这件事一旦与并购结合起来，就会产生神奇化学反应。站在买方的角度，并购的首要目的是扩张和进攻，通过并购新公司来提高自身收入，增加利润，扩大市场规模；站在卖方的角度，被并购的目的主要是收缩和防守，通过放弃原有领域，进入新的领域。

比如，新兴的企业出售给现金流充足的成熟大企业，或成熟大企业通过展开横向并购扩大规模，或处于衰退期的企业向新兴产业实施并购、拓展新业务等等，这些都是正确的战略，没有一定之规。

针对并购，商学院里面讲到的扩张型战略也好，收缩型战略也罢，这只是一种战略的分类方法，对于这些类别的划分其实并没那么重要。说得直白一点，管它什么分类，只要适合企业自身的并购战略就是对的战略。

但有一点要搞清楚，战略这件事是"专属"的，不是"通用"的，下面本书就尝试为读者讲明白，如何制定出属于你自己的"个性化"战略。

基本功课——两个关键

作为一个企业家，首先要抛弃别人帮你制定战略的想法。

因为，无论是谁，都不具备企业家对于行业的深度理解。这种深度理解基于两点：行业阶段和行业特点。而这两点是制定战略的基本功课。

从行业发展阶段而言，几乎全世界所有的产业都有着相同的并购路径，并购在一定程度上是可以预测的。

每一个产业的演进都可以大致分为四个阶段，分别是：初始阶段、规模化阶段、聚拢阶段和制衡联盟阶段。

制定并购战略的前提是了解自身企业所处的产业演进阶段。初始阶段的企业需快速扩大销售收入和市场占有率，建立自己的壁垒；在规模化阶段，企业有计划地展开收购行动，从而达到产业集中度，"大鱼吃小鱼"的案例大部分在这个阶段产生；而到了集聚阶段，有组织的并购行为减少了，规模相近企业之间的并购发生了；在制衡联盟阶段，产业巨无霸们会倾向于将成熟业务从核心业务中剥离，发展新行业。

近年来在互联网领域，两家体量相当、业务模式也类似的企业，进行横向联合的例子特别多，比如上文提到的滴滴和快的合并，优酷和土豆合并等。这种横向兼并既可以避免无效竞争，又可以提高市场占有率，巩固市场地位，遏制竞争对手扩张。随着竞争对手的减少，优势企业便可以操纵或影响市场价格，增强对市场的控制力，合并的核心战略思想在于垄断。

行业特点是另外一个关键，只有长时间身处一个行业才会洞悉这点。比如，制造行业更适合围绕企业原有核心产品或服务引入新产品或服务，例如，生产电热毯的企业可以通过并购生产电暖气。有些行业特点决定了，新产品或者新服务能够与原有产品和服务共享销售渠道与顾客群，从而节省技术研发、市场开拓、市场调研等各方面的成本。

但对于某些轻资产行业，围绕产品制定并购战略并不会带来成本的节约，更多轻资产公司会倾向于摧城拔寨似的并购产业链上下游企业，追求产业链效应。

并购动机不单纯

对于不同行业，不同发展阶段的企业而言，并购虽然没有章法可寻，但好处似乎显而易见。很多时候，我们会直观地感觉到，并购会为企业带来不错的前景，可就是说不出为什么。接下来，我们尝试总结一下这个问题。

1. 教科书说的"规模经济效应"

我们学过的经济学教科书会告诉我们，企业投入增加，产量增加。随着产出的增加，企业平均成本不断递减，这就是所谓"规模效应"。企业的这种规模效应往往是通过并购实现的。并购能减少生产环节，提高先进设备利用率，最终实现专业化生产。

提高规模效应的核心无非是：并购实现了技术攀升，最佳经济规模也在不断攀升。并购的作用等于让你多了一个朋友，少了一个敌人，增强了企业对市场的控制力，提高了行业集中度。

2. 商学院提到的"协同效应"

协同效应是指并购后企业的整体效益之和大于两家企业独立存在时的总

和，也就是我们通常说的"1+1>2"的效应。如果说"规模效应"代表了整合后企业外在实力提升，那么"协同效应"则代表了企业内在实力的提升，这种内在协同类似指数增长，一步步将竞争对手的市场份额蚕食。同时，协同效应的实现是并购成功的重要标志。

3. "价值投资"是通过并购完成的

很多股民提倡采用价值投资的方式去投资，但往往赔得很惨。这是因为他们对价值投资有误解。殊不知，价值投资并不是简单地在投资软件上买卖股票。

众所周知的价值投资旗手巴菲特根本不是一般的股票炒家。在某个股票价格被低估时，他会买下自己所看中的这家公司的大量股份，就类似收购了一家标的。这么做使得他在坐享标的现金流的同时，可以享受未来的股票溢价。

美国著名经济学家詹姆斯·托宾提出"托宾 q 值"可以说清楚这个问题。托宾 q 值用来衡量重置成本与目标公司市价的差距。托宾 q 值 = 目标公司的股票总市值/该公司重置成本。在 q<1 时，企业被并购重组的可能性极大；q>1 时，企业成为并购目标的可能性极小。

在 20 世纪 70 年代末 80 年代初，由于受到通货膨胀因素的影响，美国许多企业的资产被低估。企业的托宾 q 值一般在 0.5~0.6 之间，这样通过并购获得一个企业要比新建一个企业几乎节省 50% 的成本。这就是"价值投资"通过并购完成的内在原因。

4. 无需诟病的多元化

多元化现在已经成为不务正业的代名词，但实际上多元化指的是一种重要的投资思想。企业通过并购进入新领域，开拓新市场，避免了单一主业的风险。但是多元化战略实施是有前提条件的，这种战略非常考验并购方的管理、整合能力。

有些管理者的过度自信是并购失败的一个动因。并购动机中的自大理论认为，收购方公司的管理者，很多时候会狂妄地认为自己的能力必高于目标公司的管理者，从而导致过于乐观地高估目标公司的价值，并造成并购后收购方无法有效地发挥其管理能力和整合能力。

这也从一个侧面说明为何多元化战略很难执行。比如，近年来许多上市公司为实施多元化战略而采取跨界并购，但由于并购后无法对并购标的实施有效的管理、控制和整合，最终导致多元化战略失败。

除上述 4 点通用的并购动因外，还有 3 点符合中国国情的特有动因。

1. 借壳

借壳上市是中国企业并购的一大动因。原因也很好理解，我国上市额度是一种稀缺资源，监管部门对于上市资格的审查相当严格，一些企业特别是民营企业很难有机会获得上市资格。买壳上市成为一些买方企业实施并购活动的主要动机。

一般来讲，成为收购对象的上市公司往往是一些主营业务发生困难的公司。买方在获得壳公司的控制权后，还需要花费一定的时间和精力对壳公司进行整合，将优质资产注入壳公司，或将壳公司的不良资产剥离。这样上市公司的经营业绩就极有可能显著提高，财务状况得到大幅改善，最终达到证券监管部门规定的融资标准，从而实现买方利用证券市场融资的目的。

2. 解困

我国企业最初的并购动机很多是出于解决国有企业亏损和职工生存问题，这同传统的计划经济体制是密不可分的。在并购中，政府利用行政手段"拉郎配式"的积极撮合，迫使一些优秀国有企业来兼并亏损企业。不过这种动因也使得很多民营企业通过参与国有资产的并购重组获得长足发展。

3. 国企混改

在国有控股的上市公司中，通过并购重组加入民间（非官方）的资本，使得国企变成多方持股，但还是国家控股主导的企业。混改后的国企可以优化股权结构和公司治理结构，实现产业升级，成为跨地区、跨行业、跨部门的大型企业集团。

并购战略这样定

1. 以未来业务规划为前提，打造"ABCDE"

企业在制定并购战略时，一般应以企业未来3~5年的业务规划为前提和条件，主要包括5点：

（1）A（Accountancy，财务）：公司未来3~5年的财务及盈利状况、收入构成。

（2）B（Bussiness，商业）：企业所处行业未来3~5年面临的重大机遇，行业内的主要企业数量、规模、市场份额，以及代表性企业等。

（3）C（Competition，竞争）：公司目前的核心产品以及未来3~5年产品规划，公司的独特竞争优势的可持续问题。

（4）D（Development，成长）：公司未来3~5年成长空间、成长路径。

（5）E（Entrepreneur，企业家）：公司管理架构及管理团队在未来3~5年的构建与提升。

2. 并购的最终目标

（1）并购带动融资，打造"正循环"。很多企业只知道找投资人融资，但是往往不知道巨量的融资是和并购息息相关的，并购战略可以促进企业融资，逐步形成"并购—融资—更大规模的并购—更大规模的融资"的资本市场正向循环。

（2）想象勾画蓝图，提升吸引力。展开并购行动之前，买方主导者要首先打开想象空间，描绘出企业未来3~5年业务发展的宏伟蓝图。并且，要使卖方企业有加入这一宏伟战略的意愿，也要使潜在投资者在并购战略实施过程中有参与战略投资或财务投资的意愿。

（3）增长带动创新，打造影响力。企业并购战略的核心在于打开企业的产业空间和资本市场通道。绝大部分企业都不能保持持续增长的主要原因，是没有持续增长的产品和业务。从历史案例来看，企业获得持续增长的产品和业务的主要途径，有些来自企业内生性的研发或商业模式的创新，但大部分来自外延式的对外并购扩张，即持续为具有前途的业务注入大量资金，并通过不断培育优质业务和剥离不良业务，获得长期持续的增长。很多曾经的优势企业由于未能抓住机遇，迅速成长为市场领袖，从而逐步在激烈的竞争中受到方方面面的挤压而最终丧失成长性。持续增长的企业会充分利用原有业务的辉煌并转化成为企业在资本市场的号召力，通过有效的资本运营使得企业持续增长。

搜寻并购标的

并购战略类似"空中楼阁"，其实施的关键环节是并购标的筛选，这是"战略落地"的关键。好的标的会使"空中楼阁"变成真正结实的楼宇。

并购方买入标的可以分为"捡便宜货"和扩张自己，也即财务并购和产业并购。财务并购以捕捉投资机会为宗旨，追求并购标的的物超所值，以及未来的价格预期，其核心是并购标的估值。类似巴菲特"捡烟屁"式投资，但是这类并购机会可遇不可求，少之又少。

产业并购是本书讨论的重点，以优化资源配置为宗旨，追求并购标的与买方的协同效应、竞争优势、规模经济和事业扩张。产业并购的核心命题是配置，类似资源整合。

读者需要注意的是，无论是产业并购还是财务并购，都是一种"买入行为"，但是该行为和投资还是有很大区别。

并购目标的选择与一般股权投资的标的选择存在着较大区别。PE投资机构一般在被投资企业中占有较少股份，不对投资标的产生控制和重大影响，因此其投资标准一般是好行业、好企业、好管理层，重点是一个"好"字。

而以并购为目标的投资需要取得卖方的控制权，且并购动因与一般股权投资的目标存在较大区别。在选择并购对象时，其投资标准往往需要充分考虑卖方的实际情况。一般全"好"的公司愿意接受投资，而不愿意或暂时不愿意被收购。因此，很多时候，卖方被并购时往往存在某种中短期的困境。

比如，卖方往往存在以下特征之一：（1）景气行业的不景气公司；（2）收购方可以"以其之长补己之短"的公司；（3）市盈率较低的公司；（4）有盈利潜力但短期财务表现不佳的公司；（5）管理层出现分歧的公司；（6）特殊历史时期的公司，例如2000年前后很多民营企业利用国退民进的有利机会，大规模开展对国有企业的并购。

搜寻卖方公司可以借助外部中介机构也可以通过自己的数据库来选择，经初步筛选，确定并购目标后应力争迅速作出以下判断：（1）目标企业是否真正适合并购；（2）决定本次并购成败的关键性人物是谁；（3）判断并购产生的大致收购成本。

预判整合风险

在制定战略的过程中，提前预判并购后的整合风险非常必要。市场的过往经验表明，整合失败是并购失败的最主要原因之一。如果买方没有足够的自信和能力掌舵并购后双方的整合，那并购就没有开始的必要。

因此，制定并购战略时，提前预判整合风险也是战略工作的重要组成部分。一般的整合风险大致有：

1. 战略不相容

并购会带来买卖双方内外部条件的变化。比如，市场范围变宽，经营方向迷失等。此时就需要清晰的新战略将双方紧密捆绑在一起，充分考虑并购后出现的新机会和潜在威胁，将并购双方看作一个有机整体，从而达到资源互补、效率提升、战略协同的目的。这方面的警示案例读者们可参考本书第一阶中提到的美国在线和时代华纳的例子。

2. 人心不稳，效率低下

企业员工尤其是卖方企业员工会因并购而产生较大的心理震荡，其最关心的往往是工作的职级升降与是否还有工作。在这一时期，卖方无论是基层员工还是中高层员工都会因为并购带来的不确定性而感到难以适应，导致工作效率低下乃至离职。

因此，买方应当尽早提供未来新公司较为明确的组织架构、人事信息等，以便维持新公司正常的工作秩序与环境。读者们可以从本书第二阶思科的例子中学到一些好方法。

3. 文化冲突

企业文化是个很玄妙的东西，它不可能像更新设备、转换产品那样容易改变，往往会在很长一段时间内继续在卖方员工中发挥作用，并有可能与买方的文化发生冲突与摩擦。文化冲突不仅可能导致并购远低于预期效果，还可能影响甚至于拖垮新企业。

以台湾明基收购西门子手机业务为例。2005年，西门子的手机业务市场

戏说并购

份额严重下滑陷入巨额亏损，台湾明基认为这是吸收西门子手机研发、制造、人才等资源并壮大自身的好机会。因此在 6 月 7 日，台湾明基决定收购德国西门子手机业务。

在收购时，台湾明基准备了 8 亿欧元以应对西门子手机预计每年 4 亿欧元的亏损并制定了 2 年内盈利战略，该战略的主要内容是借助西门子手机的研发和制造实力推出一款性能强大的手机以扩张市场份额。可以看出，台湾明基属于朝气蓬勃的台湾企业，对市场反应迅速。

然而，德国西门子为百年企业，具有典型的德国式管理风格，作风过于稳健和严谨，对市场反应缓慢。这就使得台湾明基的新战略实施起来阻力巨大，拖延了数月之久。与此同时，摩托罗拉率先研发出了类似手机并热销。结果西门子因为错失时机而导致手机销量不足，最终产生了超过 8 亿欧元的巨额亏损而破产。

德隆并购：枭雄的模式与战略

战略的理论千篇一律，下面就用实际案例来说明如何制定并购战略。德隆系曾经是中国资本市场并购领域的枭雄，从德隆的起起伏伏中，我们团队希望读者在吸收负面教训的同时，也可以领略到中国市场并购战略的精髓。

新疆德隆集团 1986 年创立于新疆乌鲁木齐。2000 年初，德隆国际战略投资有限公司（简称"德隆"）在上海浦东新区注册，注册资本 5 亿元。德隆的投资遍及农牧业、饮料业、娱乐业、旅游业、机电业、汽配业，以及信托、金融租赁、证券、保险、银行业等。通过控股上市公司，控股或参股银行、证券公司、信托公司，德隆由一家名不见经传的民营企业演变成为当时中国证券市场叱咤风云的金融财团。可以说，德隆是一本讲述并购战略方面的教科书。

德隆模式

当前中国处于新一轮新旧产能过渡期，企业都在思考转型，而当年德隆的并购战略思想对于今天的企业家仍然具有现实意义。德隆的并购战略思路可以归纳为"**一个中心、两个基本点**"："一个中心"就是德隆企业发展战略的准确定位，即"创造传统产业新价值"。围绕这个中心，一方面充分借助于资本运营手段进行企业收购，另一方面通过产业整合提升产业竞争力，即"两个基本点"。说得再朴素一点，就是抓住传统产业转型的痛点，帮助其做大做强，和今天的 BAT 与传统产业对接、"互联网+"的战略具有异曲同工之妙。

根据这一战略思路，从20世纪90年代中期开始，德隆的投资方向主要在制造业，并集中于食品制造、机械制造等，为制造业引进新技术、新产品，增强其核心竞争能力。同时，德隆在全球范围内整合制造业市场与销售渠道，积极寻求战略合作，提高中国制造业产品的市场占有率和市场份额，以此重新配置资源，谋求成为中国制造业新价值的发现者和创造者，推动中国制造业的复兴。

德隆类似战略投资管理提供商，快捷地帮助被并购企业树立市场优势，事半功倍地强化其核心竞争力。整合之后被并购企业持续发展产生了良好业绩，兼顾实现了公司的大小股东以及相关利益者的共赢。与其说德隆在做企业，不如说是做产业，即运用资本运作方式实现对现有产业的整合，而整合的利器就是并购。

总体战略中，资本市场的作用是产业整合的辅助工具，为产业整合提供资金，从而大幅提升上市公司业绩使其融资能力进一步增强，进入良性循环。公司通过层层并购，迅速取得产业整合的控制权和操作权，达到产业整合乃至行业整合的目的。

令外界所推崇的德隆模式，主要发力于我国证券市场成长期和传统制造业的转型期，在当时具有一定的先进性。主要路径如下：

（1）买壳上市，改变上市公司股权结构；（2）注入资产，改变产品结构，或改变主业结构；（3）进一步并购上下游企业进行产业整合；（4）通过对销售网络和销售渠道的整合，扩大产品在国内外市场的占有率，形成规模化、垄断性经营，大幅提升上市公司业绩，从而进一步提升其融资能力；（5）上市公司再融资，再并购，达到正向循环。

新疆屯河：整合水泥产业和"红色产业"

新疆屯河是新疆第二大水泥及水泥制品生产企业，德隆收购新疆屯河后，从1999年开始与新疆天山股份进行战略重组，将水泥业务全部转让给天山股份，新疆屯河主业转型为以番茄、胡萝卜、红花、枸杞、葡萄等当地特色果蔬资源加工为核心的"红色产业"。此外新疆屯河低成本收购了数家新疆资产质量较好的番茄酱厂，成为当时新疆最大乃至中国最大的番茄酱生产厂家。

为占领国内市场，2001年3月，新疆屯河以5.1亿元现金出资，汇源以资产及技术出资，组建合资公司北京汇源，双方持股比例为51%和49%。之后，新疆屯河利用汇源成熟的销售网络和经验，拓展新疆屯河果汁饮品的市场占有份额。为打入国际市场，德隆收购了一家有20多年番茄酱经营资历的境外销售公司，与世界知名的食品品牌美国亨氏建立合作关系。经上述一系列运作，新疆屯河主导产业番茄酱产量短短几年内占领国内市场的85%、全球市场的10%，成为世界第二大番茄酱生产厂商，其价格的变动对世界番茄酱市场的价格有直接影响。新疆屯河的财务指标也逐年上升。

合金股份：整合电动工具产业

德隆入主合金股份后，以合金材料的下游产品——电动工具为基础形成了新的主营产品结构：户外机械、电动工具、合金材料等。1998年10月，合金股份收购上海星特浩企业有限公司，该公司是中国电动工具产业的佼佼者，拥有30多项专利技术产品，产品100%出口。上海星特浩生产的充电式电动工具产量已达世界同类产品产量的10%，并占有欧洲同类产品市场的35%，是当时国内最大的电动工具制造企业之一。

德隆以其控股的上市公司合金股份收购星特浩后，随即以星特浩为主体，展开了整合电动工具产业的并购活动：收购苏州太湖电动工具集团公司、苏州黑猫集团公司、上海美浩电器有限公司，成立了山西中浩园林公司和陕西星宝发动机有限公司。至此，星特浩不仅完成了对整个电动工具及园林机械产业链的整合，而且奠定了电动工具、草地园林机械和清洗机械方面在中国的领导地位。

2000年下半年，合金股份与美国第三大园林机械制造商Murray公司结成战略联盟，利用Murray成熟的品牌和广泛的销售网络，对国内小型发动机及其下游产品进行整合，通过Murray的销售渠道进入国际市场。

经过上述大规模的收购整合，合金股份已占领国内电动工具市场60%的份额，产品在欧洲市场的占有率达到20%~30%，公司净利润从1997年末的1860万元增长到1999年末的11847万元，增幅达537%。

湘火炬：整合大汽配行业

1997年，德隆受让株洲市国资局持有的湘火炬25.7%国有股权，成为其第一大股东，为其注入了发展"大汽配"产业的理念，把单一的火花塞产品改变为一个以汽车刹车系统、汽车点火系统、火花塞、特种陶瓷等为主体的系列汽车零部件及其机电产品体系。

为实现产业整合目标，德隆收购湘火炬后展开一系列收购整合行动：收购新疆机械进出口公司，拓宽国外销售渠道；收购美国最大的刹车片进口商MAT公司及其在中国的9家合资公司的75%股权，从而获得美国汽车零部件进口市场15%的份额；通过与美国EATON公司、CATERPILLAR公司合作从事变速箱OEM业务，为EATON公司和CATERPILLAR公司提供配套服务；与德国知名铸造公司EB合作引进技术、管理，以联合投资形式，整合中国精密铸造业，从而参与国际汽车零部件制造业。

此外，从 2002 年 7 月开始，湘火炬投入巨资进军汽车整车领域。2002 年 7 月出资 3600 万元与东风汽车合资成立东风越野车公司，占注册资本的 60%。2002 年 9 月，湘火炬与陕西汽车集团合资成立陕西重型汽车有限公司（注册资本 4.9 亿元），湘火炬以现金出资 2.5 亿元，占注册资本的 51%。2002 年 12 月，湘火炬与重庆重汽集团合资组建重庆红岩汽车有限责任公司（注册资本 5 亿元），湘火炬以现金方式出资 2.55 亿元，占注册资本的 51%。

经过上述整合，湘火炬不仅使传统的火花塞等产品在国内的市场占有率达到 40%，同时也成为中国对美汽车刹车片的最大出口制造商。公司净利润从 1996 年末的 164 万元增长到 8585 万元，增幅达 5219%。

德隆的并购战略方法论

1. 战略规划能力

德隆通过与麦肯锡、罗兰贝格等国际一流咨询公司合作，确立了"致力于投资中国传统产业，通过选择几个传统产业进行整合来创造中国传统产业的新价值"的总体发展战略。德隆收购企业后，帮助传统产业在技术创新、产业组织及开拓国际市场方面取得突破，使被收购企业短期内业绩大幅增长。

2. 一流的资源整合能力

德隆收购的企业一般都是行业内的优质企业，德隆成功收购这些优质企业必须具有一流的整合能力。德隆的整合能力来自一大批高层专家的劳动成果和智慧结晶，这在当时是最为重要的无形资产，而德隆又掌握着这些最为先进的智力资源，是那个时期最适合成为投资者和组织者的人选，也理所应当成为众多资源的所有者和支配者。经过对一个又一个行业的产业资本整合，德隆通过并购获得的利润已经不再是工业利润或商业利润那么简单，而是整合出来的利润。

德隆收购传统产业的企业后，会拿出"三板斧"，分别在技术创新、产业组织及开拓国际市场方面实现突破。如果仔细研究德隆为何可以短期为所并购的企业带来增长，我们又可以发现下面四个特点。

第一，原企业的闲置生产能力得到充分利用。不得不承认的是不少企业在德隆兼并以前，生产能力根本没有充分利用。德隆进入后，打破了铁饭碗，形成了人才竞争机制。

第二，从源头上掐断了不顾后果的竞争，减少了不正当降价的损失。就拿新疆屯河和天山股份来举例子，这是两家旗鼓相当的大型水泥上市公司，相距不到50公里。双方的互不相让，导致了恶性竞争。德隆控股屯河后，将屯河的水泥厂卖给天山股份，用卖得的资金再收购天山母公司的股权，进而实现了对两家上市公司的控股。获得控股权后，德隆集团让天山股份重点发展水泥，屯河股份重点发展红色产业，结束了恶性竞争局面，避免了价格损失，被控股的企业每年增加收益3000多万元。

第三，控制销售网络，尤其是国外的销售网络。中国产品卖给外国销售商的价格是10元、20元，而外国经销商在美国市场可能卖到90元、100元。苦力收入与带品牌的收入之间有个巨大鸿沟，主要原因是人家一方面拥有销售网络，另一方面拥有品牌。德隆通过与海外公司合作的方式间接控制了品牌，也顺便成为销售网络使用者。中国的很多产业当时皆是如此，德隆发现了重大机会，比如中国的电动工具在数量上占全球的70%，利润只占不到1%，就在于没有自己的销售网络，也没有品牌。如果加以整合，就可以使得全行业利润达到70%。

第四，传输最优秀理念。在目标行业内选择一两家最优秀的企业作为兼并对象，然后通过整合这一两家企业实现对整个行业的整合，使得最优秀的企业的管理模式在行业内得以推广。如合金投资兼并星特浩，再通过星特浩对电动工具行业进行整合。

总之，我们一直所说的协同效应，德隆有自己独到的理解。再回到本书刚才说到的并购动机和打法，德隆无非是做到了对被并购企业进行资产补充，以达到最佳规模经济的要求；对被兼并的同类企业进行生产能力的整合，使产品生产工序更加专业化，资源配置更加优化；对被兼企业进行组织结构调整，减少管理层次，降低管理费用；将被兼并企业的科研开发进行集中，提高科研工作的效率。所有这些都会产生 1+1>2 的效果。由此增加的效益，就是协同收益。

3. 追求先进管理模式

德隆最看重的资源是"管理模式"，其实和巴菲特倡导的理念类似。德隆在投资进入某一新的行业时，选择收购或合作对象有两条标准：最优秀的企业和最优秀的企业家。通过收购这个行业最优秀的企业，获得全球最成功的管理模式和管理经验，并用他们的管理模式对被并购企业实施管理。

德隆也会借鉴国外的先进管理模式，并且真心实意在学，不是把这些管理经验当做可有可无的摆设。在收购一家企业后，德隆在战略管理方面主要做三件事：一是为被收购企业制定一个三到五年发展规划；二是制定企业发展的年度计划；三是为被收购企业培养一个高管团队。德隆要求各战略单位每月制定一个战略报告、一个预算报告和一个财务报告。每一个子公司的 CEO 都要按时到总部确认业绩，出现 5% 的误差，总部就帮助找原因，做偏差分析；出现 20% 的偏差，总部就要强行接管。

伟大的并购战略，往往是和国家战略紧紧捆绑在一起的。德隆出现的意义，对于中国的并购界是一次伟大尝试。德隆具有深刻了解中国国情的基础，同时又不断提升自己的全球战略眼光和跨国管理经验，成为那个时期中国最大的并购者。

> 配置二：融资能力直接决定地位，制片人才是剧组幕后大BOSS

融资：并购需要持续输血

制片人在大戏制作中显然是个操碎心的角色，其不光要决定主要演员和导演的人选，还要负责剧组其他环节的统筹。当然这些都是制片人的主要技能，不过其核心大招，是筹资能力。只有筹到了钱，前面所说的各项工作才能展开，而没有资金，一切都成了无源之水，无本之木。同样，没有资金，也没有办法开展并购。融资能力是并购成功的重要保证。

任何企业进行生产经营活动都需要资金，并购往往需要更为巨额的资金。融资能力的大小往往关乎企业存亡，也关乎着并购的成败。下面就为你彻底讲述融资、融资之前你需要考虑的问题，以及融资当中手段的选择。

融资前你需要考虑这些

企业采用的并购融资方式对并购成功与否有着直接影响，在融资方式的选择上需要综合考虑。在融资之前，不妨先静下心来，将下面的问题考虑清楚。

1. 融资成本

要明确的是，任何资金的取得、使用都是有成本的，即使是自有资金，也存在机会成本。

企业并购融资成本的高低会影响到企业并购融资的取得和使用,企业并购活动应选择融资成本低的资金来源。否则,将违背并购的根本目标,损害企业价值。

在这方面,考虑了融资顺序的优序融资理论说得很清楚。该理论认为,企业融资应先内部融资,后外部融资;在外部融资中应优先考虑债权融资,不足时再考虑股权融资。从内部融资,到债权融资,再到股权融资是一个成本越来越高的递进过程。

上面提到的内部融资主要是使用企业经营产生的利润作为并购的资金来源,而非向企业的股东或者其他投资者发行股份或者获得其他资本。更广义上的内源融资来源于:收购方企业自有资金的使用;收购方集团母公司资金的支持;实际控制人对收购方企业的增资或借款等。

国有企业的海外并购活动中,内源融资是一项重要的筹资来源。例如,2005年中海油并购美国尤尼科时使用了逾30亿美元的自有资金,其股东提供了25亿美元的次级过桥融资。内部资本也是民营企业缓解海外融资约束的首选路径。例如,三一重工收购德国"大象"普茨迈斯特时,大部分并购资金来自企业内部,仅有10%的资金由中信产业基金提供。

内部融资说白了就是不依靠外部杠杆,优势不必多说。但企业并购交易所需资金往往是巨大的,如果企业资金量充裕,那也就不需要讨论融资问题了。同时,完全依靠内部融资享受不到杠杆带来的便利,并不见得就是成本最低,或许还会令企业丧失很多机会。所以内源融资应该被视为与外源融资共同实现融资目标的手段,完全依靠内部融资的并购不是本部分讨论的重点,在此不再赘述。

2. 融资带来的财务风险

融资风险是企业并购融资过程中不可忽视的因素。并购融资风险可划分为并购前融资风险和并购后融资风险，前者是指企业能否在并购活动开始前筹集到足额的资金保证并购顺利进行；后者是指并购完成后，企业债务性融资面临着还本付息的压力，债务性融资金额越多，企业负债率越高，财务风险就越大。同时，收购方企业还应考虑该项投资收益率是否能弥补融资成本。如果企业并购后，投资收益率小于融资成本，则并购活动将损害企业价值。

3. 对资本结构的影响

并购融资必须要考虑各种资金来源，考虑中长期债务与所有者权益之间的比例关系，企业并购融资方式将影响企业的资本结构，并通过资本结构影响公司治理结构。较好的股权与债权的合理配置，是公司治理结构良性运转的表现。因此，企业并购融资时需考虑融资方式给企业资本结构带来的影响，根据企业实力和偏好选择适当的融资方式。

4. 融资时间长短

收购方企业筹集并购所需资金时间的长短也会影响并购交易的成败。在面对有利的并购机会时，收购方及时便捷地获取并购资金有利于并购的成功进行；反之，融资时间过长，可能失去最佳并购机会。在我国，通常获得商业银行信贷时间比较短，而发行股票融资面临严格的资格审查和上市审批程序，所需时间较长。

国内并购融资手段知多少

融资手段无好坏之分

并购方完成并购需要大量的资金，大部分企业均需要外部融资手段来为并购持续输血。上一部分讨论了并购融资的四个考虑要素，我们通过两张图来帮

戏说并购

读者理解不同融资手段在这四个限制要素下会对公司带来的影响。

如图6-1所示，从时间上而言，债务融资相对股权融资会快一些，综合成本上债务融资也是低于股权融资的。债务融资只需要还本付息，不需要出让公司股权，改变公司的股权结构。

如图6-2所示，因为还本付息的财务压力，债务融资明显无法跟股权融资相比，而且，债务融资会直接影响公司的资产负债比。

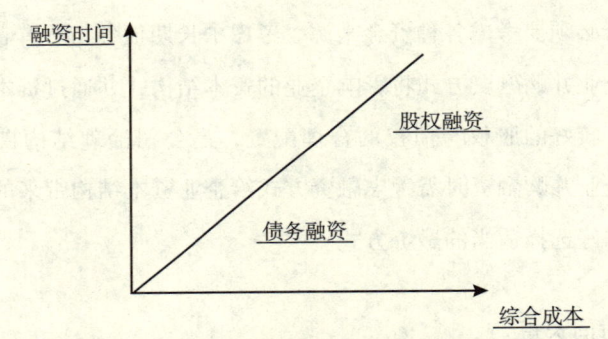

图6-1 债务融资与股权融资在融资时间和综合成本上的不同

资料来源：笔者自制

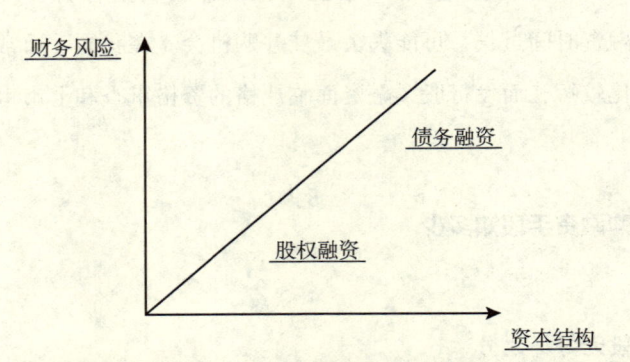

图6-2 债务融资与股权融资在财务风险和资本结构上的不同

资料来源：笔者自制

综合图 6-1 和图 6-2，我们无法武断地下结论哪种类型的融资更好。因为各种融资手段也会受宏观经济形势和微观市场环境的影响。比如，宏观经济较好的时期，融资相对容易，并购标的未来也能产生稳定的现金流。在这种情况下，对于买方来说，还本付息压力就小，债务融资是优于股权融资的。

此外，对于业务多元化的大型集团而言，融资部门与投资部门相分离。那么在这种情况下，融资部门无需考虑具体的资金用途，只需要在限定条件下，利用集团的征信条件和评级水平，灵活配合资本市场手段，尽可能为集团储备充足的子弹就可以了。这和中小企业融资、投资需要通盘考虑的角度是不大相同的。

考虑到本书的读者群体大部分为中小企业，本书将从三个维度为读者介绍并购活动中可用的花样繁多的外部融资手段。(1) 股权融资：吸收直接投资、定向发行、优先股；(2) 债权融资：股权质押贷款、并购贷款、公司债和企业债、过桥资金；(3) 其他融资方式：可转换债券、可交换债券、ABS、卖方融资。

股权融资方式

1. 吸收直接投资

吸收直接投资如果用法律用语精确表示就是指，企业按照"共同投资、共同经营、共担风险、共享利润"的原则来吸收国家、法人、个人、外商投入资金的一种筹资方式，投入资金的国家、法人、个人、外商相应成为企业股东。

简单来说，吸收直接投资就是找投资人给你投钱，这也是我国大多数非股份制企业筹集资本金的主要方式。吸收直接投资所筹资本属于股权资本，没有固定的到期日，不需要偿还股本。吸收的直接投资是永久性资金，对保证企业最低的资金需求有重要意义，而且吸收直接投资没有固定的股利负担。因此与债务资本相比，它能提高企业对外负债的能力。你吸收的直接投资越多，举债能力就越强。

吸收直接投资可以筹集现金，也可以直接取得企业所需的先进设备和技术。比如，吸收专利技术可直接用于生产，从而避免购买这一无形资产的繁杂手续。

不过，吸收直接投资使公司的股权结构发生巨大变化，稀释了股东对公司的控制权。股权资本需要参与公司利润分红，而分红来自企业税后利润，导致股权融资成本一般高于债权融资。这也就是一些业绩好的企业倾向于举债的原因。另外值得注意的是，在产权关系不明确的情况下吸收直接投资，容易产生产权纠纷，同时，流动性较差的股权一般不利于吸收直接投资。

站在投资人的角度看，近些年风险投资在我国迅猛发展，很多投资基金一般以 3~5 年为限，力求在一定期限内谋求直接投资资金的退出，那种可以陪伴中小企业很多年成长发展的战略投资可遇不可求。因此，中小企业家在筹集并购融资时，应做好长远规划，充分考虑投资人的未来退出问题。

2. 定向发行

定向发行募集资金是上市公司和新三板挂牌公司广泛采用的融资手段。以新三板市场为例，根据全国股转公司发布的数据，从 2014 年至 2016 年，新三板定增规模呈现井喷式增长，实际融资金额由 2014 年的 132 亿元增长到 2016 年的 1391 亿元。不过受宏观经济影响，新三板 2017 年定增规模有所回落，实际融资金额仍维持在 1324 亿元，2018 年新三板定增继续低迷，实际融资额仅为 2017 年的一半。

上市公司定增融资规模自 2014 年至 2016 年也呈现井喷式增长，不过监管约束随之而来。根据 2016 年修订的《关于上市公司发行股份购买资产同时募集配套资金的相关问题与解答》规定，上市公司发行股份购买资产过程中，募集配套资金不允许补充流动资金和偿债。随着2017年证监会再融资新规的发布，定增融资规模整体大幅缩减。

再融资新规主要从融资规模、融资周期等方面对上市公司定增行为进行了限定。例如，上市公司申请非公开发行股票的，拟发行的股份数量不得超过本次发行前总股本的20%；上市公司申请增发、配股、非公开发行股票的，本次发行董事会决议日距离前次募集资金到位日原则上不得少于18个月。

此外，随着市场环境的变化，2018年10月22日，证监会发布最新修订的《关于上市公司发行股份购买资产同时募集配套资金的相关问题与解答（2018年修订）》规定，募资可以用于支付本次并购交易中的现金对价，支付本次并购交易税费、人员安置费用等并购整合费用和投入标的资产的在建项目建设，也可以用于补充上市公司和标的资产流动资金、偿还债务。募集配套资金用于补充公司流动资金、偿还债务的比例不应超过交易作价的25%；或者不超过募集配套资金总额的50%。

新三板定向发行规则也在不断优化调整。2018年10月26日，中国证监会发布的相关法律适用意见规定，新三板挂牌公司重大资产重组中发行股份购买资产发行人数不再受35人限制，并允许不符合股票公开转让条件的资产持有人以受限投资者身份参与认购。另外，除法定限售外，新三板定增不设锁定期，定增股票上市后可直接交易，避免了锁定风险。

根据股转公司最新发布的关于挂牌公司定向融资的相关规定，新三板企业定向发行股票融资，在总金额不超过1000万元的情况下，一年之内只需召开一次股东大会通过，之后由董事会分次实施即可。该授权发行制度推出后，挂牌公司小额融资内部决策时间可以缩短15天以上，大约20%挂牌公司的融资需求可以通过授权发行方式实现。

3. 优先股

优先股是企业为某些获得优先特权的投资者设计的一种股票。优先股是企业权益资本的一部分，但是不享有公司控制权，享有优先索偿权，这个特征类似债券。优先股虽然没有固定的到期日，不用偿还本金，但往往需要支付固定的股利，成为企业的财务负担。

目前，只有上市公司和新三板企业可以发行优先股，其中，上市公司可以公开发行优先股，也可以非公开发行优先股；而新三板企业只能非公开发行优先股。

优先股的优点可以概括为两点：（1）可以将融资成本固定下来，并防止股权分散；（2）优先股可以帮助企业获得长期资金，融资成本相对于负债而言是非强制性的，不支付股利不会导致企业破产。

对于投资者而言，优先股的收益往往不如普通股，且风险往往比债券要高。所以企业发行优先股融资，如何说服投资者购买是一个难点。另外，优先股的税收成本比负债高。

债权融资方式

1. 股权质押贷款

上市公司和新三板企业可以将股权作为质押物质押给银行而获得银行贷款。银行在确定股权质押比例时，一般会根据公司的经营情况、每股净资产值、行业性质及流动性等因素，与借款人协商确定。一般情况下，企业获得股权质押贷款，需满足近几年盈利、没有重大负面消息及相关涉诉、企业征信情况良好等条件。

由于上市公司经营情况、信用情况及股票流动性较好，股权质押贷款已成为上市公司获得银行贷款的主要方式。一般来说，上市公司通过股票质押获得贷款的额度为其所质押股票市值的4~7折之间。具体到质押标的，流通股优于限售股，主板股票、中小板股票优于创业板股票。

不过这种融资方式需要特别注意，由于股权作为质押物其价值受股票二级市场波动影响较大，一旦上市公司所质押的股票价格触及市值警戒线，就必须追加质押物或保证金，不能暂时追加的将面临所质押的股票被强制平仓的风险。例如2018年上市公司股权质押爆仓风险集中爆发，很多上市公司由于无法按规定追加质押物或保证金，导致股票价格进一步暴跌，从而给予潜在收购方低价收购上市公司控制权的机会。据媒体不完全统计，2018年初至10月底，上市公司实际控制人变更76家，其中近22家的接盘方为国有企业。

2. 并购贷款

并购贷款，即商业银行向并购方企业或并购方控股子公司发放的，用于支付并购股权对价款项的本外币贷款。并购贷款是商业银行针对境内优质客户在改制、改组过程中，有偿兼并、收购国内其他企事业法人、已建成项目及进行资产、债务重组中产生的融资需求而发放的贷款。

并购贷款是一种特殊形式的项目贷款。并购贷款作为并购活动中重要的融资方式之一，在世界各国公司并购中发挥重要作用，并在最近10多年来得到了迅速发展。例如，美国商业银行并购贷款，其参与形式多为搭桥贷款或银团贷款。在采用杠杆收购的并购交易中，并购方企业自有资金仅占并购总金额较小份额，一般仅为1/10左右，而剩下大部分资金则采用银行等金融机构贷款及垃圾债券发行等方式筹集。据相关数据，通过财务杠杆筹措资金的美国企业，其大致的资本结构为：股本占比5%~20%，垃圾债券占比10%~40%，银行贷款占比高达40%~80%。

国际上几次大的并购浪潮，推动了并购贷款业务的快速发展。随着并购规模与并购速度的不断增大与提高，巨大的并购资金需求已不能单单依靠某一家商业银行，这些诉求逐渐生成了国际银团贷款繁荣发展的土壤。

中国企业也有使用并购贷款的案例。例如，2016年百合网收购世纪佳缘之时，就通过向招商银行申请合计16亿元的并购贷款获得并购资金。

2008年12月9日，中国银监会发布《商业银行并购贷款风险管理指引》，其基本原则是，既要在最大程度上满足市场需求，又要有利于商业银行控制贷款风险。后来在2015年3月12日，中国银监会发布了最新的《商业银行并购贷款风险管理指引》（简称"新指引"），核心在于优化并购融资服务，将担保的强制性规定修改为原则性规定，要点包括：

（1）并购贷款期限由5年提升至7年，并购贷款在并购交易总金额的占比上限由50%提高至60%。

（2）并购贷款重点支持的并购类型为战略性并购，即收购人与被收购公司之间具有较高的产业相关度或战略相关性，收购人通过并购能够获得被收购公司的研发能力、关键技术与工艺、商标、特许权、供应或分销网络等战略性资源以提高其核心竞争能力。而以获得短期投资收益为目的的财务性并购不是商业银行并购贷款支持的方向。

（3）支持海外并购。新指引明确支持商业银行对我国企业在海外并购项目中给予贷款："银行业金融机构要不断优化并购贷款投向，大力推动化解产能过剩，助力技术升级，积极促进有竞争优势的境内企业走出去，助推企业提升跨国经营能力和产业竞争力，实现优势互补、互利共赢。"

（4）并购贷款支持的领域和行业：

- ✓ 传统产业供给侧结构性改革：对于水泥、钢铁、纺织、平板玻璃、多晶硅、风电、煤化工等产能过剩行业，同时又是并购业务发生较为频繁的行业，优先支持其行业龙头企业的横向产业整合及纵向产业链整合并购。例如，浦发银行南昌分行2016年向江西省内水泥龙头企业江西南方水泥有限公司发放7.02亿元并购贷款，用于整合省内水泥产能；

- ✓ 战略性新兴产业，如节能环保、新兴信息产业、生物产业、新能源、新能源汽车、高端装备制造业和新材料等行业的并购。例如，中国银行、工商银行无锡分行联合中行新加坡分行等4家境外机构，为长电科技并购新加坡星科金朋项目提供1.2亿美元银团贷款，并购后，长电科技核心专利和先进技术覆盖芯片封测中高端领域，处于行业领先地位；

- ✓ 一带一路与国际产能合作，支持国家重点工程建设领域的并购，包括国家重点高速公路、城市轨道交通、重点城际高铁、干线铁路、水利工程、煤运通道、城市电网改造、电力输送通道等领域。例如，工行河北分行2016年提供并购贷款2760万欧元支持河钢并购塞尔维亚斯梅代雷沃钢厂；

- ✓ 上市公司注入优质资产：这类投向一直是上市公司并购重组的重要主题之一，可避免同业竞争，促进控股股东的优质资产整体上市，2016年兴业银行给予厦门港务集团石湖山码头有限公司并购贷款额度3.01亿元，用于支持A股上市公司厦门港务向母公司港务控股收购石湖山码头公司51%股权；

- ✓ 城市更新改造建设：工行广东省分行营业部通过润南花园并购项目运作并发放并购贷款3.5亿元，有力支持了广州市区优质地段的城市更新改造建设；

- ✓ 跨境并购交易：浦发银行通过自贸区股权基金并购贷款创新试点，对注册在自贸区内的股权投资基金发放并购贷款，同时，利用境内资金、离岸资金或者FT账户资金，实现资金来源多元化和可跨境使用。

3. 公司债和企业债

债券代表的是一种债权和债务之间的契约关系，明确规定债券发行人必须在约定的时间内支付利息和偿还本金。这种债权债务关系给予了债权人对企业收益的固定索取权，对公司财产的优先清偿权。

我国债券按发行主体划分如下：

（1）政府债券，政府债券是政府为筹集资金而发行的债券。主要包括国债、地方政府债券等，其中最主要的是国债。

（2）金融债券，金融债券是由银行和非银行金融机构发行的债券。在我国目前金融债券主要由国家开发银行、进出口银行等政策性银行发行。

（3）公司（企业）债券，在国外，没有企业债和公司债的划分，统称为公司债。

企业债券是按照《企业债券管理条例》规定发行与交易、由国家发展与改革委员会监督管理的债券，在实际中，其发债主体为中央政府部门所属机构、国有独资企业或国有控股企业，因此，它在很大程度上体现了政府信用。

公司债券管理机构则是中国证券监督管理委员会，发债主体为按照《中华人民共和国公司法》设立的公司法人，在实践中，其发行主体为上市公司或非上市公众公司，其信用保障是发债公司的资产质量、经营状况、盈利水平和持续赢利能力等。公司债券在证券登记结算公司统一登记托管，可申请在证券交易所上市交易，其信用风险一般高于企业债券。其主要包含了这样几类：非公开和公开发行的债券、向合格投资者公开发行的债券、可转债、可交换债等。

从中国整体债券市场来看，占比最大的是国债以及地方政府债，占比在三成左右；其次是金融机构发行的金融债，占比三成左右。政府债、金融债合计超过七成，剩下的二成多为企业债和公司债。

债券融资的优势，一是相对于银行贷款，债券融资成本更低、利率更加市场化；债券融资拓宽了企业的融资渠道，减少了对银行贷款的依赖。二是相对于股权融资，债券融资不会稀释股权，信息披露成本相对较低。

4. 过桥资金

过桥资金的说法有点江湖气，其实这是一种短期资金的融通方式，简单理解就是为了拿到长期贷款的一个桥梁，是过渡期使用的资金。提供过桥资金的目的是通过过桥资金的融通，达到与长期资金对接的条件，然后以长期资金替代过桥资金。

过桥资金有如下三个特点：（1）期限短。通常不超过六个月。（2）资金成本高、含金量高。对于资金运作而言，对使用方相当重要，起支撑和撬动的作用；资金使用急迫性强，抵押物一般不充足，因此实际操作中利率一般上浮50%~250%。（3）有后续资金替代，风险较易控制，反之则相反。

【案例】

在华融资产管理公司推动德隆系重组的过程中，就使用了过桥资金。2004年11月9日，为维持德隆系部分有效益的企业正常生产经营，推动重组工作顺利进行，华融资产管理公司向德隆系的ST屯河和天一实业这两家实业企业发放了总额为2.3亿元的过桥贷款。此次华融公司向ST屯河提供2亿元流动资金过桥贷款，专项用于甜菜收购；向天一实业提供3000万元流动资金过桥贷款，专项用于亚麻收购。这两笔过桥贷款的发放不仅有利于维持德隆系的两家企业正常生产经营，推动德隆系重组工作的进一步开展，而且有利于盘活德隆系企业的现有资产，提高资产营运质量和运作效率，使其重获新生，同时也有利于保护已经签署收购协议的几万户农户的切身利益，对于维护当地社会稳定具有十分重要的意义。

其他融资方式

1. 可转换债券

可转换债券是指一定时期内能转换成公司股票的债券，其兼具债权性和股权性。如果投资者从购入可转换债券到债券到期日，均不选择转换为股票，那么可转换债券就是一份纯粹的债券，投资者可以按照票面记载的利率和期限收取本息；如果投资者在指定的转换日选择进行转换，那么可转换债券就从纯粹的债券变为了纯粹的股票，投资者身份也从原来的债权人变为了公司的股东。

可转债，归根结底是"股"，所有可转债发行公司的终极目标都是消灭可转债，把债主变股东。债主，是管他借钱，而股东是掏钱购入公司股票的人，和你一条船，可转债的设计类似从借一个人的钱到把这个人拉上你的船。

可转债最大特色在于是"可转换股票"，转股价也即用什么价格转换为股票，无疑是最重要的指标。可转债是一个可以加入设计的融资方式，灵活性较高，公司可以使用"下调转股价条款"使得转股价维持在一个合理范围，公司可以通过设计可转债来寻求最佳资本结构。对于投资者来说，可转债较容易受追捧，所以可转换债券融资的报酬率一般很低，这样也大大降低了公司的筹资成本，等于是为公司提供了稳定、长期的资本供给。但是需要注意的是，可转债受股价影响较大，一般来说，公司股价上涨的时候，这种危机才会发生。当股价大大高于转股价格时，投资者可以低价转成股票，在这种情况下，发行可转换债券融资就令公司蒙受了一些损失。但是考虑到公司股价上涨，以及公司可以采取"强制赎回条款"来锁定这种风险，可转债绝对不失为一种不错的融资方式。

前文提到，由于上市公司再融资新规的影响，定增作为募资途径其"门槛低、灵活度高"的优势逐渐褪去。与此同时，可转债被视为定增的替代品受到部分上市公司的热捧。自再融资新规出台后，仅 2017 年第一季度国内可转债发行总额达 307 亿元，远超 2015 年 171 亿元和 2016 年 213 亿元的规模。发行可转债融资相比定增具有发行无锁定期、审核通过率高等优点。

2. 可交换债券

可交换债券（Exchangeable Bond，EB）与可转换债券虽然一字之差，性质上却存在着天壤之别。可交换债券是指上市公司股东通过抵押其持有的股票给托管机构而发行的公司债券。该债券的持有人在将来的某个时期内，能按照债券发行时约定的条件用持有的债券换取发债人抵押的上市公司股权。

可交换债券的特点如下：

（1）可交换债券和其转股标的股分别属于不同的发行人，一般来说可交换债券的发行人为控股母公司，而转股标的股的发行人则为上市子公司。

（2）可交换债券的标的为母公司所持有的子公司股票，为存量股，发行可交换债券一般并不增加其上市子公司的总股本，但在转股后会降低母公司对子公司的持股比例。

（3）可交换债券给筹资者提供了一种低成本的融资工具。由于可交换债券给投资者一种转换股票的权利，其利率水平与同期限、同等信用评级的一般债券相比要低。因此即使可交换债券的转换不成功，其发行人的还债成本也不高，对上市子公司也无影响。

可交换债券的功能主要为两方面：

（1）融资：可交换的债券发行人可以是非上市公司，所以它是上市公司股东筹集资金的有效手段；

（2）减持：上市公司股东可以通过发行可交换债券有序减持股票，同时避免因大量减持致使股价受到冲击。

可转换债券与可交换债券具有"一字之差"，二者既有共性，也有个性。

相同之处：（1）要素类似：都包括票面利率、期限、换股价格和换股比率、换股期等；（2）对投资者来说，都持有标的上市公司的可转换债券，投资价值与上市公司业绩相关，且在约定期限内可以以约定的价格交换为标的股票。

不同之处：（1）发债主体和偿债主体不同：可交换债券是上市公司的股东；可转换债券是上市公司本身；（2）所换股份的来源不同：可交换债券是发行人持有的其他公司（一般是下属上市公司）的股份；可转换债券是发行人本身未来发行的新股；（3）可交换公司债券换股不会导致标的公司股本变化，也无摊薄收益的影响；可转换债券转股会使发行人的总股本扩大，摊薄每股收益。

3. ABS

ABS 即资产证券化，是指以基础资产未来所产生的现金流为偿付支持，通过结构化设计进行信用增级，在此基础上发行证券融资。

在我国资产证券化市场中，主要分为央行和银监会主管的信贷资产证券化（信贷 ABS）、证监会主管的企业资产证券化（企业 ABS）以及交易商协会主管的资产支持票据（ABN）三种。就业务实践来看，企业 ABS 一枝独秀，2016 年发行量已经一跃超过了信贷 ABS。

企业 ABS 大受市场欢迎，其主要优势有：

（1）相对于股票融资，不会稀释股权，成本较低；相对于债权融资，不占用贷款和发债额度，募集资金用途一般不受限制，产品发行受市场行情波动影响较小。

（2）产品债项评级与原始权益人评级分离，进而通过内外部增信措施大幅提高产品的最终评级。

（3）受政策影响小：例如 2016 年以来的房地产行业融资渠道陆续受阻，

ABS 以及 REITs 产品扩展了企业的融资渠道。

4. 卖方融资

企业并购中不一定都是买方融资，有时候卖方为了出售资产也可能愿意以低于市场利率为买方提供所需资金。这种安排也是合理的，只有当买方在完全付清贷款以后才得到该资产的全部产权，如果买方无力支付贷款，则卖方可以收回该资产。

比较常见的卖方融资是分期付款方式购买目标企业，即双方完成并购交易后，购买方不全额支付并购价款，而只是支付其中的一部分，在并购后若干年内再分期支付余额。但分期支付的款项是根据被收购企业未来若干年内的实际经营业绩而定，业绩越好，所支付的款项则越高。

海外并购融资之道

对于一些开展海外并购的大型企业而言，除了国内的融资手段，还有不少海外融资渠道可用。海外融资相对于国内融资，其融资结构更加复杂，融资方式更加多样。伴随国际化的加剧和中国金融改革开放步伐的加快，国内企业应紧随潮流和趋势，了解并运用这些融资手段：

1. 海外发行股票

发行股票融资是发达国家并购融资的重要路径，近年来也成为我国企业海外并购的融资方式之一。其中，发行股票融资又可以分为公开发行股票与非公开发行股票，而非公开发行股票的融资方式在我国海外并购中较为常见。例如，2016 年 9 月 28 日，商务部批准了首旅酒店向 Smart Master International Limited 等境外机构非公开发行股份事项。

在发行价格具有吸引力的情况下，发行股票融资的方式相对可以保证融资的资金量，也可以吸引更多投资者的参与。另外，若以发行股票的方式融资，还不会增加并购企业的债务负担。但是，海外发行股票的弊端也非常明显：首先，发行股票融资的周期较长，需要并购企业预先谋划；其次，发行股票必然受到证券监管部门的监管，能否获得发行审批具有极大的不确定性；最后，在发行股票融资时，发行申请顺利获批并全部发行，但交易完成后可能导致公司的股权结构发生变化，为并购企业的长期经营带来潜在风险。

2. 发行国际债券

国际债券指跨国公司为筹集资金在国际债券市场上发行的债券。跨国公司可以在不同的国家发行不同的币种债券，国际债券具有手续简便，筹集资金量大等特点。发行国际债券作为企业融资的重要渠道，近些年来发展得越来越迅速。例如，2009年9月，吉利汽车宣布与高盛集团旗下私募基金 GS Capital Partners VI Fund, LP（GscP）签署协议，向后者定向发行 25.86 亿港币（约合 3.3 亿美元）的可转换债券和认股权证，所得资金将主要用于收购沃尔沃。

万达在过去的数年中，发过数支美元与人民币债券。其中在 2014 年，万达商业地产公司通过境外子公司 Wanda Properties International Co. Limited 在海外成功发行 6 亿美元 10 年期美元债券，加上首次发债，该企业在短短 3 个月内已经成功在海外发债达 12 亿美元。

3. 国际贷款

几乎所有中国企业的海外并购交易均采取了银行贷款融资方式，银行贷款是最重要的并购资金来源。商务部国际贸易经济合作研究院、国资委研究中心发布的《中国企业海外可持续发展报告（2015）》显示，在被调查的中资企业中，海外并购融资渠道上，57%选择了境内金融机构（如中国进出口银行、国家开发银行等），有 25%选择境外机构（如世界银行、非洲开发银行等）。

例如 2016 年的两笔中资企业的海外收购中，中国化工以 430 亿美元收购先正达，即有国内外 17 家银行组成的财团提供融资，银行贷款金额约 330 亿美元；腾讯 86 亿美元收购游戏开发商 Supercell，有 35 亿美元是国内外多家银行提供的贷款。

"内保外贷"则是中资企业常用的贷款方式，即由境内的主体为境外的借款人做担保，一旦境外的借款人无法偿还国外的债务，境内的担保人就要履行担保义务。例如，山东黄金集团并购阿根廷贝拉德罗金矿项目 50% 权益即采用了"内保外贷"，该交易已于 2017 年 6 月 30 日交割完毕。据山东黄金公告显示，此次交易的融资方式为境外银行贷款，合计不超过 12.6 亿美元。上述境外贷款拟由相关境内银行以其开立的备用信用证、授信额度安排与切分函及保函作为担保，公司拟为相关境内银行提供保证金质押担保、连带责任保证担保以及公司持有山东黄金香港公司的全部股权的质押担保。

利用国际银行贷款进行并购的最大好处，是能在较短的期限内满足海外并购对大额资金的需求。相比发行有价证券融资，银行贷款的手续方便快捷，程序简单、效率较高。选择国际银行贷款融资的主要弊端，主要是收购方企业短期内背负大量债务，巨额贷款所产生的利息对收购方企业是不小的负担。

4. 设立海外基金

海外投资基金是指跨国公司在国外成立一个投资基金公司或者基金项目，向海外的投资者募集资金。海外投资基金以开放型为主，可以公开发行销售，有利于跨国公司企业快速融资，并且具有成本较低，容易募集等优点。

并购基金：火箭助推器

在并购活动的外部融资手段中，设立并购基金是一种颇为有效的手段。收购方引入第三方资金共同设立并购基金时，第三方资金一般为收购方企业自有资金 4 倍左右甚至更多。通过设立并购基金可以充分发挥资金杠杆的乘数效应，更加迅速高效地进行同行业或者上下游公司的整合扩张。

并购基金本质上是私募股权投资基金的一种，又称 Buy – out Found，其运作路径大致为：首先判断目标企业是否具备投资收购价值，对符合条件的目标公司以并购基金为主体获得其控股权，然后对目标公司进行整合处理（如业务分拆、方向调整、团队调整、转换资本市场等），当目标公司价值获得提升后，将公司股份溢价卖出并从中获利。

并购基金的主要盈利点，一是找到具有发展潜力的标的，参与其成长，也就是当下流行的所谓"赋能"，使得小树苗成长为参天大树，分享其成长收益；二是寻求资本市场退出途径，获得流动性溢价和估值溢价。

一对儿好 CP（搭档）

目前，国内设立并购基金的需求主要来自上市公司。一方面，上市公司经常希望放大杠杆进行对外收购，而并购基金恰好可以帮助上市公司解决放大杠杆所需要的资金问题；另一方面，投资机构经常苦于找不到好的投资标的，上市公司的参与可以帮助并购基金找到好的投资标的，同时，被并购标的未来如果装入上市公司，还解决了并购基金退出的问题。

并购基金在海外已经成为资本市场常见的融资工具，其成功与否的衡量标准往往不是其退出方式，而是其价值发现和培育价值成长的能力。而在中国，并购基金往往更关注退出问题，主要原因是基金退出的证券化收益是其最主要的收益来源，且收益溢价程度非常高。

所以在实践中我们会看到，上市公司和并购基金 CP 感满满。并购基金负责搜寻、筛选、投资或并购符合上市公司产业发展战略的项目；投资后，由并购基金协同上市公司进行业务整合和管理，并在合适时机通过资产注入方式纳入上市公司体系内。到退出的时候，一般而言，上市公司有优先收购权利，且被上市公司收购是主要的退出方式。至此，并购基金实现一级市场投资收益，上市公司获得优质资产注入，提升公司价值，各取所需，各得其所。

两种"恋爱"模式

结构化基金

上市公司设立并购基金一般分为两种模式，即结构化基金和非结构化基金。两种模式区别的关键在于"结构化"，如何理解"结构化"呢？一般而言，基金的收益分配是以出资份额为基准进行分配的，而"结构化"安排不以出资份额为分配准则，而是另行用协议约定：优先级、中间级、劣后级分别享受不同的收益安排。例如，如果投资大获成功，保本不存在问题，那么收益这块是劣后级拿大头；如果投资失败，优先级可以拿回本金，中间级享受本金补偿，这些补偿义务由劣后级承担。

如图6-3所示，结构化基金通常的结构安排为：上市公司出资作为基金的劣后级，投资机构出资作为夹层（或中间级），并由投资机构负责募集优先级资金。既然上市公司担任劣后级，其必定要实质性参与或主导基金决策，方式有：（1）设立控股子公司为GP；（2）由控股子公司与投资机构双GP运作或双方合资成立投资公司作为GP；（3）投资机构作为GP，但上市公司拥有否决权。

当然，为了吸引优先级资金，上市公司自身一般采用一些增信措施。比如，为优先级资金提供保本及收益承诺；或承诺收购所投资项目；或以投资项目的收益权质押。收益分配顺序自然也是先考虑优先级的本金和收益，然后才是中间级、劣后级和基金管理人的本金，最后的投资收益再按一定比例由劣后级、中间级及基金管理人分配。

戏说并购

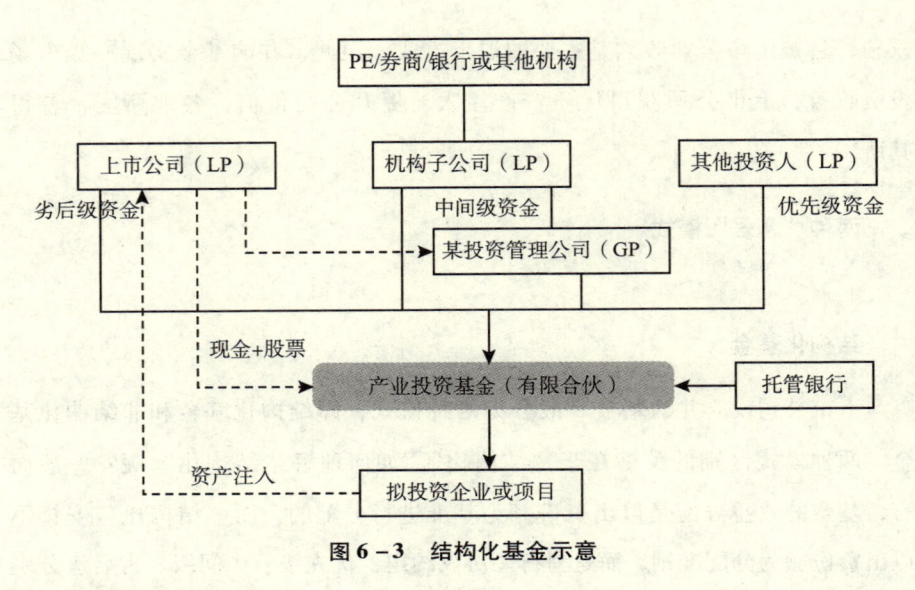

```
                    ┌─────────────────────┐
                    │ PE/券商/银行或其他机构 │
                    └──────────┬──────────┘
                               │
  ┌──────────────┐   ┌──────────────┐   ┌──────────────┐
  │ 上市公司（LP）│   │ 机构子公司（LP）│   │ 其他投资人（LP）│
  └──────┬───────┘   └──────┬───────┘   └──────┬───────┘
   劣后级资金          中间级资金             优先级资金
                      ┌──────────────┐
                      │某投资管理公司（GP）│
                      └──────┬───────┘
         现金+股票            │
                      ┌──────▼──────────┐     ┌────────┐
                      │产业投资基金（有限合伙）│◄────│ 托管银行 │
                      └──────┬──────────┘     └────────┘
         资产注入            │
                      ┌──────▼──────┐
                      │ 拟投资企业或项目 │
                      └─────────────┘
```

图 6-3 结构化基金示意

资料来源：公开信息

结构化基金的案例在前两年比较多。比如，2015 年，上市公司东湖高新（600133）与光大资本联合发起成立结构化产业投资基金，基金规模达到了 24 亿元。该基金由东湖高新出资 3 亿元作为劣后资金，光大资本出资 3 亿元作为中间级（夹层）资金，由光大浸辉投资（光大资本 100% 控股）负责募集 18 亿元优先级资金，光大浸辉投资担任基金 GP。

再比如，2015 年，上市公司暴风科技（300431）联合中信资本（中信集团下属公司）发起设立境外并购基金，基金规模达到 6.84 亿元。该基金中，劣后级是暴风科技与淳信奋进（中信集团下属公司），分别占基金总规模的 10% 和 15%。优先级为平安信托的产品，占基金总规模的 75%，是主要的基金提供方。收益分配中，超额收益的 90% 归属于劣后级，暴风科技大股东冯鑫对基金整体进行最低收益担保。

这种境外并购基金的运作逻辑如下：首先，并购基金的法律形式为有限合伙。然后，资金出境在避税区开曼群岛设立特殊目的载体（SPV），借此获得标的公司股权。退出时，可由暴风科技向该基金发行股份或支付现金，购买基金所持有的标的公司股权；或者，基金将所持标的股权与暴风科技换股，在二级市场卖出股票或现金退出；或者干脆等待标的企业在美股上市退出。

结构化基金实际上利用了高杠杆，劣后级通过风险承担来撬动优先级的巨额资金。如果劣后级上市公司偿债能力不强，就会影响其重要股东持股的稳定性。此外，有些结构化基金的LP中层层嵌套了信托计划和资管计划，在监管时一般都会拆除这些结构化安排。比如新潮能源设立的并购基金鼎亮汇通在通过证监会审核时，就被重点关注了LP结构化问题，最后其所有的LP都拆除了结构化设计。由此案例可见监管部门对于杠杆问题的监管态度。中国的监管层考虑到控制权稳定问题时更喜欢非结构化基金。

非结构化基金

非结构化基金也称平层基金，由上市公司联合其他机构共同出资，不存在优先、劣后之差别，见图6-4。在收益分配时，一般分为两个层次：第一层次是实缴出资的分配，分配时按出资比例返还各合伙人的累计实缴出资，直至各合伙人均收回其全部实缴出资；第二层次是收益的分配，通常会设立一个门槛收益率，在达到门槛收益率之前，基金全部收益按合伙人出资比例分配至各合伙人账户。超过门槛收益率后，基金全部收益的20%分配给普通合伙人，剩余部分按实际出资比例分配给各合伙人。

在非结构化并购基金中，可以进一步细分为两大类：第一类是"上市公司+PE"；第二类是"上市公司+券商（或券商系基金）"。

1. "上市公司+PE"模式

"上市公司+PE"模式的组织形式一般为有限合伙。上市公司或关联方的出资比例通常为10%以上，可担任LP，也可与PE合资成立公司担任GP或基金管理人；PE作为并购基金的GP并兼任基金管理人时，出资比例一般为2%

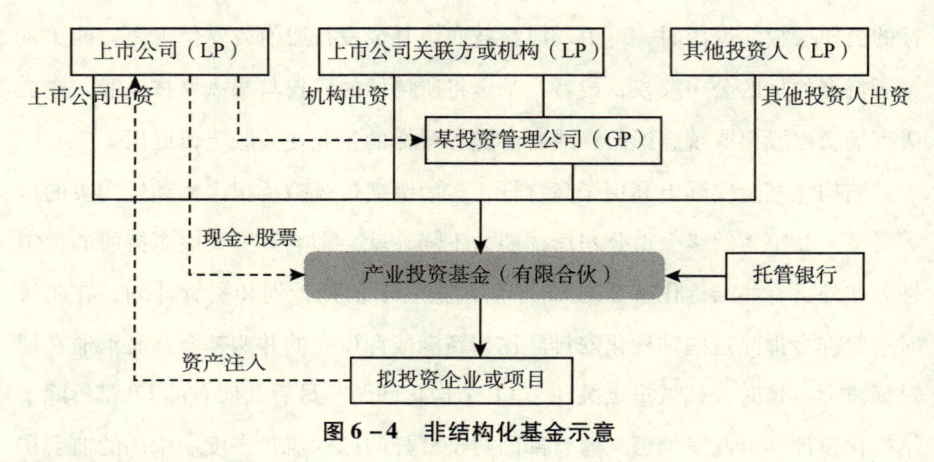

```
┌─────────────┐    ┌──────────────────┐    ┌──────────────┐
│上市公司(LP) │    │上市公司关联方或机构(LP)│  │其他投资人(LP)│
└─────────────┘    └──────────────────┘    └──────────────┘
   上市公司出资         机构出资                  其他投资人出资
                   ┌──────────────────┐
                   │ 某投资管理公司(GP)│
                   └──────────────────┘
       现金+股票
                   ┌──────────────────┐    ┌──────────┐
                   │ 产业投资基金(有限合伙)│◄──│ 托管银行 │
                   └──────────────────┘    └──────────┘
       资产注入
                   ┌──────────────────┐
                   │ 拟投资企业或项目 │
                   └──────────────────┘
```

图 6-4 非结构化基金示意

资料来源：公开信息

左右，PE关联方也可作为LP出资，并购基金的剩余资金一般由PE负责对外募集。

该类型基金的投资目的不是财务投资，而是取得控制权。只有取得目标公司的控制权，才能顺利实现由上市公司对目标公司的业务整合。即相对于上市公司而言，完整的并购模式包括两次并购，一次是上市公司参与设立的并购基金并购投资项目，另一次是上市公司或关联方通过并购取得项目控制权。

在该模式下，上市公司和PE可以优势互补，实现共赢。从上市公司角度而言，其在并购基金中已从单纯出资的有限合伙人LP，发展成为在投资决策上有话语权的类似普通合伙人GP，上市公司在并购基金中地位愈发重要，甚至对投资项目决策具有一票否决权。上市公司可以利用PE的团队、经验和资源，以较少的资金撬动较大的收购资源，专注投资上市公司感兴趣的标的；从PE的角度而言，与上市公司合作设立并购基金投资项目，项目一般都会由上市公司优先回购，等同于提前锁定退出渠道。

此外，该模式使得收购标的能够在并购基金控制下运营一段时间，防止收购后其业绩的不确定性给上市公司短期业绩带来的负面影响。以爱尔眼科为例，公司专注于医疗健康产业，由于医疗健康领域项目（如新建医院）的盈亏平衡点一般在 2~3 年，因此，公司在 2014 年分别设立了 2 个"上市公司 + PE"模式并购基金（即北京华泰瑞联并购基金中心（有限合伙）和湖南爱尔中钰眼科医疗产业并购投资基金），以完成其产业布局。

2015 年 7 月，爱尔眼科发布公告：基于华泰瑞联基金管理有限公司管理的北京华泰瑞联并购基金中心（有限合伙）（简称"华泰瑞联一期产业并购基金"）取得了良好的投资业绩，近期华泰瑞联基金管理有限公司将继续发起设立华泰瑞联二期产业并购基金，该基金将投资于大消费、大健康等行业，聚焦于龙头公司产业整合、中国概念股/红筹股回归、国企"混改"以及中国企业海外产业并购中的投资机会，致力于服务企业的并购成长，推动企业价值创造。通过本次投资，公司将借力华泰瑞联二期产业并购基金实现公司的价值链整合和产业扩张，推动公司健康、快速成长。截至 2018 年上半年，湖南爱尔中钰眼科医疗产业并购投资基金共对外投资 60 起。

2. "上市公司 + 券商/券商系基金"模式

根据市场公开信息不完全统计，国内券商成立直投子公司已多达 60 余家，但受制于资本金限制，券商直投子公司发展缓慢。上市公司参与设立并购基金的合作伙伴除了 PE 机构外，还有证券公司（简称"券商"）。上市公司一般联合券商旗下直投子公司设立并购基金进行产业投资。

上市公司联合券商直投子公司参与并购基金设立，一方面上市公司可借助券商的丰富投资经验、专业投资团队以及充足的市场资源，获得产业发展最优并购标的；另一方面，券商也可以借助外部资金，扩大投资规模，取得投资收益。

上市公司联合券商设立并购基金的案例有奥飞动漫（002292.SZ）与广发证券直投子公司广发信德携手，华泰证券控股子公司联合多家上市公司（如爱尔眼科（300015.SZ）、蓝色光标（300058.SZ）和掌趣科技（300315.SZ）等）设立并购基金。

值得关注的是，证监会于2014年5月发布并实施的《关于进一步推进证券经营机构创新发展的意见》明确指出，监管层支持证券经营机构设立并购基金、夹层基金、产业基金等直投基金。因此，上市公司联合券商/券商系基金设立并购基金模式也将迎来快速发展的机遇期。

资管新规对并购基金的影响

2018年4月27日，经国务院同意，人行、保监会、证监会、外管局联合印发《关于规范金融机构资产管理业务的指导意见》，即所谓资管新规。该指导意见对金融机构资管业务的资金端、业务模式及资产端做了进一步规定。

资管新规实际上是金融行业的供给侧改革和去产能，即去表外业务产能、去通道泡沫、去机构数量、去套利红利，其目的是去除资管行业的劣质产能，提升资管行业整体运行效率和市场竞争力。

资管新规要点解读

（1）允许并购基金结构化，但需满足三方面约束：①杠杆倍数限制，即优先级资金及中间级资金金额之和，不得超过劣后级资金额；②只允许一层嵌套，且不能通过嵌套方式突破杠杆倍数1∶1的限制；③金融机构不得为其他金融机构的资产管理产品提供规避投资范围、杠杆约束等监管要求的通道服务。

（2）并购基金中的劣后级和优先级投资者之间，不存在明股实债关系。所谓明股实债，是指投资回报不与被投资企业的经营业绩挂钩，不是根据企业的投资收益或亏损进行分配，而是向投资者提供保本保收益承诺，根据约定定期向投资者支付固定收益，并在满足特定条件后由被投资企业赎回股权或者偿还本息的投资方式。

（3）对分级产品负债率的要求：①每只私募产品的总资产不得超过该产品净资产的200%；②分级私募产品的总资产不得超过该产品净资产的140%。负债意味着使用杠杆，限制负债就是限制杠杆。

（4）投资者不得使用贷款、发行债券等筹集的非自有资金投资资产管理产品。实践中，大量存在由上市公司控股股东参与并购基金过桥收购的情形，其参与并购基金出资的资金来源往往是对上市公司股份的质押融资或发行可交换债的方式获得的。资管新规出台后，将对上市公司或上市公司控股股东参与并购基金的资金要求进一步提升。

（5）金融机构不得以受托管理的资产管理产品份额进行质押融资，放大杠杆。该项新规可以理解为作为"非金融机构"的上市公司或上市公司控股股东在获得并购基金份额后可以将并购基金的份额进行质押融资，从而缓解其并购资金压力。

垃圾债与杠杆收购

高收益的垃圾债

先为读者重点介绍一下在美国被广泛应用，在中国却鲜为人知的垃圾债券。垃圾债券一词译自英文junk bond，junk意指旧货、假货、废品、哄骗等，该种债券一般利息高、风险大，对投资人本金保障较弱，所以垃圾债券又称"劣等债券"、"高息债券"或"高风险债券"。根据美国两大债券评级机构穆迪和标准普尔的评定结果，垃圾债券属于可能无法偿付类别的公司债券。因为垃圾债券风险高，且发行企业信用评级低，所以该类债券需要以较高的息率吸引投资者认购。

垃圾债券最早起源于美国，在20世纪20~30年代就已存在。70年代以前，垃圾债券主要是一些小型公司为开拓业务筹集资金而发行，由于这种债券的信用受到怀疑，问津者较少，70年代初其发行量还不到20亿美元。70年代末期以后，垃圾债券逐渐成为投资者狂热追求的投资工具。到80年代中期，垃圾债券市场急剧膨胀，迅速达到鼎盛时期。在整个80年代，美国各公司发行垃圾债券1700多亿美元，1988年垃圾债券总市值高达2000亿美元。

80年代初正值美国产业大规模调整与重组时期，由此引发的更新、并购所需资金单靠股市是远远不够的，加上在产业调整时期这些企业风险较大，以盈利为目的的商业银行不能完全满足其资金需求，这是垃圾债券应时而兴的重要背景。

80年代后美国经济步入复苏，经济景气使证券市场更加繁荣。在经济持续旺盛时期，人们对前景抱有美好憧憬，更多地注意到垃圾债高收益而忽略了风险，因此，商业银行、证券承销商及众多投机者都对垃圾债趋之若鹜。此外，美国对垃圾债的监管也很放松，这也在一定程度上造成素质低下的垃圾债券纷纷出笼。

垃圾债券之王迈克尔·米尔肯

说到垃圾债，就不得不提垃圾债券之王迈克尔·米尔肯。米尔肯生于1946年，1970年在美国著名的宾夕法尼亚大学沃顿商学院获得工商管理硕士学位，随后加入费城的德雷克斯投资公司当分析师。他研究发现，传统的华尔街投资者在选择贷款或投资对象时，只看重那些过去业绩优良的企业，往往忽视了它们未来的发展势头，并由此开始了他的"垃圾债券"的投资之路。

1974年，美国的通货膨胀率和失业率攀升，信用严重紧缩，刹那间，许多基金公司的投资组合中的高回报债券都被债券评级机构降低了信用等级，沦为"垃圾债券"。在投资者眼中，它们成了不能带来任何回报的垃圾，许多基金公司都急于将手中的低等级债券出手，以免影响基金的质量形象。

米尔肯发现，像克莱斯勒汽车公司这类大公司不会破产，其股票也不会停止交易，这些债券的信用等级越低，投资者得到的回报越高，其回报是与公司的发展前景相连，而不是同利率挂钩的。到 70 年代末期，由于米尔肯的引领，这种高回报的债券成为非常抢手的投资产品，供不应求。

米尔肯认为，与其坐等那些拥有"垃圾债券"的公司信誉滑坡，信用降级，不如主动协助一些正在发展的公司发行垃圾债券。其信用同那些高回报债券的公司差不多，并且正处在上升发展阶段，债券质量比那种效益下滑、拼命减亏的公司债券好得多。于是，米尔肯开始为新兴公司甚至是高风险公司包销高回报债券融资，其中与 MCI 公司的合作堪称经典之笔：MCI 公司创立于 1963 年，仅靠 3000 美元起家，当 MCI 向世界上最大的电信公司美国电报电话公司（AT&T）发出了挑战的时候，米尔肯为 MCI 筹得了 20 亿美元的垃圾债券，使得 MCI 成功地打破 AT&T 对长途电话市场的垄断。1982 年，一些美国公司开始通过发行垃圾债券融资，进行杠杆收购。米尔肯成了中小企业和投资公司最重要的资金提供者。

杠杆收购

杠杆收购的广泛应用成就了米尔肯，成就了垃圾债的辉煌。

杠杆收购也成就了本书在前面提到的 KKR，那么接下来我们在这里重点详细介绍一些杠杆收购的原理。

杠杆收购（Leveraged Buy – Outs，LBO）需要并购企业以目标公司的资产作抵押，向银行或投资者融资来对目标公司进行收购，待收购成功后再以目标公司的未来收益或出售目标公司部分资产偿还本息。

LBO 融资不同于其他负债融资并购，其他负债融资主要由并购企业的自有资金或其他资产偿还。LBO 主要依靠目标公司被并购后出售资产，以及目标公司产生的经营收益偿还负债。杠杆收购也可理解为小公司通过高负债方式收购较大的公司。

戏说并购

　　LBO 的核心原理无非是，并购方通过高负债（主要是向商业银行贷款和发行债券），获得股价较低的大公司股票并取得控制权，再进行分割整理，使公司形象改善，财务报告中反映为经营状况好转，待股价上升至一定程度后，发行人再抛售股票并还清债务，从中获取巨额收益。

　　其中最著名的例子是1988年底，亨利·克莱斯收购雷诺烟草公司，收购价高达250亿美元，但克莱斯本身动用的资金仅1500万美元，其余99.94%的资金都是靠米尔肯发行垃圾债券筹得的。

　　高杠杆性对应着高风险性。

　　LBO 并购的自有资金一般只占并购总价的15%左右，其余大部分资金通过银行贷款、股东借款等外部融资方式解决。杠杆收购主要是解决了缺乏大量资金的并购行为，比如 MBO。以杠杆收购大体量并购标的的案例在中国市场上比较少见，主要是缺乏足够的融资工具，在欧美等国家 LBO 高潮时期中发挥巨大作用的垃圾债并未在中国风行。此前失败的龙薇传媒收购万家文化的案例，从一个侧面说明杠杆收购在中国的执行难度。

　　我们来看曾经非常轰动的"小燕子"收购案。龙薇传媒收购万家文化要花30.6亿元，只有6000万元是自掏腰包，这意味着50倍杠杆。收购方试图利用借贷资金进行收购，主要资金构成如下：第一部分，龙薇传媒向股东借款6000万元，利息等资金成本获豁免；第二部分，龙薇传媒向曾参与过圣莱达收购案的西藏银必信资产管理有限公司（简称"银必信"）借款15亿元，年化利率为10%；第三部分，龙薇传媒通过股权质押的形式向金融机构融资14.9亿元，年化利率约为6%。

　　仅从龙薇传媒作为独立收购主体的角度而言，此收购之资金均系杠杆资金，包括借贷资金及股权质押资金等，杠杆被大举放大。事实上，在现行的收购案例中，涉及上市公司控制权更迭的案例几乎都会有杠杆收购的广泛应用。而收购方直接出资的比例决定了杠杆倍数。杠杆倍数越小，不确定的因素也就越小，包括监管、审批、资金成本以及舆论等因素。在万家文化收购案中，正是因为资金的不确定因素，导致了最终的收购失败并且还受到了证监会的处罚。

监管层近期频频表示要对高杠杆收购实行穿透式监管，期望通过重拳出击规范杠杆收购。2017年11月17日新出台的《关于规范金融机构资产管理业务的指导意见（征求意见稿）》正是在资管层面上面的穿透，要求资管最多嵌套一层，因此杠杆收购穿透的规范或许逐渐出台。

并购基金也可LBO

LBO，也即杠杆收购，这种收购方式很特别。收购方只出一部分钱，剩余的收购资金大举借债，让被收购标的企业来偿还这些借债。LBO的关键在于，被收购的标的公司必须有优异的经营性现金流，从而能够偿还贷款本息。下面我们将结合案例分析，有并购基金介入的收购如何进行LBO。

上市公司西王食品拟收购加拿大健康营养食品巨头Kerr公司100%股权。这次收购分两步完成，第一步先收购Kerr 80%的股权，后续再分期收购Kerr剩余的20%股权。不过在收购时，交易双方的估值悬殊非常大。在停牌时，上市公司市值仅为64亿元，而Keer的80%股权作价39亿元，100%股权则作价57亿元。如果并购基金想助力上市公司完成"小吃大"式的跨境并购，那必须要有高效的资金安排。如何进行资金安排呢？

第一步，设立并购基金，见图6-5。西王食品与春华景禧共同设立的境内合资公司——西王食品（青岛）有限公司（简称"西王青岛"）。西王青岛在加拿大设立全资子公司Xiwang Iovate Holdings Company Limited（加拿大SPV1），该公司再设立全资子公司Xiwang Iovate Health Science International Inc.（加拿大SPV2）。加拿大SPV2为本次交易的收购主体。对标的公司首期80%股权收购完成后，上市公司将通过并购基金间接持有Kerr 60%的股权，春华

戏说并购

景禧将间接持有 Kerr 20% 的股权。

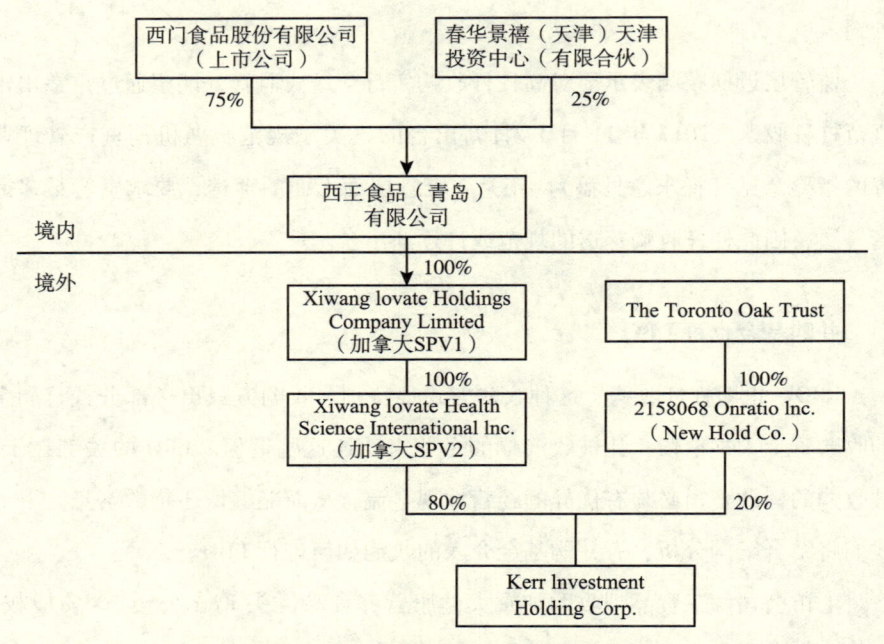

图 6-5 有并购基金介入的杠杆收购示意

资料来源：公开信息

第二步，融资支付收购对价款。Kerr 首期 80% 股份作价约 5.19 亿美元（约合人民币 39.32 亿元），为完成交易，西王青岛合计募资 39.32 亿元。其中股东出资合计 22.57 亿元（上市公司出资 16.93 亿元、春华景禧出资 5.64 亿元）、西王青岛债权融资 16.75 亿元。在上市公司出资的 16.93 亿元中，自有资金 6.88 亿元，贷款 10.05 亿元。这笔 10.05 亿元贷款和西王青岛 16.75 亿元贷款均由信善投资（宁波梅山保税港区信善投资合伙企业（有限合伙））提供。

第三步，通过"内保外贷"实现人民币间接出境。内保外贷是指境内银行为境外企业的境外子公司提供担保，由境外银行给境外企业的境外子公司发放相应贷款。在本次交易中，西王青岛通过内保外贷的方式，将在境内筹集的人民币资金，成功以美元的形式转移到了境外 SPV2 的账户上，实现了资金的间接出境。

第四步，借新还旧。在交易完成后，并购基金通过"借新还旧"的方式，使用质押 Kerr 股份所募集的长期贷款偿还了信善投资提供的 16.75 亿元并购贷款。而且上市公司在交易预案公布的同时发布非公开发行方案，拟通过非公开发行股份方式募资不超过 16.70 亿元。假设非公开发行完成，上市公司可偿还对信善投资的 10.05 亿元贷款。2017 年 9 月证监会通过了此次非公开发行。

最后，大家一定关心 PE 的退出问题。根据协议约定，后续上市公司可在合适的时机通过非公开发行方式募资以回购春华景禧持有的并购基金股份，也可以推出发行股份购买资产方案收购春华景禧所持有的并购基金份额。不过，春华景禧拟与上市公司长期合作，双方拟在中国另行设立一家有限责任公司，共同开发 Kerr 的中国业务。

本案例最大的亮点就是并购基金采用了 LBO 的操作手法。利用融资资金完成 Kerr 的收购后，将债务下沉至 Kerr，利用标的公司的现金流还本付息。LBO 不仅可以减轻收购方的资金压力，还可以放大收购方的投资回报率。

此外，受益于并购概念，本次交易完成后，上市公司股价涨幅较大。上市公司的停牌价仅为 14.12 元/股，而截至 2017 年 4 月 12 日上市公司收盘价为 20.87 元/股。股价上涨提高了上市公司的股权支付能力。

配置三：不要小看出品人，其眼光直接决定电影的票房号召力

尽职调查的真相：不是简单的外包

小时候看电影，总是好奇出品人是干吗的。长大后才渐渐明白，原来出品人如此重要。当下市场观众喜好什么风格，什么类型的剧集最为市场接受，电影未来的票房号召力如何等，这些判断，均来自出品人前期市场调研的结果。一句话，出品人的素质与电影票房呈正相关关系。同理，在并购中，尽职调查就是这样一个出品人的角色，尽职调查的眼光也决定了并购的成败。

企业并购行为不是简单的商品买卖活动，其间会突发诸多不可预见的情况：如，目标公司突然不卖了或是要求增加并购筹码；半路杀出一个竞争对手哄抬价格；目标公司出现经营危机等重大不利消息等。此外，并购整个过程存在着各种各样的风险，如目标公司财务信息是否准确；已有的客户和供应商是否真实、是否会流失；现有的技术是否有竞争力；核心团队是否会有异动；是否存在违约、侵权、诉讼等情况。

作为并购方，不能对目标公司的认识停留在前期沟通和初步接触阶段，必须要做到知己知彼，不能忽略每一个细节。尽职调查是买方在对并购前期了解到的目标公司的基本情况进行有效验证的手段，是控制并购风险的重要步骤。并购中，买方和卖方之间存在着信息不对称，买方所获得的信息也是不完备的，尽职调查可以减少这种信息的不对称，尽可能地降低买方的收购风险；尽职调查的结果和买方对风险的承受能力可能决定了并购是否能继续往前推进；尽职调查的结果也是买卖双方估值讨论的基础。

突出重点、关注细节、重视程序是尽职调查成败的关键。收购方可根据实际情况，参考使用在 PE 投资中行之有效的所谓"987654321"九个数字尽职调查法，即见过 90% 以上的股东和管理层，8 点钟到公司，到过项目企业 7 个以上的部门，在项目企业连续待过 6 天，对团队、管理、技术、市场、财务等 5 个要素进行详细调查，至少访问 4 个上下游客户，考察 3 个以上的项目企业竞争对手，要永远对项目企业保持 20 个关键问题，至少与企业普通员工吃 1 次饭。通过以上九种途径的尽职调查，收购方对目标企业的情况一般可以形成比较全面的认识，并对是否收购、如何收购、如何估值等方面提供重要决策参考。

尽职调查新思维

俗话说，成败在于细节。尽职调查是收购流程中要求最高的阶段。如果说之前的并购流程需要买方具有俯瞰视角的话，那在尽职调查阶段则需要企业家亲自俯下身来，拿放大镜仔细查看卖家每一个细节。

不过，在审慎的前提下，企业家们也需要明白一句大实话：并购这个事不适合完美主义者，因为并购是没有办法完全杜绝风险的。尽职调查工作只是降低并购的风险，买下一家公司内含的风险是绝对无法完全规避的。

因此，尽职调查工作需要一种新的世界观。我们应当视其为一个机会，而非一件琐事。如何理解呢？

其实从买家制订并购计划开始，就已经陆陆续续通过各种途径搜集卖家的信息，并时不时展开整理和分析。这就是尽职调查工作的一部分，只不过这部分没有进场，没有访谈。等真正进场尽职调查了，买家需要为先前自己的判断寻找佐证，当然，也要通过这部分工作谨防遗漏重大负面信息。

同时，买家还应把尽职调查工作看做并购后整合工作的一部分，尽职调查不仅仅是挑毛病，尽职调查更重要的目的是"促发展"。比如，你可能发现了某个部门很低效，一旦收购完成，对这个部门进行改革，就可为利润的快速实现做出贡献。

此外，尽职调查工作也许会助买家发现隐藏的"大宝藏"。比如，如果买家打算购买一家公司来为自己的产品开启一个新的区域市场，那么，知晓这个地区的资深销售经理就是一项极有价值的资源。

这种尽职调查新视角，会促使买家去积极甄别卖家中的明星雇员和最佳资产，以便买家管理层能够找到相应的方法，留住组织中的最佳雇员，为下一步的整合做足充分的准备。

信息的三块展示板

经过系统的尽职调查，买家搜集到的信息非常庞杂。这时，买家需要对这些信息进行分类整理。想象你们面前出现了三块展示板，红色板、黄色板和绿色板，尽职调查的信息会被归类到这三块展示板上。

红色板：可能改变并购交易的信息。这类信息是一些意外消息，可能蕴藏着真正的风险，并且会对交易产生严重影响。比如，原来未知的信息，有关一项关键技术的未决诉讼信息，或收入可能会下降的信息。

黄色板：有一定风险但是尚可接受的信息。例如，买家原来预期卖家的一款新产品只需要六个月就可以上市，但实际上，一年都无法上市。买家多半不会因为这个问题而取消这个交易，但它仍然是买家会考虑的事情，而且会相应地改变买家的计划。

绿色板：增加整合机会的信息。这是会给并购交易增加价值和提升协同效益的信息，往往是有助于节省成本或增加收入的相关信息。

通过"信息展示板"归类法，买家就会发现：绿色板信息令并购更有希望，黄色板信息需要进一步协调，而红色板信息则需要并购双方坐下来重新谈判。买方要给予卖家一个解释问题的机会，并就可能的解决方案，双方举行一次建设性的讨论。

红色板信息的谈判难度很大，需要第三方顾问介入。买家可以把问题交给自己的顾问，请顾问做相关调查并制订可能的解决方案呈递给卖家。同时注意，不要掺杂个人情绪，利用顾问作为桥梁，缓冲并购双方可能产生的潜在冲突。

此外，有一些现成的办法买家可以参考：

- 坚持要一个保障条款：若这个问题最终造成了损失，卖家在法律上必须支付由此引起的相关费用。
- 制定一个预扣条款，即为了防范某个问题的风险，扣住支付价格的一定比例暂不支付。
- 要求第三方保管那笔资金，以防相关问题以及其他潜在的意外。
- 降低对这家企业的报价。

尽职调查的参与方

在尽职调查的一开始，我们先要大致知道尽职调查过程中，需要配备的人员构成。并购的尽职调查和投资之前的尽职调查有类似的地方，也有不同的地方。并购方组成并购项目小组，必要时会聘请行业专家到团队中来，尽职调查小组也会聘请财务顾问、法律顾问等顾问进行协作。

但是，并购主导权一定不在外部顾问手里，外部顾问充其量为决策提供建议，决策思路往往是并购方一开始就了然于胸的。因为这个交易是买方的，而不是外部顾问的。

1. 收购方工作组构成

收购方在并购尽职调查中，一般应组建尽职调查工作组，工作组成员组成如下：

（1）内部成员：公司分管财务和运营的高管、财务负责人、法律或证券投资负责人参与到并购项目组中。

（2）外部专家：行业专家、第三方机构，证券公司、会计师事务所、律师事务所等中介机构开展独立的尽职调查。

需要注意的是，对公众公司（上市公司或新三板挂牌公司）的尽职调查，根据我国监管要求，一般需要买方聘请证券公司等中介机构作为财务顾问独立开展尽职调查工作。非公众公司并购业务由收购双方自愿决定是否聘请财务顾问，且不一定聘请券商作为财务顾问。

2. 财务顾问在并购尽职调查中的作用

在公众公司并购中，财务顾问所谓尽职调查中的"职"主要来自两个方面：一是来自监管要求，即监管机构对收购上市公司或挂牌公司交易中财务顾问的尽职调查工作有着明确的要求；二是来自客户的聘用合同，即与客户签订的财务顾问服务协议中，通常包含对尽职调查的范围、内容的详细要求。

作为并购交易中其他各项工作的基础，尽职调查应围绕明确的目标进行。财务顾问尽职调查的主要目的包括估值及定价、确定交易结构及条款、设计后续整合方案。由此，尽职调查的范围一般包括宏观和市场环境、业务运营情况、财务情况、法律情况、监管环境等方面的调查。

财务顾问在尽职调查中往往受到保密要求、信息披露、被调查对象开放程度、时间等方面的限制，这些因素客观上制约了尽职调查工作的开展。因此，应客观衡量财务顾问的尽职与否和尽职调查的有效与否，应综合考虑交易特征、客户需求、外部环境、时间和成本上的可行性，是否根据实际情况有针对性地采取了恰当方法等方面。同时，应允许有"调查不清楚"的情况，关键是财务顾问必须在相关文件中向监管机构、客户及投资者如实披露，对存在的问题是否提出了切实有效的应对措施。

多维度尽职调查包含的几大任务

■ 了解这家公司所处的行业

目的：更深度地理解公司行业所处的生命周期以及未来的机遇和挑战。

访谈对象：公司 CEO、行业协会重要成员。

借助手段：行业年鉴、期刊，行业协会网站，市场调研顾问报告，公司文件中对行业的分析报告，分析师对行业的分析报告，可比公司招股书、招债书或定期报告中对行业和竞争的描述也会透露很多信息。

■ 了解这家公司的业务

目标：理解公司业务层面和运营层面的各方面，对并购后所能产生的协同效应做出预估。

访谈对象：首席执行官、财务总监、行业领域专家顾问等。

借助手段：公司内部资料、公司网站、管理层报告、财务报表，如果是上市公司还可以通过公开资料比如招股书、定期报告和公告，分析师、评级机构对于公司的分析报告来审视公司。

■ 了解这家公司的财务、会计有无问题

目标：确保财务报表真实性与准确性，财务预测的合理性。

访谈对象：首席执行官，财务总监，会计，各部门/地区负责财务预测的人员。

借助手段：公司历史财务报表及附注，对历史业绩的管理层分析与讨论，公司提供的未来 5~10 年的财务预测等。

特别注意：

近期更换审计师要注意，审计师报告有保留意见也要充分注意，这些都可能是企业财务问题较多的表现。还需要注意针对坏账等的会计估计是否过于乐观和宽松，公司历史赋税是否合规，避税操作是否合法等问题，存货以及应收账款账龄分析，按产品或地域的分部会计报表分析，按产品或地域的销量和单价、毛利、促销费用、管理人员数量和人均开支作的比较分析，研发人员数量和人均开支的比较分析等。

■ 了解这家公司有无法律方面的缺陷

目标：防范法律风险，避免风险和损失。

访谈对象：内部律师，法律顾问，专业顾问（如知识产权顾问）等。

参考资料：公司章程，股东协议，董事会记录和决议，主要合同（采购、销售、管理层、关联交易），资产权属文件，诉讼文件，知识产权文件，新闻检索，公司工商登记检索税务、环保、产品质量、技术标准情况等。

■ 了解这家公司的人事方面

目标：为并购带来的人事变动做好准备。

访谈对象：首席执行官，公司人事主管，公司内部律师，人力资源专业顾问等。

辅助资料：公司组织结构图，人事制度手册，管理层简历，人事工作报告等。

特别注意：兼并收购后对目前管理层如何安置？是否需要签非竞争承诺？对管理层的考核和激励机制是否有效？能否留住人才？员工的工资水平在行业中是否有竞争力？员工的离职率是否高于行业平均水平？是否存在人员过剩？员工合约中对于裁员有何赔偿要求？公司内部的工会组织势力有多大？是否会成为兼并收购的阻力？

■ 监管层面的问题

目标：根据监管要求，降低审批的不确定性。

访谈对象：内部律师，外部法律顾问，券商以及财务顾问。

以上介绍了尽职调查需要注意的几方面内容，尽职调查需要像侦探一样做足准备工作，这样才能令并购顺利推进。接下来我们介绍一家公司，在尽职调查领域可以说是行业翘楚。

尽职调查方面的顶尖专家：浑水

浑水是知名的做空机构，英文名 Muddy Waters Research，成立于 2010 年，主要做空在国外上市的中国概念股。其高成功率的关键，得益于其独特高效的企业调查。对于中概股来说，浑水可谓是无人不知，也令人心惊胆寒。

曾经被浑水狙击过的中概股公司包括东方纸业（AMEX：ONP）、绿诺国际（NASDAQ：RINO）、中国高速频道（NASDAQ：CCME）、多元环球水务（NYSEGW）、嘉汉林业（TSE：TRE）和分众传媒（NASDAQ：FMCN）等。受其攻击的公司大部分股价均出现大幅下跌，其中绿诺国际和中国高速频道已退市，多元环球水务已停牌。

浑水在攻击一家上市公司前需要做大量调查研究，浑水的成功主要得益于其高效的企业调查和完整的分析模型，其调查方法可以称为尽职调查利器。

归纳浑水整套调研体系，其实也不难。除了我们上面提到的访谈、查阅资料之外，还需要配合实地调研。其调查内容和人员涉及公司及关联方、供应商、客户、竞争对手、行业专家等各个方面。在整个调研过程中，浑水常会根据实际调研的结果来评估公司的价值。

1. 从公开资料入手

对公众公司来说，需要查阅的资料往往都是公开的招股说明书、年报、临时公告、官方网站等，但不要忘记媒体报道。媒体往往按照时间轴展开一家公司的报道，会通过事件时间、对象、金额等发掘很多问题。媒体擅长根据这些信息做顺藤摸瓜式的延伸，写出劲爆的新闻，专业投资人则可以参考这些新闻，看出投资机会赚得盆满钵满。

理论上讲，信息不会孤立存在，必然和别的节点有关联，会计报表中各大表也不是孤立存在，具有各类勾稽关系。单独一份公开资料往往说明不了问题，但如果把几年的财务报表结合起来看，就会发现问题。对于造假的企业来说，要编制一个天衣无缝的谎言，需要将与之有关联的所有信息全部疏通，还要和所有当事人对好口供，很容易露出马脚。只要够细心，都可以通过公开资料和实地调查找到逻辑上可能存在矛盾的地方，为调研打下扎实的基础。

2. 切入口和突破口一定是关联方

调查上市公司本身，可能不会发现太大问题，所以浑水很重视对上市公司关联方的调查。众所周知，关联方一般是掏空上市公司的重要手段。关联方包括大股东、实际控制人、兄弟公司等，还包括那些表面看似没有关联关系，但实际上听命于实际控制人的公司。浑水在查阅绿诺国际时，通过上市公司纳税为零这个表征，发现上市公司仅为一个空壳，所有资产和收入均在关联方的名下，上市公司利润为关联方账面腾挪过来，属于过账的名义利润，并发现实际控制人向上市公司借了320万美元买豪宅，属于明令禁止的掏空上市公司行为。

3. 实地调研才是王道

调研的正式形式是电话访谈、当面交流，但是容易被调研方操控得不到真实信息，这个时候就需要实地考察了。而浑水非常重视实地调研工作，且做得非常细致。浑水一般会去上市公司办公地点与其高层访谈，询问公司的经营情况；观察工厂作业环境、机器设备、库存，与工人甚至工厂周边的居民交流，了解公司的真实运营情况；甚至偷偷在厂区外观察进出厂区的车辆运载情况。实地考察可以看出上市公司实际经营情况与公开信息逻辑矛盾的地方。

浑水的知名作品，是对东方纸业的调查。浑水通过实地走访发现，东方纸业工厂破烂不堪，机器设备是20世纪90年代的旧设备，办公环境潮湿，不符合造纸厂的生产条件，库存基本是一堆废纸，从而得出东方纸业库存商品与账面价值存在严重背离的调查结论。在调查中国高速频道时，浑水实地察看了50多辆公交车上终端广告播放情况，发现司机都喜欢播放自带的DVD节目，高速频道对终端控制力较弱。浑水调查多元环球水务时，看到其中一个办公地点形同虚设，员工毫无工作状态，戏称为"成人托管所"。

4. 供应商数据才能反映真实情况

企业真实经营情况一定反映在供应商那里，浑水非常关注供应商的办公环境、产能、销量和销售价格等经营数据，并且十分关注供应商对上市公司的评价，以此作为与上市公司公开信息对比的基准。

比如在调查东方纸业时，浑水发现所有供应商的产能之和都远小于东方纸业的采购量。调查嘉汉林业时，浑水则发现其供应商和客户竟然是同一家公司，上市公司干的是自买自卖、体内循环的把戏。调查中国高速频道时，浑水发现上市公司声称自己拥有独有的硬件驱动系统，但是其供应商在阿里巴巴网站公开销售同样的产品，任何人都能轻易购得。

5. 客户往往不会说谎

客户对上市公司的评价亦是评判上市公司经营能力的重要指标。对客户的调研是极其重要的，可以使用的手段也是多种多样的，比如网络调查、电话询问、实地访谈等。浑水重点核实客户的实际采购量、采购价格以及客户对上市公司及其产品的评价。如浑水发现中国高速频道、绿诺国际宣称的部分客户关系根本不存在，而多元环球水务的客户（经销商）资料纯属子虚乌有，所谓的80多个经销商的电话基本打不通，能打通的公司，也从未听说过多元环球水务。绿诺国际的客户对其评价恶劣，称之为业界一家小公司，其脱硫技术由一家科研单位提供，不算独有，其产品并非像其声称的那样前途一片光明。

此外，核对下游客户的实际采购量能较好地反映上市公司公布信息的真实性。以东方纸业为例，浑水通过电话沟通及客户官网披露的经营信息，逐一核对各个客户对东方纸业的实际采购量，最终判断出东方纸业虚增收入。虚增的方法其实很简单，即拟定假合同和开假发票，这也是国内上市公司造假的通用方法。

6. 竞争对手的评价往往一针见血

兼听则明，偏听则暗，浑水很注重参考主要竞争对手的经营和财务情况，并倾听竞争对手对这家上市公司的评价。在了解整个行业的现状的同时，又不会局限于上市公司的一家之言。

在调查东方纸业时，浑水把东方纸业的工厂照片与竞争对手晨鸣纸业、太阳纸业、玖龙纸业和华泰纸业等做了对比后发现：东方纸业只能算一个作坊。再对比东方纸业和竞争对手的销售价格和毛利率发现，东方纸业的毛利率水平处于一个不可能达到的高度，盈利水平与行业严重背离。浑水访谈竞争对手时候还发现，这些竞争对手竟然都不知道上市公司的存在，那就出大问题了。

对于以上细节的一些补充

浑水是美国公司，考虑到国情因素，其实在中国，除了常规尽职调查方法，还有一些民间方法。企业调研时，通过了解以下具体财务信息验证相关调研信息，可能更直接、更有效。

(1) 水费、电费、运费单：通过水费、电费、运费单判断企业的生产、销售能力。对于制造类型企业，可以通过企业的水费、电费和运费判断其生产规模、销售能力。财报造假非常容易，但偷水、偷电难。这些水费、电费、运费等指标往往比财报上的数据能够更有效、更直接地判断企业的真实生产和销售情况。

（2）**工资表**：通过工资表判断企业的竞争优势。可以将企业的员工薪酬与行业平均工资水平作一个比较，如果高出了不少，这家企业肯定错不到哪里去，因为能够发出高工资，基本上是与企业的盈利能力密切相关的，也初步可以判断该企业具有竞争优势。

（3）**银行贷款**：通过银行贷款情况判断企业的财务状况。如果银行给予企业与其经营规模基本相适应的授信额度，该企业财务状况肯定比较好，不然也过不了银行这一道关。另外还应该调查一下企业的还款记录，看看是否存在逾期还款的情况。

（4）**供应商给予的账期**：通过供应商给予的账期判断企业的信誉、实力和现金流。从供应商那里得到的信息主要包括给予企业的账期（应付账款）是否高于或低于行业水平以及企业付款是否及时，如果供应商给予企业的账期长，说明企业在产业链中的拥有强势地位；相反，则说明企业在产业链中的地位较弱。依据这些信息，基本可以判断企业的信誉、实力和现金流的真实状况。

（5）**给予客户的账期**：通过给予客户的账期了解企业的市场竞争力。企业给予客户的账期是了解企业的一个很好的渠道，要关注企业给予它的客户的账期（应收账款），如果高于行业水平，说明产品竞争力不给力；如果收入中没有多少应收账款，甚至企业能够预收账款，说明企业产品在市场上具有一定的垄断优势。

（6）**完税证明**：通过完税证明判断企业的盈利能力。可以通过企业实际缴纳的增值税、企业所得税的完税证明去判断企业的大致销售收入以及利润情况。

综上所述，浑水的调研方法实际上只是正常的尽职调查，在方法论上并无重大创新，他们极少运用复杂的估值模型去判断一家公司的价值；然而最简单的方法往往是最有效的方法，调研的收获远远大于办公室里的数据处理。其更类似于中国财经媒体调查上市公司的方法，重视公开数据，重视实地调研走访。浑水很像一家做深入报道的媒体。

有趣的是，浑水基本总结了中国概念股造假的一些规律，包括设立壳公司、拟假合同、开假发票等，目的是虚增资产和利润，伺机掏空上市公司。

浑水的尽职调查方法形成了一个全方位的调研体系，并且全方位覆盖了被调查对象的情况。如果某家公司想彻底蒙骗过去，那得把所有涉及的方面都做系统的规划，这不仅包括不计其数的公开资料都口径一致，也得和所有客户、供应商都对好口供，还得把工商、税务、海关等政府部门圈进来。如此造假，成本极其高昂，绝对不比做个真实的公司去赚钱来得轻松。

7阶
并购游戏

对规则的烂熟于心,是玩好游戏的基础

规则一：交易基础
看估值，可估值恰恰没有规则

估值不只是价格

参加并购游戏，不掌握估值技能，就好像玩《王者荣耀》，你的英雄没有大招一样，还没领悟游戏的魅力，就匆匆缴械投降，遗憾退出。只可惜估值规则，既讲究科学，也讲究艺术。因此，对于并购的这项核心规则，我们希望读者明白，掌握估值要义的重点绝不仅限于方法论。估值的外延，可以很广……

如果说并购是一种内行人投资的话，那么估值对于并购的重要性更无需赘言。**有一条道理放之四海皆准那就是"只买对的，不买贵的"**。估值不当，对于专业玩家来说也会带来风险，并购的高溢价会给收购方企业带来巨大的经营风险和财务风险。只有合理的估值才是并购走向最终成功之路的良好开端。

在并购过程中，并购双方有时会委托投行顾问等专业人士协助进行标的估值。一般并购方请的投顾是站在买家一方的买方投顾，买方顾问自身的商业模式是基于项目成功收费，动机是促成交易。因此，投顾与买方的立场不同，对于估值的看法也会不同。最终收购双方仍然需要掌握一般的并购估值原理对标的估值加以判断和把关。

价值投资的估值哲学

谈到企业的估值，就不得不谈到价值投资理论。估值和投资是紧密相连的两个方面，估值的方法有很多，投资的方法也很多，正确的投资方法往往核心都是围绕企业的估值展开。估值更像一门艺术，投资也是。

价值投资理论的开山鼻祖，巴菲特一生的精神导师，本杰明·格雷厄姆（Benjamin Graham）在美国大萧条之后的这一段时期，通过开创性的实践，将这门"艺术"最基础最核心部分巧妙抽离出来，变成普通人也可以看得懂，能学会与掌握的一门"技术"，这就是今天我们所熟知和谈论的"价值投资理论"。虽说如今时代和格雷厄姆时期已经大为不同，但是格雷厄姆确立的投资原则至今为止仍然是无懈可击的经典。

真正要理解企业的估值，就不可避免地要理解企业估值分为两部分：（1）企业目前的现值；（2）企业未来的成长价值。

价值投资试图解决的就是第一部分问题，而缺陷和不足就是第二部分。价值投资并不在乎市场给出的价格，反而认为，只要目前市场价值低于企业按照未来现金流折现后的真实估值，就是买入时机，反之亦然。价值投资哲学的一个很重要特点就是，应重视企业目前的价值与市场是否背离，更关注买入时机，而不太关注企业未来的成长依靠什么因素，也并未特别看重靠卖出的价差获利，更不用说卖出时机。在价值投资者看来，除非基本面发生不利变化才会卖出，一家好企业应该永远持有。

价值投资也并不是完美的，对于企业成长性的判断，价值投资理论就几乎是空白的。对于投资者来说，如何不错过高成长的企业才是头号问题。按照价值投资理念以市场低价买入一家烂公司，也不如高价买入一家未来可以成为独角兽的公司获利成就更大。但凡涉及企业成长性的判断，或多或少需要一定的预测和想象力。

价值投资作为一种经典投资哲学，具有巨大历史贡献，它很好地解决了投资主体与众多投资主体组成的市场客体的关系问题。价值投资理论强有力地说明了一个被长久忽视的观点：市场不一定全对，当市场发生错误判断，投资者则可以顺道盈利。从历史上看，价值投资将投资学理论从蒙昧无知的状态逐渐转变为了具有科学化底蕴的理论。

格雷厄姆的价值投资 ≠ 巴菲特的价值投资

格雷厄姆缔造的价值投资理念的最大贡献就是对于估值提供了一个近乎稳固的方法，一方面可以作为普通投资者的投资指导思路，另一方面当然也可以作为并购估值重点考虑的因素。价值投资判断企业估值的强项是判断财务是否稳定，会更加关心企业的规模，但是在盈利能力的考量上格雷厄姆则会看重20年内股息的延续性，10年内公司没有产生负利润，股价不应高于净资产1.5倍，过去三年平均市盈率不应超过15倍等这些指标。

这注定了格雷厄姆的价值投资理念对于财务稳定的要求是近乎苛刻的，在判断企业增长是否强劲上又无能为力。这些有可能局限于时代，局限于工具的不够完善。巴菲特很早就发现了格雷厄姆价值投资方法的问题，于是巴菲特一方面继承了格雷厄姆的经典价值投资思想，另外又做了一些创新，最终创造了属于自己的价值投资理念，可以说是保守与创新兼备：

1. 选择一个自己了解的行业

巴菲特：我们使用的第一个筛选标准可能是我们是否认为自己很懂这家摆在我们面前的企业，这一点我们能立即知道。如果这家企业通过了第一道筛选，接下来我们要问这家企业是否具有可持续的竞争优势。这两个标准可以把绝大部分考察对象筛选掉。"

解读：这点适用于投资和并购，巴菲特的大部分投资也类似于收购一家企业，但是很少参与管理层事务。

2. 关注商业价值而非股票价格

巴菲特："一定要专注于资产，不要在意波动性，股票价格对我来说影响也不大，唯一的意义就是给你提供一个在便宜的时候买入的机会。要是纽约证券交易所关门5年我都不会太在意。我关心的更多的是商业本身，比如这个产品的价格灵活性以及这个公司能否获得更多的市场份额。比如说我更在乎人们是不是越来越爱喝可乐。投资者关注的是资产，投机者关注的是资产的价格。如果你是投资者，就会关注你所投资的资产，对我而言是所投资的企业未来的表现。如果你是投机者，主要关注的是资产的价格未来将会怎样，而不管资产自身的未来表现。但投机不是我们的游戏。"

解读：延续了价值投资的传统，但也更强调企业创造现金流的能力，巴菲特将两方面内容捆绑在一起，令投资彻底区别于投机。

3. 用现金流去估测企业价值

巴菲特："如果你试着评估内在价值，就会发现全都与现金流有关。"他的老师格雷厄姆也曾经认为，利润虽然是企业最直接的成绩，但是和其他指标一样会被巧妙掺水，很多方法可以扭曲利润。

解读：巴菲特强调现金流，这也代表巴菲特更强调基于现金流的收益法的估值方式。关于收益法，我们会在下文具体介绍，此处不再赘述。

4. 选择一个稳妥的折现率

巴菲特："我们基本上使用无风险的、期限较长的政府债券的利率作为折现率。投资就是今天投出去钱，为了在将来收获更多——不是通过将投资的资产卖给其他人，而是通过资产自身的产出。我们使用无风险利率仅仅是为了对不同的投资对象进行相互比较，换句话说，我们寻找的是最有吸引力的投资对象。"

解读：巴菲特选取的折现率采用的是无风险利率，这个问题其实仁者见仁、智者见智。关于折现问题，在接下来的收益法中会具体介绍。

5. 和你已经投过的企业对比

巴菲特：如果有人向我们推销一家企业，我们脑子里想到的第一件事是，"我们更愿意买入这家企业，还是更愿意增持可口可乐？"

解读：价值投资的一个重要方法就是对比，和巴菲特的老师格雷厄姆一样，巴菲特很强调横向对比（企业之间）和纵向对比（一家企业10年的数据）。

6. 承认估值的非科学性与模糊性

巴菲特："其中一些企业，我们不知道他们10年或20年后价值几何，甚至连一个有把握的猜测也提供不了。显然，我们不认为我们对企业价值的估算能够精确到小数点后第二位或者第三位。不过，对于某些企业，我们还是十拿九稳的。我们设计筛选标准的目的就是为了确保我们投对企业。"

解读：思想正确不代表具体执行起来很容易，巴菲特也承认他与另外一位合伙人查理·芒格分别计算企业价值时，都会得出不一样的答案，所以只能是"模糊的正确"。总之，巴菲特也强调不要对估值方法过于迷信。

从巴菲特年会的讲话中摘录的原文中我们可以大致看出，巴菲特所继承下来的价值投资均围绕着判断企业的合理估值展开，下面就简单整理一下：

- ✓ **精髓**：用低于市场价的价格，买入企业。市场也会出错，价格不等于价值（继承）
- ✓ **基点**：现金流才是估测企业的基点（部分创新）
- ✓ **能力圈**：将投资限定于自己理解的行业（创新）

好了，巴菲特的投资哲学大致介绍完了，有兴趣的读者可以参照巴菲特的个人传记以及《巴菲特致股东的信》等书籍。巴菲特的价值投资理念可以说是比较稳固的，本书这一部分主要是将估值里面最经久不衰，最靠谱的理论尽可能简短地展现给读者。在这里需要提醒读者的是，任何估值方法都有局限性，机械套用会产生很大谬误。

例如巴菲特推崇的未来自由现金流贴现折算法，同样存在弊端。自由现金流、折现率、永续年金价值都涉及对不可预测的未来的推测。这些数据哪怕只是稍微调整一下，在十年计算周期的放大效应下，也会导致计算结果的巨大差异。同时，这种方法强调企业要有稳定的经营历史，以及确定性很高的稳定增长前景，基本上90%的公司达不到这一要求而无法用该方法估值，实际可运用范围很狭窄。

同理，根据彼得·林奇的成长率比值法，市盈率为成长率的一半时才有投资价值。依此方法计算，某中国优质医药上市公司2010年前后的净利润增长约10%，即该公司只有在5倍市盈率左右才有投资价值，折算起来只值2.19元/股，这个估值比当期该公司每股净资产3.15元还低。这个结果就是错的，一般情况下，哪家优质上市公司会以低于净资产值的价格出售呢？

本书认为估值虽没有一个完全可靠的方法，但价值投资可以作为主导思想指导并购者估值的判断，同时需要不断结合今后的实践摸索，才能对估值做到较为客观的衡量。

灵活多变，无一定之规

"估值既是技术，也是艺术"，大概就是对灵活多变的估值原则和方法一种最恰当的比喻。针对不同行业特性的企业，估值方法不同；即使是同一企业，不同时期、不同融资轮次，估值方法也不同。因此在实践中，估值需要基于理论，但又远远高于理论。

在实践中，针对非上市企业股权进行估值时，出于谨慎原则，仅采用一种估值方法是不够的，恐怕要使用多种分属不同估值技术的方法，对各种估值方法形成的估值结果之间的差异进行分析，综合判断最合理的估值结果。

就企业并购而言，同一目标企业对于不同的潜在购买者也具有不同的价值，这取决于潜在购买者从何种角度理解目标企业。对于战略性并购而言，潜在购买者目的是要实现企业的发展战略，其看重的是目标企业本身的长期盈利能力，更看重目标企业被并购后，能否与原企业产生协同效应，能否实现并购方的企业发展战略。而对于财务性并购而言，并购企业的目的并非要长久经营企业，而是要将企业分拆出售或者包装后上市，其看重的是目标企业被分拆后出售的资产的价值或者是否有包装后上市的潜力。

上面讲到，真正要理解企业的估值，就不可避免地要理解企业估值分为两部分：第一部分，企业目前的现值；第二部分，企业未来的成长价值。

这是站在企业增长维度的一种理解。另外一个层面，如果说企业价值评估是以出资人财富最大化为基础，那么站在投资人角度来说，企业无非有三种不同的价值：

一是企业产品或服务的价值，体现于企业的净利润上；二是企业的账面资产价值，主要是企业的净资产；三是企业的内在价值，实质是企业产权的价值。

对应三种价值，就有了市场上普遍采用的三种方法：收益法、成本法和市场法。

在估值界，有一个流传很广的比喻可以帮助读者快速地理解这三种方法：假如收购标的是一只老母鸡，收益法主要以老母鸡未来能下多少蛋来衡量老母鸡的价值，这就是刚才我们提到的巴菲特所倡导的估值方法，但驾驭这种方法需要较长时间的经验值，想运用得炉火纯青对玩家的要求很高；而成本法就单纯考量老母鸡这一身皮肉值多少钱，就相当于买了一只老母鸡回家去吃，所以这种方法破产清算的时候用得较多；市场法就更好理解了，你若想知道这只老母鸡值多少钱，拿到菜市场问问价格就知道了。以后如果你遇到一个人，当他按照市场价的几折来收购就是采用的这种方法。

从时间轴来看，似乎更体现企业目前价值是成本法以及市场法，而收益法则具有预测未来的特性。

同时，按照企业发展历程来看，对于初创企业来说，由于大多数企业根本不具备账面资产，也不可能有什么市场估值，所以也更适合使用收益法去评价；而经历几轮投资的企业，以及即将IPO的企业，或者本身就已经上市的企业，就更适合采用市场法评估；而接近企业破产清算状态的时候更适合用成本法。

接下来，我们用一张图来表示一下这三种方法的逻辑过程，如图7-1所示。

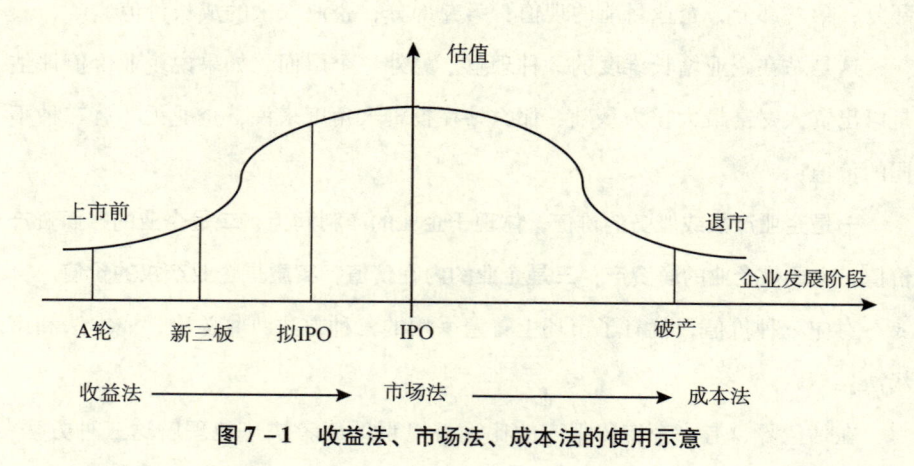

图7-1 收益法、市场法、成本法的使用示意

资料来源：笔者自制

如果把三种方法和价值投资并列起来说，我们可以说价值投资是更看重成本法、收益法的估值法，反而是不太重视市场意见的估值法。当然，能把上述

三种方法运用得炉火纯青的都是投资大师，比如上文提到的巴菲特和彼得·林奇都是精于此道的高手。

市场法最为快捷，只需要按照股市的报价即可明了当下对企业的估值；收益法类似通过企业带来的收益，按照一定的折现方法去评价企业究竟值多少钱；成本法则是通过对企业的报表上的资产负债，即所拥有的真实资产进行评估，得出一个价值。成本法似乎才是最接近估值这个词汇的方法，收益法背后则依靠时间复利的理论，而市场法又不能称为一种方法，充其量是一种市场当时情况的观察结果，无论它的变种比如市盈率、市净率等方法看似多么高深，其本质也无非如此。

接下来我们将这三种方法具体到理论层面为读者解释一下。

1. 收益法

众所周知，你今天持有的一块钱的价值要高于你五年后所持有的一块钱的价值。这代表所有人都承认，时间是有价值的。这也是为何在消费者的世界里，人们为分期付款所付的钱要多于用即期现金购买所付。

同理，当买家打算购买一家公司时，其购买的是未来的利益。所以，有一种衡量时间如何影响价值的方法是很重要的。该方法也被叫做现金流折现法（DCF）。建立在预测和计算被投资企业未来现金流终值，并采用保守或者激进的折现率将上述现金流终值折现至目前时点，从而得到被投资企业相应的企业价值。

收益法或者说现金流折现法永远需要考虑两方面，一个是折现率，一个是未来现金流。严格说两个因素都需要建立在对未来的预测之上，是非常主观的。折现率需要充分考虑企业资本成本所蕴含的内在风险，即，通过贴现率度量未来资金的贬值；而未来现金流的预测则不能笼统，要分别按照预测期和持续期来进行。

（1）如何理解折现率

折现率，也称贴现率，是现金流贴现法的重要变量。在实践中，贴现率通过加权平均资本成本（WACC）来确定。其原因在于：当卖方资本成本高时，其风险就会增加，买方需要减少卖方未来现金流的估值，因此，买方会减少为收购一家公司所支付的金额；如果卖方资本成本低，买方就能够增加卖方现金流的未来估值，因而，买方就可能愿意为收购对象支付更高的金额。

需要注意的是，WACC不仅仅是税后的负债成本，其是一家公司所有资金来源（包括负债和权益）的加权成本。如果用公式表示，即：

$$WACC =（权益成本 \times 权益占比）+（负债成本 \times 负债占比）$$

接下来，我们就需要分别评估权益成本和负债成本。

权益成本的评估需要用到β值，β值是一个很理论化的工具。通俗理解，它衡量某只股票价格的波动率和整个股票市场波动率的差异。高β值意味着这只股票价格的上下波幅要大于股票市场指数的波幅；低β值则暗示相关股票的价格波幅是紧贴整体市场波动的。具体到估值，高β值意味着高风险；因而，当β值增大时，权益成本也在上升。

通常，那些大蓝筹股基本上可以反映市场指数，所以具有较低的贝塔值。相比较而言，令人兴奋的新技术公司（表现出很大的股价波幅）可能会有很高的β值。此外，值得注意的是，因为规模之故，较小公司的β值通常都比较高。

看到这里读者不要慌，β值不用计算，在国内，不同行业的β值通过Wind等收费终端就可以查到。

权益成本（K_e）的计算公式为：

$$K_e = R_f +（\beta \times MRP）$$

其中：R_f为无风险收益率（基础利率），MRP为市场风险溢价，β表示企业的风险系数。

不要被这个公式迷惑，其实内涵很简单。一般来说政府债券没有违约风险，其利率就可以代表 R_f，而 MRP 一般来说就是市场平均收益率，用这个平均收益率乘以某行业特定的风险系数，所得就是某行业的收益率溢价。收益率溢价与基础利率相加就可以得到这个行业的权益融资成本。

负债成本（K_d）的计算公式为：

$$K_d = (R_f + 违约溢价) \times (1 - 税率)$$

其中，违约溢价的计算公式为：

$$违约溢价 = 短期借款权重 \times 短期借款成本 + 长期借款权重 \times 长期借款成本$$

短期或长期借款成本一般参照银行的短、长期贷款利率确定。负债成本较为容易辨识，它需要考虑公司为货款所付的利息，同时要考虑违约溢价，违约风险越大，负债成本就越高。此外，利息可以税前扣除，负债成本还要考虑税率的影响。

至此，权益成本和负债成本已确定，将其分别乘以自身权重再加总，得到的就是加权平均资本成本（WACC），即折现率。实践中，折现率一般以十年长期国债为选择参考标准，折现率越高越趋于保守。

（2）计算预测期企业价值

DCF法对现金流的预测分为预测期和稳定期。在预测期内，企业现金流量呈不断增长的趋势，因而需对其进行逐年计算，逐年相加；而在续营期，企业现金流量已经进入一个稳定发展的状态，每一年都大致相同。

前面理解了贴现率的原理，接下来我们就开始DCF法估值的第一步，确定预测期现金流。一般来讲，预测期现金流通常是企业未来5到10年的自由现金流。这里需要理解自由现金流的概念，自由现金流是企业可以掌控的现金流，其是企业一段时期的税后利润和折旧，同时减去投资所花出去的钱。用公式表示即：

$$自由现金流 = 税后营业利润 + 折旧 - 资本支出 - 运营资本$$

计算出预测期自由现金流后，用贴现率将各期自由现金流贴现加总，这是第一步。用公式表示即：

$$预测期企业价值 = \sum_{t=1}^{n} \frac{At}{(1+WACC)^t}$$

其中：A_t 表示各期自由现金流，WACC 即前文详述的贴现率，n 一般选择 5 年或 10 年。

（3）计算永续期企业价值

进入永续期，企业一般会保持一个稳定的利润增长率，这个利润增长率不同的企业是不同的，一般在 3% 到 30% 不等。

$$永续期企业价值 = \left[\frac{第 n 年自由现金流 \times (1+利润增长率)}{WACC - 利润增长率}\right] / (1+WACC)^n$$

（4）计算企业估值

最后，我们将预测期和永续期企业价值相加就是用 DCF 法得到的企业估值。其公式为：

$$企业估值 = 预测期企业价值 + 永续期企业价值$$

2. 成本法

该方法也可理解为净资产法，也称资产负债表调整法，即将资产负债表中各项资产、负债的历史成本调整为现时成本。该方法需使用适当的方法分别估计被投资企业的各项资产和负债的公允价值（在适用的情况下需要对溢余资产和负债、或有事项、流动性、控制权及其他相关因素进行调整），综合考虑后得到股东全部权益价值。

通俗来讲，这个方法回答这样的问题：如果一家公司今天倒闭的话，它会价值几何？净资产法适用于企业的价值主要来源于其占有的资产的情况，如重资产型的企业或者投资控股企业。此外，此方法也可以用于经营情况不佳，可能面临清算的被投资企业。

资产一般采用重置成本，即重置成本＝重置全价×成新率。重置全价，指截至评估基准日重新购置被评估资产所需要的全部成本。成新率＝尚可使用年限／（已使用年限＋尚可使用年限）。

3. 市场法

市场法又称可比交易法，其原理非常好理解，即，参考最近市场上的类似交易，利用其采用的市盈率或市净率进行估值。市场法通常在被投资企业相对成熟，可产生持续的利润或收入的情况下使用。

4. 案例

下面我们通过一个案例来帮助读者体会这三种估值方法。

假设 A 公司为一家制造企业，股本 1000 万股，2017 年度净利润为 700 万元，每股收益为 0.7 元，2017 年自由现金流为 500 万元。现金 80 万元，应收账款 1000 万元，存货 500 万元，机器设备 5000 万元，负债 1000 万元，房地产价值 300 万元。

（1）收益法估值为 1.2 亿元

经过研究，A 公司的自由现金流未来 5 年会以 15% 的速度增长，预测期为 5 年。5 年后，其稳定利润增长率为 3%。考虑到 A 公司的规模，其 WACC 应该要比大企业高，为了便于计算，我们贴现率定为 10%（实践中，贴现率的计算过程要参考的数据很多，比较复杂）。

我们先计算 A 公司预测期价值。

A 公司预测期价值 = 500 万 × (1+15%)/(1+10%) + 500 万 × (1+15%)^2/(1+10%)^2 + 500 万 × (1+15%)^3/(1+10%)^3 + 500 万 × (1+15%)^4/(1+10%)^4 + 500 万 × (1+15%)^5/(1+10%)^5 = 2865（万元）

我们再计算 A 公司永续期价值。

A 公司永续期价值 = [500 万 × (1 + 15%)^5 × (1 + 3%)/(10% − 3%)] / (1 + 10%)^5 = 9191（万元）

A 公司估值为 12056 万元（2865 + 9191）。

（2）成本法估值为 2800 万元

成本法的计算因素一般包括：

- 现金资产按 100% 计
- 应收账款按 85% 计
- 存货：原材料和产成品按 50% ~ 60% 计
- 机器设备按评估值的 50% ~ 60% 计
- 房地产按评估值的 40% ~ 70% 计
- 减去所有的负债（负债都按 100% 计）

若按照成本法估算 A 公司的价值，则为：80 万元现金资产 + 85% × 1000 万元应收账款 + 50% × 500 万元存货 + 50% × 5000 万元机器设备 + 40% × 300 万元房地产 − 1000 万元负债 = 2800（万元）

（3）市场法估值为 7000 万元

在当时市场上，A 公司这类规模的制造业企业市盈率一般在 8 ~ 15 倍。若按照 10 倍市盈率计算，A 公司每股价值 7 元（0.7 × 10），按照其 1000 万股股本计算，A 公司估值为 7000 万元。

初创期企业估值：增长潜力

初创公司早期阶段没创造什么价值，却已有了估值，而且估值还很高。这是为什么？其评判逻辑有必要说明一下，这是一种纯主观判断。

比方说，一笔 10 万美元左右的种子投资，可以换取公司 10% 左右的股权。这是典型的初创公司的股权交易。那么，公司的投资前估值将是 100 万美元。然而，这并不意味着公司现在价值 100 万美元。这家公司很可能卖不出这个金额。在早期阶段的估值更多看重的是初始投资人的眼光以及创始人的个人能力。

初创公司估值到底考虑啥

对于初创期公司来说，不管对创始人还是投资人，他们退出时估值的重要性远大于企业当前的估值。一旦决定投资，投资人的着眼点应主要放在保障项目成功上，而不是估值高低。

1. 未来想象空间

初创公司估值的重点在于未来，而不是现在。其商业模式的想象空间，其行业天花板要多久才会显现等等，均是投资人考量的估值理由。未来没有几十倍升值空间的公司一般很难获得天使投资人的青睐。

很多创始团队以为估值就是企业今天的价值，其实这只是空中楼阁。公司未来有多大想象空间，才会真正决定公司今天的价值。

2. 创始人

譬如马云创业和另外一个人创业，创业者本身的估值不同，马云本身或许就值 10 个亿，另外一个人可能就值 1000 万。创业者本身的价值也决定了项目估值的不同。

创始人是团队的灵魂，创始人的身价决定了初创项目的估值。一般来说，创始人应具备相当长时间的行业从业经验和全方位的综合能力，包括尽可能全面的知识结构、技术、运营、产品、行业背景的积淀等。创业团队同样至关重要。创始团队一般是一群优秀的执行者，可以保持团队的稳定度。

3. 初创公司走到下一轮融资需要多少钱？

站在天使投资者的角度，初创公司的创业者如果安排不了接下来的 A 轮融资，就意味着天使投资人无法退出。而天使投资打了水漂，其实就是初创项目失败。因而，我们可以说，初创者若始终拿不到下一轮融资，实际上也可以视为一种投资失败。

博克斯估值法

初创期公司的估值方法一般都带有极大的主观性，无法量化。本书主要介绍一下目前比较通用的博克斯法。这种方法由美国人博克斯首创，具体做法是根据下面的公式估值：一个好的创意100万元，一个好的盈利模式100万元，优秀的管理团队100万~200万元，优秀的董事会100万元，巨大的产品前景100万元。加起来，一家初创企业的价值为100万~600万元。

这种方法的好处对业内人士来说比较简单易行，得出的企业价值比较合理。

但是具体什么是好的创意，什么是好的管理团队就需要业内人士自己把握了，这类判断依旧很主观，没有一定之规。

由于我国目前大量的初创公司都是互联网公司，同时互联网公司的估值和传统行业相比具有巨大的不同，接下来我们重点详细讨论互联网公司的估值方法。

互联网企业估值：定性定量结合

互联网企业在发展的早期往往难以实现盈利，同时缺乏正现金流，市场历史也比较短，同行业同类型的可比公司也比较少，但是互联网企业又往往具备高成长属性，这就为其估值带来了多重难题。

精准的错误与模糊的正确

为什么说收益法针对互联网企业估值容易出现"精确的错误"，其主要原因在于很难对一家互联网公司未来的现金流进行预测。互联网是人类社会的一场认知革命，很多互联网公司对来自本行业的冲击甚至连其自身都无法预测，外部投资者就更难预测了。因此，传统估值方法在这里面临巨大局限。

互联网具有三个特点：互联网产业发展周期短、更迭快、同业没有可比性；盈利变化幅度较大；财务报表上的资产反映不了企业现实情况。

大量互联网企业的估值或许只能建立在一种"模糊的正确"之上。面对互联网企业，我们应该站在另一个理解平台上。想了解互联网企业的估值方法，那么就要了解其估值理论基础——梅特卡夫定律。

梅特卡夫定律

如果说巴菲特的估值哲学适用于传统行业，那么梅特卡夫的估值哲学就是为互联网量身打造的。

梅特卡夫定律由计算机网络先驱罗伯特·梅特卡夫（Robert Metcalfe）于1973年提出，在计算机领域的地位和摩尔定律一样重要。

梅特卡夫定律表明：网络的价值与联网的设备数量的平方成正比。 互联网的价值在于将节点连接起来，节点越多，潜在的连接数越多。简言之就是用户数越多，企业的价值越大。

2014年梅特卡夫教授发表了一篇文章，利用Facebook的数据对梅特卡夫定律做验证，发现Facebook的收入和其用户数的平方成正比。中国有学者亦采用相同的方法，验证了腾讯的收入和其用户数的平方成正比。

梅特卡夫同时还认为网络的成本至多是以线性的水平在增长，这样就必然有一个网络的价值等于成本的临界点存在：在网络的节点数目很小的时候，网络的价值还不能超过成本。但一旦网络节点数增加，超越了临界点，则网络价值将会取得爆发性的增长。梅特卡夫定律对互联网企业为什么如此追求增长提供了重要的理论解释。

戏说并购

这里涉及为什么很多企业宣称转型互联网容易获得市场认可。市场往往相信在传统产业中的用户可以顺利地从线下导入到线上，因而愿意为这样的企业支付估值溢价。

一个简单的互联网估值模型

在梅特卡夫定律的基础上，国泰君安证券总结了一个互联网公司估值公式。即：

$$V = k \times p \times \frac{N^2}{R^2}$$

其中：

V 代表互联网企业的价值，K 是变现因子，P 是溢价率系数，N 代表网络用户数，R 表示网络节点之间的距离。其中，溢价率系数 P 取决于企业在行业中的地位。

该模型主要用于对互联网企业估值的理解，却难以直接计算出企业的具体估值：（1）K 增加，V 增加：变现能力加强，企业价值增加；（2）P 增加，V 增加：市场占有率提升，企业价值增加；（3）N 增加，V 增加：用户数量提升，企业价值加速提升；（4）R 减少，V 增加：网络节点距离下降，企业价值加速提升。

1. 网络的用户数（N）

前文介绍的梅特卡夫定律认为：网络的价值与联网的设备数量的平方成正比。通俗理解，一个 500 人使用的电话网肯定比仅有 2 个人用的电话线值钱。在互联网领域，用户数量是互联网公司的真实资产，互联网公司的用户流相当于传统行业的现金流。传统行业看净利润的增长率，互联网公司看用户数量的增长率。

2. 网络节点之间的距离（R）

有人曾提出，网络的价值不仅和节点数有关，也和节点之间的"距离"有关。网络之间节点的距离（R）定性地看，是传达的时间。如果相同的时间网络能传达更多或质量更高的信息，可以认为节点之间的距离"短"。4G大面积推广，智能手机等智能移动终端的广泛应用等这些外生因素可以缩短这个距离，而网络中信息质量高、数量多这些内生因素，都会令网络的价值加大。

另外需要注意的是，如果一个网络本身只是一个中心，并通过这个中心联系众多用户，那么这种网络的价值并不高。区块链技术提出的"去中心化"也是这个道理。只有多个中心联系众多用户的网络才具有更大的价值。像腾讯、Facebook这种节点和节点间有着较多联系的网络价值会高很多，有机会实现梅特卡夫定律所预测的平方级增长。

3. 溢价率系数（P）

互联网还有一个重要特征就是赢者通吃、大者恒大，做第二乃至第三名丝毫没有意义。在全球几十亿网站中，大多数人都只熟悉整个互联网的极小部分，即那些更容易被人所知的站点。而随着链接的增多，人们对其偏好也在增强。人们喜欢用圣经中的"马太效应"来形容："凡有的，还要加给他，叫他有余。没有的，连他所有的，也要夺过来。"

梅特卡夫定律带给人们一种新的认知模式，加剧了互联网的"马太效应"。互联网企业的估值与行业地位息息相关，人们通常乐意购买领先者的股权。

4. 变现因子（K）

如果说互联网企业一开始依靠免费获取巨额流量的话，那么后面的变现能力则至关重要。腾讯帝国的崛起，就是通过免费的QQ、微信吸引到海量用户，

戏说并购

再通过网游、增值服务、渠道分成、广告等手段把用户流源源不断地转化为现金流。相比较，新浪微博也拥有海量用户数，但始终没有办法把用户流量货币化。微博始终无法与微信相提并论就是这个道理。

互联网估值的定性分析

除了掌握互联网企业估值的一把钥匙——梅特卡夫定律外，读者还需要掌握互联网企业估值的一些常识性要素。比如，互联网企业的估值，需对其商业模式有清晰的认知，明确企业所处的发展阶段和变现模式，之后才是定量指标，包括反映当前（或者过去）时点的用户数、流量和单用户收入（ARPU），以及相关指标的变化趋势。

什么样的互联网公司是好公司？以下有这样"三大常识"来帮你判断。

1. 好的生意模式

互联网公司大致有两种商业模式：一是赚 C 端大量用户的钱，BAT 当中的腾讯做到了；二是赚 B 端企业的钱，这是百度和阿里的地盘。这两种方式都需要良好的用户体验为基础，这也是互联网企业的口头禅："一切以用户为核心。"

好生意的标准：互联网是以用户为中心的，获得用户是赚钱的基础。易车的营业收入略高于汽车之家，但净利润只有其 50% 左右，主要原因是其需要从百度导入用户，营销支出较大。

2. 好的产品

互联网行业用户就是上帝，能吸引用户、留住用户，需要依靠的就是伟大的产品。微信、淘宝的兴起，几乎都是基于极致的用户体验，自下而上做大，而非官方的推广。有句话说的没错，互联网是"屌丝"的天下，官僚搞不好互联网，因为其缺乏为屌丝服务的互联网基因。

3. 用户价值

用户价值不是简单概念，不是单个用户自身具有多大价值，而是用户数量所带来的规模价值，这里提到的用户价值和其所属网络的用户数成正比。对一个 100 万用户的电商企业和一个 1000 万用户的电商企业，每一个用户的价值可能差很多。打个比方，京东的单用户价值可能达到当当的近 4 倍之多，因为用户数越多，网络价值越大。

新三板公司估值：行业与个股相结合

1. 申万的估值方法

申万宏源证券于 2013 年发布新三板公司估值体系。该估值体系基础框架分成两个部分：行业相对估值体系和个股估值调整体系。

首先通过行业相对估值体系确定行业相对估值区间，其次通过个股估值调整体系确定具体公司的相对估值区间，最后根据三板整体的最新估值结果得到具体公司的绝对估值区间。

行业相对估值体系的指导思想是以历史交易数据测算市场估值运行区间。首先计算新三板市场以及各行业历史 PE、PB 运行中枢及标准差，并在此基础上计算各行业相对 PE、相对 PB 运行中枢及标准差。

个股估值调整体系是通过公司的常规调整系数和特殊调整系数来对公司所属行业的相对估值进行调整，从而得到公司估值。常规调整系数从增长性、盈利能力和杠杆三个维度出发，分别选取最具代表性的三个因子——收入增长率（YoY）、ROE 和权益乘数（D/E）作为度量。而特殊调整系数则从公司本身出发，根据公司的管理团队因素、公司治理因素、长期发展因素以及其他因素等综合考虑，给出一个主观评定。

2. 估值案例——仁会生物

一些公司尚处于概念化阶段，未开展实质性生产经营活动，盈利状况不佳，但仍旧获得高估值。以仁会生物为例，2014年该公司股本仅有1亿元，其主要产品为对抗Ⅱ型糖尿病的生物制剂"谊生泰"，该产品仍处于研发报批的阶段，存在审批不通过的风险，但市场为其估出了70亿元的市值。

估值过程：仁会生物2014年有大量研发投入，但尚无具体产品。可比公司选择上市公司恒瑞医药，该公司有大量自主专利，其研发投入相当高，并因此收获众多有竞争力的新产品。2014年恒瑞医药研发投入资金6.5亿元，研发投入占销售收入的比重为8.75%。仁会生物截至2014年6月30日，已申请中国发明专利15项，获得授权10项，同时，已申请国外发明专利43项，获得授权19项。其2014年上半年开发支出3777万元，2013年开发支出2308万元，呈递增趋势。若2014下半年其开发支出保持上半年规模，则按恒瑞医药研发投入占销售收入的比重算，则仁会生物预计销售收入可达（2×3777万元）/8.75%＝86334（万元）。按当时新三板做市交易医药股平均市销率11倍计算，则仁会生物预估市值高达98亿元。

> 规则二：并购交易
> 不是一锤子买卖，卖家
> 拿钱后并不能完全
> 高枕无忧

对赌不是赌

并购游戏没有"一手交钱，一手交货"的快感，相反，就时间跨度上来讲，并购是个"磨人的小妖精"。并购交易达成的那一刻，不是结束，是另一个层面的开始。在这个开始里，多了小心翼翼，多了胆战心惊，多了很多未来的不确定性。因此，买方为了买个"心安"，也出于激励卖方，出现了对赌。

"对赌"一词是一个很中国风的翻译，虽然带个"赌"字，但其含义跟赌博无关。对赌协议的英文名称为 Valuation Adjustment Mechanism，直译过来就是"估值调整机制"，直译更能体现其本质含义。

对赌协议就是收购方（包括投资方）与出让方（包括融资方）在达成并购（或者融资）协议时，对于未来不确定的情况进行一种约定。如果约定的条件出现，融资方可以行使一种权利；如果约定的条件不出现，投资方则行使一种权利。对赌协议实际上就是期权的一种形式。通过条款的设计，对赌协议可以有效保护投资人利益。其广泛应用在投资行为和并购行为当中。

对赌协议产生的根源在于并购或投融资双方对目标公司的了解程度不同，导致的信息不对称，进而产生对目标公司未来盈利能力的不确定性。对赌的目的是为了尽可能地实现投资交易的合理和公平。它既是投资方利益的保护伞，又对被投资方起着一定的激励作用。所以，**对赌协议实际上是一种财务工具，是对企业估值的调整，是带有附加条件的价值评估方式**。

在实操中，对赌行为多见于一级市场，很多无需披露的协议大部分较为隐秘，属于"抽屉协议"，本书不做过多讨论。不过，很多上市公司和三板企业，在并购当中涉及对赌的需要披露，这给了本书研究对赌话题的一个机会。下面本书关于对赌的讨论仅限于可以对外披露的范围。

被上市公司收购的烦恼

2013年以来，我国并购重组数量逐年递增，但成功率仅为两成。可见，并购重组带来的不仅是机遇，也有巨大风险。从初期的目标企业价值评估到后期的业务板块整合、业绩承诺兑现，并购重组的每一个环节都存在不确定性。

考虑到并购的巨大风险，加之上市公司在证券市场的特殊地位，与上市公司有关的并购或资产重组交易在业绩补偿方面有着严格的监管要求。因为对赌的约定和履行可以在一定程度上消弭并购后的不确定性，也可以减少上市公司的商誉减值。

此外，"业绩承诺"的意义还在于：一方面，体现交易标的对自己的业务发展存在较强信心，能够为上市公司、二级市场提供良好预期；另一方面，作为基于未来收益的支撑，能够"技术上"回答估值的合理性。

当然，交易对方对上市公司做出业绩承诺的同时，会同时约定业绩补偿安排，即承诺事项未达成时，交易对方如何对上市公司进行补偿，以保护上市公司中小股东的利益。

因此，并购也好、重大资产重组也罢，只要交易对方为上市公司的关联方，无论控股、参股、过桥安排等何种身份，均需强制做出业绩承诺。至于非关联方的交易对手，证监会并不强制要求进行业绩承诺。

从近几年的并购重组实践来看，在上市公司作为收购方的情况下，其出于风险控制的考虑，绝大多数上市公司会要求交易对方做出业绩承诺。根据Wind 数据统计，2014~2016 年间，上市公司超过 60% 以上的并购和资产重组交易进行了业绩对赌。

在这种情况下，当新三板企业或其他中小企业再遇到上市公司这样的金主提出收购意向时，你们心里一定要有沉着而有远见的盘算。比如，高估值就未必是好事了。高估值需要的业绩承诺也多，一旦被收购方业绩承诺实现不了，后果很严重。

2017 年，39 家新三板公司被上市公司收购 50% 以上股份，平均 PE14 倍，平均溢价率 162%。39 家公司中，有对赌协议的 36 家，其中 21 家可以统计到对赌数据。这 21 家企业 2016 年平均净利润 2902 万元，根据对赌协议，到 2018 年其平均净利润需要达到 6465 万元，未来两年净利润需翻倍。对于这些被收购的三板企业，这样的业绩承诺压力可想而知。

上市公司业绩补偿的监管规定

1. 补偿情境和期限

首先，被收购方是否进行业绩补偿取决于交易标的评估方法。采用基于未来收益预期的方法（比如收益现值法、假设开发法）进行评估的交易标的，被收购方需要进行业绩补偿。这种情况特指交易对方为上市公司关联方的情况，比如上市公司控股股东、实际控制人或者其控制的关联人。

若上市公司与非关联方交易，且未导致控制权变更，那么即便交易标的评估法为收益法，也不需要进行强制业绩补偿。交易双方自愿约定的除外。

其次，业绩补偿期限一般为重组实施完毕后的三年。对于收购标的溢价过高的特殊情况，视情况延长业绩补偿期限。

再次，披露义务。上市公司应当在重大资产重组实施完毕后 3 年内的年度报告中，单独披露相关资产的实际盈利数与利润预测数的差异情况，并由会计师事务所对此出具专项审核意见。

最后，对上市公司的关联方严格监管。只要并购或重大资产重组交易对方为上市公司关联方（上市公司控股股东、实际控制人或者其控制的关联人），无论标的资产是否为其所有或控制，也无论其参与此次交易是否基于过桥等暂时性安排，上市公司的关联方均应进行业绩补偿。

此外，上市公司的关联方应当以其获得的股份和现金进行业绩补偿。如构成借壳上市的，应当以拟购买资产的价格进行业绩补偿的计算，且股份补偿不低于本次交易发行股份数量的 90%。业绩补偿应先以股份补偿，不足部分以现金补偿。

还有一点：业绩承诺一旦做出，不可变更。

我们特地为读者整理出了这部分监管规定的原文，有兴趣的读者可以参阅。

(1)《上市公司重大资产重组管理办法》（2016 年修订）规定：

采取收益现值法、假设开发法等基于未来收益预期的方法，对拟购买资产进行评估或者估值并作为定价参考依据的，上市公司应当在重大资产重组实施完毕后 3 年内的年度报告中，单独披露相关资产的实际盈利数与利润预测数的差异情况，并由会计师事务所对此出具专项审核意见。上述"拟购买资产"可简单理解为拟收购的"目标公司"。

交易对方应当与上市公司就相关资产实际盈利数不足利润预测数的情况签订明确可行的补偿协议。

上市公司向控股股东、实际控制人或者其控制的关联人之外的特定对象购买资产，且未导致控制权发生变更的，上市公司与交易对方可以根据市场化原则，自主协商是否采取业绩补偿和每股收益填补措施及相关具体安排。上述"交易对方"可简单理解为"目标公司出让方"，一般为目标公司的控股股东或实际控制人。

（2）上市公司监管法律法规常见问题与解答修订汇编（2015年9月18日）（简称"2015年9月的监管问答"）规定：

问：《上市公司重大资产重组管理办法》第三十五条"交易对方应当与上市公司就相关资产实际盈利数不足利润预测数的情况签订明确可行的补偿协议"应当如何理解？

答：交易对方为上市公司控股股东、实际控制人或者其控制的关联人，应当以其获得的股份和现金进行业绩补偿。如构成借壳上市的，应当以拟购买资产的价格进行业绩补偿的计算，且股份补偿不低于本次交易发行股份数量的90%。业绩补偿应先以股份补偿，不足部分以现金补偿。

业绩补偿期限一般为重组实施完毕后的三年，对于拟购买资产作价较账面值溢价过高的，视情况延长业绩补偿期限。

（3）《关于并购重组业绩补偿相关问题与解答》（2016年1月15日）规定：

交易对方为上市公司控股股东、实际控制人或者其控制的关联人，无论标的资产是否为其所有或控制，也无论其参与此次交易是否基于过桥等暂时性安排，上市公司的控股股东、实际控制人或者其控制的关联人均应以其获得的股份和现金进行业绩补偿。

如果资产基础法中对于一项或几项资产采用了基于未来收益预期的方法，上市公司的控股股东、实际控制人或者其控制的关联人也应就此部分进行业绩补偿。

（4）根据《关于上市公司业绩补偿承诺的相关问题与解答》（2016年6月17日）：

"上市公司重大资产重组中，重组方的业绩补偿承诺是基于其与上市公司签订的业绩补偿协议作出的，该承诺是重组方案的重要组成部分，因此，重组方应当严格按照业绩补偿协议履行承诺。重组方不得适用《上市公司监管指引第4号——上市公司实际控制人、股东、关联方、收购人以及上市公司承诺及履行》第五条的规定，变更其作出的业绩补偿承诺。"

2. 利润预测与利润承诺的关系

根据《上市公司重大资产重组管理办法》（2016年修订）规定，上市公司自愿披露盈利预测报告。不过，如果目标公司是基于收益法进行的评估，评估报告中存在盈利预测的利润数额，那么一般情况下，利润承诺的金额要大于等于评估报告中的利润预测额。

该办法还规定了，上市公司所购买资产实现的利润未达到资产评估报告或者估值报告预测金额的80%的，上市公司需公开道歉；未达到预测利润50%的，中国证监会可以对上市公司和相关机构采取监管谈话等监管措施。

因此，无论是作为收购方的上市公司，还是作为被收购方的目标公司出让人，以及投资银行等中介机构，均应审慎评估目标公司的盈利能力，避免由此带来的损失和监管处罚。

3. 既然有补偿，那么也有奖励

前面一直在聊业绩承诺实现不了的监管规定，那么假如实现了承诺，甚至超出了承诺的情况呢，要怎么办？也是有奖励的。奖励的目的是为了激励并购后的核心团队，促使他们为上市公司创造超额业绩，力求减少并购后的整合难度。

当然业绩奖励也不能过度，奖励金额不能超过超额业绩的100%，且不超过交易作价的20%。

此处的监管原文如下。

根据《关于并购重组业绩奖励有关问题与解答》（2016 年 1 月）：

问：上市公司重大资产重组方案中，基于相关资产实际盈利数超过利润预测数而设置对标的资产交易对方、管理层或核心技术人员的奖励对价、超额业绩奖励等业绩奖励安排时，有哪些注意事项？

答：上述业绩奖励安排应基于标的资产实际盈利数大于预测数的超额部分，奖励总额不应超过其超额业绩部分的 100%，且不超过其交易作价的 20%。

业绩补偿怎么补

下面我们结合案例来为读者演示一下，业绩补偿未实现时补偿金额如何确定。这个案例中，业绩补偿计算的公式均来自监管规定。

【案例】

假定 2017 年 8 月，上市公司 A 向 B 公司购买目标公司 M，B 公司是目标公司 M 的控股股东，收购交易价格为 12 亿元。支付方式为：B 认购上市公司 A 发行的 1.5 亿股股份，收购价格为 8 元/股。

B 公司向上市公司 A 承诺，2018~2020 年目标公司 M 分别实现利润 1 亿元、1.5 亿元和 2 亿元，合计 4.5 亿元。到 2021 年 4 月，M 公司 2018~2020 年实际实现利润 1.2 亿元、1 亿元和 1.3 亿元，累计 3.5 亿元。

2018~2020 年未进行补偿，2021 年上市公司对 M 公司进行减值测试，累计减值 3 亿元。

【计算过程】

1. 当期补偿金额

2021年4月,B公司应向上市公司A进行业绩补偿。当期补偿金额=(截至当期2020年末累积承诺净利润数4.5亿元-截至2020年期末累积实现净利润数3.5亿元)÷补偿期限内各年的预测净利润数总和4.5亿元×拟购买资产交易作价12亿元-累积已补偿金额0元=1亿元/4.5亿元×12亿元-0元=2.67(亿元)。

2. 当期补偿金额折成补偿股份

2021年B公司应当向上市公司A补偿的股份数量=当期补偿金额2.67亿元/本次股份的发行价格8元=3338(万股)。

3. 减值测试

补偿期限届满时,上市公司应当对拟购买资产进行减值测试。这个测试的目的就在于衡量补偿是否到位了。

由于2020年末M公司的减值额3亿元/拟购买资产交易作价12亿元=0.25>补偿期限内已补偿股份总数3338万股/认购股份总数1.5亿股=0.22。

则B公司需另行补偿股份,补偿的股份数量=2020年末减值额3亿元/每股发行价格8元-补偿期限内已补偿股份总数3338万股=3750万股-3338万股=412(万股)。

至此,业绩补偿的计算就结束了。最终B公司需向A上市公司补偿的股份合计:3338万股+412万股=3750(万股)。

【延伸解读】

其实在当期补偿金额的计算公式中,我们可以找到一个"估值系数",即"拟购买资产交易作价/补偿期限内各年的预测净利润数总和"。这个"估值系数"可以简单地理解为市盈率。

换句话说，其实业绩补偿，补的不仅仅是未实现的利润，而是补的不能实现的交易作价。该如何理解呢？

（1）本案例的"估值系数"＝拟购买资产交易作价12亿元/补偿期限内各年的预测净利润数总和4.5亿元＝2.67。

（2）M公司实际净利润累计3.5亿元，承诺数额为4.5亿元，未达到的业绩差额为1亿元。B公司作为业绩补偿责任人，应向上市公司支付的业绩补偿为1亿元×估值系数2.67＝2.67（亿元），而不仅仅是对未实现的利润部分1亿元做出补偿。

此外，采用市场法估值的交易标的，每期末要进行减值测试以进行股份补偿，计算过程和方法与本案例计算过程第3步相同。在逐年补偿的情况下，在各年计算的补偿股份数量小于0时，按0取值，即已经补偿的股份不冲回。

业绩补偿法规原文如下。

根据上市公司监管法律法规常见问题与解答修订汇编（2015年9月18日）：

1. 以收益现值法、假设开发法等基于未来收益预期的估值方法对拟购买资产进行评估或估值：

①当期补偿金额＝(截至当期期末累积承诺净利润数－截至当期期末累积实现净利润数)÷补偿期限内各年的预测净利润数总和×拟购买资产交易作价－累积已补偿金额（其中，净利润数应当以拟购买资产扣除非经常性损益后的利润数确定）。

②当期应当补偿股份数量＝当期补偿金额/本次股份的发行价格。

③补偿期限届满时，上市公司应当对拟购买资产进行减值测试，如：期末减值额/拟购买资产交易作价＞补偿期限内已补偿股份总数/认购股份总数，则

交易对方需另行补偿股份，补偿的股份数量为：期末减值额/每股发行价格－补偿期限内已补偿股份总数。

2. 对于市场法对拟购买资产进行评估或估值的，主要是每期末进行减值测试，对于减值部分进行补偿，具体公式为：期末减值额/每股发行价格－补偿期限内已补偿股份总数。

3. 在逐年补偿的情况下，在各年计算的补偿股份数量小于 0 时，按 0 取值，即已经补偿的股份不冲回。

现实中的对赌

1. 对赌与交易作价息息相关

一般情况下，具有业绩对赌的标的作价要高于无业绩对赌的交易作价；同一个标的，具有业绩补偿义务的交易作价高于无业绩补偿义务的交易作价。

例如，财务投资人一般情况下持股比例较低，不能影响目标公司的财务与运营状况，在目标公司被上市公司收购过程中，一般不参加与上市公司的业绩对赌。因此，财务投资人获得的交易对价要低于收购标的实际控制人获得的交易对价。而标的的实控人一般是要参与对赌的。

我们看一个例子。2018 年 4 月，量子高科（300149）收购睿智化学，本次交易作价与资产评估值差额部分的 3800 万元全部由实际控制人惠欣控制的企业享有，而曾宪经等财务投资者不享有溢价。那么相应的，本次交易的业绩补偿责任也主要由实际控制人惠欣承担。

2. 附加其他指标作为承诺事项

在交易对方做出的承诺补偿方案中，上市公司可以在业绩补偿的基础上增加一些经营现金流、应收账款等相关承诺的指标。例如，钢研高纳（300034）在2018年4月披露的重大资产重组业绩补偿的方案中，增加了目标公司经营性现金流指标的承诺要求，且该指标影响到交易对方获得的上市公司股份对价的解限售情况。

3. 常见方案

在实践中，大部分交易对方针对上市公司的业绩补偿方案都会以交易价格为基础，按照未能实现业绩部分的百分比进行赔偿。

【案例】

上市公司浔兴股份以10.31亿元收购新三板挂牌公司价之链65%股权。

挂牌公司价之链与浔兴股份签订了附生效条件的《盈利补偿协议》，价之链承诺2017年、2018年、2019年净利润不低于1亿元、1.6亿元、2.5亿元，累计承诺净利润数不低于5.1亿元。如果不能完成承诺，应向收购方支付的赔偿金额=10.31亿元×(5.1亿元－实际完成净利润)÷5.1亿元。

根据上述公式，假如价之链只完成承诺业绩的一半，即三年累计净利润2.55亿元，则赔偿主体（三位股东）需要付出的赔偿金额将达到5.2亿元。这个数额已经相当于三位股东在并购中的套现资金（5.26亿元）。

4. 其他补偿方案

有些对赌方案引入了保障条款，从而很好地保证了对赌条款的可执行性。下面案例的保障条款就有保证金和股权质押的双重保险。此外，为了进一步分散风险，也出现了分期支付交易价款的案例。

戏说并购

【案例】

上市公司斯科伍德以 7.49 亿元的价格收购新三板挂牌公司龙门教育 49% 股权。对赌条款如下：龙门教育 2017 年、2018 年、2019 年需要实现的净利润（扣除非经常性损益前后孰低）分别不低于 1 亿元、1.3 亿元、1.6 亿元。

该方案的保障条款如下：

（1）保证金：利润补偿责任人需成立专项集合资产管理计划，作为承担业绩补偿责任之保证；科斯伍德与利润补偿人共同开设第三方托管银行账户，利润补偿人向此账户存入 1.42 亿元（占收购总金额的 19%）。

（2）股权质押：科斯伍德与马良铭等 9 位利润补偿责任人约定，本次并购的股份全部过户至科斯伍德名下后，利润补偿责任人仍需将各自持有的龙门教育总股权的 20% 质押给科斯伍德直至业绩承诺期满。

（3）如果龙门教育业绩没有达标，科斯伍德有权要求现金补偿。若现金不足以补偿，科斯伍德有权选择此前质押的龙门教育股权或资管计划中的现金作为补偿。

【案例】

上市公司宜华健康子公司达孜赛勒康以 1.12 亿元的价格收购新三板挂牌公司百意中医 51% 股权。其中，30% 的尾款要按五年分期付：

（1）前期 70% 股权转让价款的支付：收购协议订立之日起 5 个工作日内，上市公司向百意中医股东支付并购交易定金 1122 万元（并购交易总价的 10%）；协议按照相关条款生效后 5 个工作日内，上市公司支付 25% 的股权转让价款；股东在完成股权交割手续后，再行支付 35% 股权转让价款。

（2）剩余 30% 股权转让价款，需要根据百意中医的业绩情况支付：百意中医 2017～2020 年度经审计的净利润达到或超过承诺业绩，上市公司每年向百意中医支付 6% 的股权转让价款，分 5 年支付完毕。如果上述条款都满足，上市公司有权在 2022 年按照协议约定的价格收购百意中医剩余的 49% 股权。

假如业绩补偿未实现……

上市公司并购重组往往由于收购的溢价较大，从而形成合并报表较大金额的商誉。一旦标的企业未实现承诺的净利润，且盈利能力存在较大的不确定性，则上市公司的商誉则将存在减值风险。根据企业会计准则的规定，需要计提减值损失，从而计入当期损益，这对上市公司的合并报表的盈利将构成较大的不利影响。

据统计，2015～2017 年，全市场未实现业绩对赌的被收购目标公司，占上市公司收购的比例分别为：16%、20%、32%。

此外，目标公司未能实现业绩承诺时，业绩补偿人取得的上市公司股份将被回购注销，取得收购现金对价也将退还上市公司作为业绩补偿。同时，如果目标公司业绩实现率较低，根据监管规定，被并购方等相关主体还要受到相应的监管处罚。

【案例】

新华医疗（600587）收购英德生物 85% 股权后，之前业绩补偿人承诺英德生物 2014～2017 年归属于母公司的净利润分别不低于 3800 万元、4280 万元、4580 万元和 4680 万元，结果英德生物实际净利润完成情况为 3163 万元、3252 万元、-5057 万元和 -4593 万元。[①]

截至 2017 年 12 月 31 日，业绩补偿责任人隋涌等 9 名自然人应补偿给上市公司的金额累计为 41334 万元，上市公司实际收到 2268 万元，余款 39065

---

① 晏国文，曹学平．新华医疗 3.9 亿元补偿款问题难解．中国经营报，2018-05-26.

万元尚未收回。上市公司于 2017 年 6 月依法向法院提起诉讼，要求业绩补偿责任人偿还业绩补偿款。

2017 年 8 月上市公司向法院申请冻结了业绩补偿人持有的全部新华医疗股票；2017 年 9 月上市公司向法院申请冻结了业绩补偿人持有的英德生物 12.16% 股权。

上市公司收购英德生物形成商誉原值为 23584 万元，由于英德生物承诺期均未实现业绩承诺，截至 2017 年 12 月 31 日上市公司计提商誉的资产减值准备合计 19816 万元。

【案例】

深华新（000010）收购八达园林后，业绩补偿人王仁年承诺：八达园林 2016 年、2017 年、2018 年、2019 年归属于母公司股东的扣除非经常性损益的净利润分别不低于 16800 万元、24300 万元、30000 万元以及 30000 万元。结果八达园林 2016 年、2017 年实际的扣非净利润分别为 9031.01 万元和 -30000.25 万元，较承诺的净利润差异分别为 53.76%、-123.46%。

深华新收购八达园林形成商誉金额为 82579 万元，但由于八达园林在 2016 年、2017 年均未实现其承诺的净利润，于是导致 2016 年、2017 年深华新合并报表的商誉减值分别为 11500 万元、71079 万元，上市公司合并报表出现了较大亏损。

根据《盈利预测补偿协议》及其补充协议，业绩补偿人王仁年 2017 年度应补偿的金额为：业绩补偿 54300 万元加上资产减值补偿 46752 万元，合计为 101052 万元。

从上述两个案例可以看出，作为业绩补偿人，目标公司原股东不应盲目追求目标公司的高估值、高溢价，盲目进行业绩承诺，应充分考虑目标公司的市场环境、实际订单等情况,谨慎合理地预测未来业绩。否则,业绩补偿人将会承担较大的补偿压力,获得的上市公司的股份也有可能被收回,取得的现金也要偿还给上市公司。真要这样的话,那就竹篮打水一场空了。

因此,在对赌方案制订时,业绩补偿人需要充分考虑业绩补偿的可实现性,一般可从以下几方面考虑:(1)可优先以取得上市公司的股份进行补偿;(2)现金补偿需要充分考虑业绩补偿人的补偿资金来源与补偿能力问题;(3)对于取得的现金对价部分,上市公司可采用分期支付的方式,将支付期间与业绩补偿期间相对应;(4)对于取得的股份对价部分,其股份限售的解锁期可与业绩承诺实现情况相对应,从而保障能够更好地进行股份补偿;(5)增加其他保障业绩承诺能够实现的方法。

规则三：不光要赢，还要赢得漂亮

方案设计：全要素博弈

并购中的方案设计，玩的就是一个搭配组合。这有点像很多小女孩都喜欢玩的装扮游戏，同样的娃娃，搭配不同的衣裙、帽子、鞋和妆容，出来的就是不一样风格的美女。并购方案设计也如是。并购主体、交易结构、融资、估值、支付方式就是一块块神奇的拼图，不同的拼法会产生不同的图案。当然，无论怎么拼，玩家的目的都差不多，希望既节税，又合规，又没有太大风险，还能让买卖双方都满意。

并购方案的设计及其不断完善和修订贯穿于并购项目的始终。进行并购方案设计，一般需要考虑交易结构如何确定，拟采用什么并购主体，结合什么样的融资方式，对并购企业的估值、对赌、支付方式和整合，等等。在本书前面的章节中，我们给读者详细剖析了融资、估值和对赌的问题。在本小节中，我们将重点讨论交易结构、并购主体和支付方式。

在并购已经成为全球资本扩张主流模式的现代社会，并购项目数以十万百万计，但最后能够进入实施阶段并顺利完成的毕竟还是少数，其中并购交易结构设计是关键因素之一，是并购交易过程的核心环节，事关整个交易的成败。这一阶段还是将之前谈判沟通的具体情况进行通盘整合并转化为法律语言形成合同文件的过程，涉及的细节较多，考虑的环节较广，稍有疏忽，就可能导致整个交易失败。

一个设计完善的并购方案，能够满足交易各方不同的利益需求，加速并购重组进展并提高并购实际效果。通过精心设计交易结构，参与各方可以对被并购企业在权益、资产、财务、税务、法律、人员等方面进行规划、安排，就支付对价、支付方式、操作流程进行协商，协调彼此利益，从而达成并购交易目标。

另外，并购方案的至关重要性，还体现在它是后续并购重组流程的顶层设计。并购交易的股权操作、资产划转、项目融资、财务统筹、会计调整、税务安排都是在交易结构的框架内一步步开展。交易结构的好坏，直接决定并购重组能否顺利实施，能否为市场及监管机构接受，甚至决定整个并购项目的成败。

因此，并购交易方案设计的目标只有一个：在符合法律法规的前提下，设计最优解决方案，满足交易各方的利益需求，降低交易风险与交易成本，确保并购交易顺利实施。

三种常见的交易结构

适当的并购交易结构能有效地防范并购风险，最大限度地节约并购成本，从而为并购后的企业整合创造良好的基础条件。常见的交易结构有以下三种（见图7-2）。

1. 股权收购

股权收购指通过购买目标公司部分或全部股权，实现对目标公司的控制。实际操作中，股权收购主要采用股权转让和定向增发股份两种方式：

戏说并购

```
交易结构 ─┬─ 股权收购 ─┬─ 股权转让
          │            └─ 定向增发股份
          ├─ 资产收购 ─┬─ 资产转让
          │            └─ 资产出资
          └─ 企业合并 ─┬─ 新设合并
                       └─ 吸收合并 ─┬─ 现金
                                    └─ 换股
```

图7-2 三种常见的交易结构

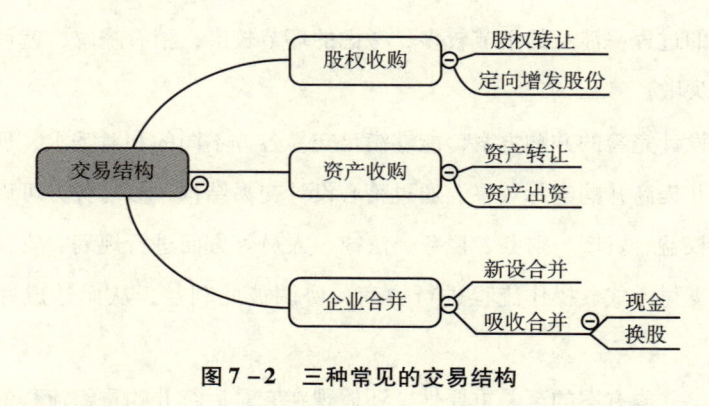

资料来源：笔者自制

（1）股权转让

股权转让是实现股权收购的最基本交易形式。通过新老股东之间签署股权转让协议，收购方获得控股地位，转让方退出。这种股权转让的交易形式不会增加股本，也不稀释其他老股东股权，也就不会改变被收购企业的股权结构。

比如，2017年10月10日，海澜之家子公司海澜投资以6.6亿元买下新余云开等股东持有的英氏婴童约44%股权。交易完成后，海澜投资就成为英氏婴童的第二大股东了。

（2）定向增发股份

定向增发股份是实现股权收购的重要形式，被收购企业通过向收购方定向增加注册资本金或定向发行股份的形式，引入新的投资者，从而实现了收购方对被收购企业的股权控制。

如果说转让是在老股之间进行划转，那么定增方式就会产生新股，从而稀释老股东的股权，并改变股东结构。在实务操作中，很少有案例是单纯的股权转让或增资扩股的交易形式，而是根据实际情况灵活运用股权转让和增资扩股的组合。

例如，嘉麟杰并购德青源时，其交易方案就是现金支付加增资的方式，以合计 12.35 亿元的总额收购德青源 50.47% 的股权。

（3）股权收购的优劣势

股权收购具有以下四个方面的优势：

一是节税。股权收购仅涉及企业所得税和印花税，而资产收购不仅涉及企业所得税、印花税，还包括增值税、契税及土地增值税等，相比较而言，资产收购具有较重的税费负担。

二是程序相对简单。股权收购仅涉及股权结构的变化，无须设立新的企业组织平台，一般情况下，也不需要对目标公司资产进行重大重组。

三是股权收购可以有效地保留被收购公司的"壳"资源。股权收购改变被收购公司的控股股东，而不改变被收购公司本身的法律人格、权利能力，能够继承被收购企业的资质、品牌和声誉。

四是有利于被收购公司的稳定。股权收购并不导致被收购公司的解散，因而不会出现公司动荡，雇员解雇与安置等问题，这有利于被收购公司的稳定和生产经营的连续性。

不过，股权收购也存在两方面的劣势：一方面，股权收购仅是控股关系的变化，被收购企业的债权债务关系及对外其他各类风险将由收购企业承担，在或有债务及其他风险没有调查清楚的情况下，会存在较大的风险；另一方面，股权收购实现了对被收购企业的整体控制，被收购企业的普通员工劳动合同关系并不发生变化，这意味着后期的企业内部整合难度会很大。

2. 资产收购

资产收购是指收购方为了取得标的公司的经营控制权而收购标的公司的主要资产、重大资产、全部资产或实质性的全部资产的投资行为。资产收购的客体是目标企业的核心资产，而不是目标企业的特定资产。资产收购的客体在发生权利转移后必须达到实质控制的效果，而不是仅获得了特定资产的所有权。

假如目标企业没有形成良好的公司法人治理结构，内部财务管理混乱，对外信息披露不充分；或目标企业债权债务情况复杂，没法通过尽职调查手段完全摸清；或目标企业资产状况参差不齐，人员素质低下且冗员较多，在这些情况下，收购方建议考虑资产收购。资产收购主要有以下两种方式：

（1）资产转让

资产转让是指收购方与被收购企业签署资产转让协议，收购方取得被收购企业的核心资产，从而实现对目标企业并购的交易形式。资产收购范畴的资产转让，其实质是收购方基于取得目标公司经营控制权的目的而购买资产，这些资产必须达到一定的标准和规模以达到控制经营权的效果。在实务操作中，资产转让是资产收购的常规操作方式，具有法律关系清晰、操作环节相对简单的特点。通俗理解，资产转让即买方收购目标公司的全部或部分资产。

（2）资产出资

资产出资也可以称为作价入股的交易形式，是指卖方以其核心资产的价值出资，买方通过定向增资扩股或共同出资设立新公司的形式，以达成资产收购目的的交易形式。资产出资需要目标企业按照公司设立或增资的程序进行操作，与直接的资产转让相比，其形成的法律关系及所需的操作环节相对要复杂得多。

（3）资产收购的优劣势

资产收购具有三个方面的优势：

一是收购风险低：资产收购通过资产转让和资产注资形式实现，被收购企业无法核实清楚的或有债务都留在了目标企业，而且买方可以有选择性地决定是否将目标企业的特定负债列入收购范围，这样将大大降低企业并购的风险。

二是整合难度低：资产收购一般仅涉及卖方的资产，对卖方的高级管理人员及一般员工，买方可以选择接纳，也可以选择不接纳，这大大降低了企业并购后的整合难度。

三是收购效率高：资产收购的标的是目标企业的核心资产而非全部资产，这样能够有选择地确立收购标的，更有利于提高收购的效率。

但资产收购也存在三个方面的劣势：

一是资产收购的税费成本会比较高。另外，直接的资产转让往往需要买方准备大量的现金，这也是资产收购必须考虑的不利因素。

二是资产收购往往需要设立企业平台，要么共同出资设立新的公司，要么以新资产设立分公司，这无疑提高了收购的操作难度和成本。

三是资产收购不利于卖方资质、品牌、声誉的继承及业务的持续发展。

3. 企业合并

根据企业合并后存续关系的不同，企业合并的操作方式可以分为新设合并和吸收合并两种操作类型。

新设合并又称创立合并，是指两个或两个以上的公司合并后，成立一个新的公司，参与合并的原有各公司均注销法人资格。新设合并的操作可以用公式表示为：$A+B=C$，C公司是新设立的法人企业，A、B公司则因合并而丧失其法人资格。

吸收合并又称兼并，是指两个或两个以上的公司合并成为一个公司，其中一个公司保留法人资格，其他公司注销法人资格。吸收合并的操作可以用公式表示为：$A+B=A$，A公司作为实施合并的企业仍具有法人地位，但B公司作为被合并企业已丧失法人地位，也即A公司合并了B公司。

较吸收合并的操作方式，新设合并在实务操作中的应用案例较少。吸收合并是目前企业合并的最常见的形式之一，可以通过以下两种方式进行：

（1）现金方式：

吸收方以现金购买被吸收方的全部资产或股份，被吸收方以所得货币资金付给原有公司股东，被吸收方公司股东因此失去其股东资格。

（2）换股方式：

吸收方发行新股以换取被吸收方的全部资产或股份，被吸收公司的股东获得存续公司（吸收方）的股份，从而成为存续公司的股东。存续的公司仍保持原有的公司名称，并承接被吸收公司全部资产和负债。

目前，国内集团公司或者母公司实现整体上市时多采用换股吸收合并的方式。这种方式不涉及现金流动，无论存续方是上市公司还是母公司或集团公司，都不必通过以现金支付的方式来购买被合并方的全部资产和股份，由此可以避免吸收合并过程中大量的现金流出，保持合并方企业即存续公司的企业实力，有利于企业的长远发展。

这种并购形式，关键是确定发行与换股价格、换股比例、换股方式、换股数量等。因此，通过换股吸收合并实现整体上市是个非常复杂的过程。

并购主体的选择

上市公司开展对外并购时，往往更关注卖方的选择、投资价格的谈判、交易结构的设计等，这些是并购过程中非常关键的环节，但有一个环节往往被拟开展并购的上市公司所忽略，即并购主体的选择与设计。实际上，选择什么样并购主体对上市公司的并购规模、并购节奏、并购后的管理及相配套的资本运作等均具有十分重大的影响。

1. 由上市公司作为并购主体

该模式的好处在于，上市公司进行股权并购，可以选择股份作为支付方式，有时无须使用现金作为支付对价，并购后利润可以直接在上市公司报表中反映。以上市公司作为投资主体直接展开并购是较传统的并购模式，也是最直接有效驱动上市公司业绩增长的方式。

但劣势也很明显：第一，在上市公司市值低时，并购对股权稀释比例较高；第二，上市公司作为主体直接展开并购，牵扯上市公司的决策流程、公司治理、保密性、风险承受、财务损益等因素，比较烦琐；第三，并购后业务利润如未按预期释放，会影响上市公司利润。

2. 由大股东成立子公司作为并购主体

该模式相当于在控股股东旗下设立一个项目"蓄水池"，根据资本市场周期、上市公司业绩情况以及子业务经营情况，有选择地将并购标的注入上市公司。该模式不直接在上市公司层面稀释股权，大股东可以在子公司层面上开放股权。

对并购标的管理团队而言，未来如果经营良好，那么其资产将注入上市公司，从而实现股权增值或直接在上市公司层面持股，该模式对于管理团队具有较好的激励效果。不过该模式需要大股东成立专门的并购团队开展项目扫描、并购谈判、交易结构设计等，对大股东的投资并购能力和人才储备要求较高。

此外，大股东子公司或项目业绩不能纳入上市公司合并报表，使得并购后不能马上对上市公司报表产生积极影响。还有一点，该模式往往受大股东自身资金实力所限，并购规模一般不大。

3. 由大股东出资成立产业投资基金作为并购主体

除具备模式二的优势外，在该模式下，大股东只需出资一部分，即可撬动更多社会资本或政府资本展开产业投资并购。而且，该模式通过基金结构设计实现与基金管理人共同决策，合作应对并购、投后管理等问题，并购成功率更有保障。

不过，选择产业投资基金模式，大股东最好拥有较强的品牌影响力，不然基金的募资规模可能受限。

4. 由上市公司出资成立产业投资基金作为并购主体

除具备模式二、模式三的优势外，该模式可以利用上市公司的品牌力、影响力、信誉等撬动更多社会资本与政府资本，更容易募集资金，在不直接稀释上市公司股权的情况下，通过股权比例和结构设计将标的公司的业绩纳入上市公司合并报表，提升上市公司业绩。

随着私募基金和并购市场的发展壮大，越来越多的上市公司与私募基金合作成立并购基金展开收购，由并购基金扮演上市公司产业孵化器的角色，提前锁定具有战略意义的优质资源，待培育成熟后再注入上市公司。

上市公司以这种方式展开并购，有以下优势：第一，扩大了并购资金规模；第二，由并购基金直接收购标的公司股权无须经过证监会审批，极大地提高了并购效率；第三，私募基金在战略研究、资源整合等方面可以与上市公司形成互补；第四，在并购基金投资和孵化期间，上市公司即介入目标公司的经营管理，降低了并购后的整合风险。

支付方式：标的可以这样买

在中国的并购实践中，并购交易的对价可以通过现金支付、股份支付或者国资委无偿划拨，在实务操作中也可以创新地采用认股权证、优先股、可转换公司债券支付或资产置换、混合支付的方式。

1. 现金支付

现金支付，对于买方而言无须进行证券价值评估，便于并购交易的快速达成；对于卖方而言，目标公司股东不必承担证券风险，也不会受到并购后目标公司的发展前景不明朗、利率或者通货膨胀的影响。

采用现金支付，需要考虑收购方的现金流量、财务风险，同时对买方的融资能力要求较高。锦江股份（600754）在收购Star SDL Investment Co.旗下的卢浮集团时，就曾利用巨额的银团并购贷款。

在新三板并购市场，纯现金支付仍为主流支付方式，主要原因为新三板重大重组并购交易仍然以"被并购为主"。鉴于绝大部分收购方为非主板上市公司（含私募、个人），其股权不具有公允价值，大量新三板公司的股东倾向于获得现金实现退出，造成了纯现金支付方式大量出现。

同时，上市公司并购新三板企业，支付方式也以现金为主，73%的并购以现金方式进行支付，仅6%完全以股权交易的方式进行。上市公司采用现金并购新三板企业主要基于以下几点考虑：（1）新三板企业体量普遍较小，并购交易规模整体较低，使用现金支付不会过多挤占日常营运资金，现金压力较轻；（2）现金支付更加便捷，涉及股权时发行成本较高；（3）现金支付不涉及股权结构的变化，上市公司控股股东更倾向于选择避免其控制权稀释的现金支付方式；（4）现金支付可以向市场传递出积极、正面的信号，表明其资金周转和营运情况良好。

2. 股份支付

股份支付指收购方向目标公司股东定向发行股份作为并购对价，目标公司股东成为收购方的股东。对收购方而言，股份支付不需要支付大量现金作为并购对价，避免现金大额流出压力；对于出让方而言，股份支付可以延缓所得税的缴纳，可享受收购方股份升值收益，但同时承担收购方经营不善等因素导致股价下跌风险。

受2017年2月上市公司再融资新政的影响，上市公司股份支付方式受到了极大限制。新政规定：上市公司申请增发、配股、非公开发行股票的，本次发行董事会决议日距前次募资到位日不得少于18个月，拟发行的股份数量不得超过本次发行前总股本的20%。

由于上市公司再融资新政及减持新规的影响，2017年第四季度上市公司并购新三板企业的数量仅有10起，交易金额仅45.79亿元，并购数量及交易金额大幅下降。同时，定增融资、发行股份购买资产的严格限制，使得上市公司股份支付的难度加大。支付方式也由原来的"现金+股份"支付，转为以现金支付为主。2017年第四季度，在10起上市公司收购新三板的案例中，"股份+现金"支付的交易仅有3起，纯现金支付的交易有7起，占比70%。

3. 混合支付

在并购重组中，支付工具可以是包括股票、现金、可转换债券、认股权证在内的多种形式的组合。例如，合力泰（002217）在完成借壳联合化工上市后，2015年以9.6亿元收购业际光电100%股权，其中通过向业际光电全体股东非公开发行股份支付7.2亿元，通过现金支付2.4亿元；2016年又以23亿元收购比亚迪股份（002594）旗下全资子公司比亚迪电子部品件100%股权，其中通过向比亚迪股份定向增发1.78亿股新股支付17.25亿元，通过现金支付5.75亿元。上述"股票+现金"模式是较为常见的混合支付方式。

三种支付方式整体而言平分秋色，在实际操作中运用的概率相近。支付方式的选择应确保并购最大限度地顺利进行，同时考虑买方的现金流量、资金来源、财务风险。例如，卖方如果偏好现金，在交易结构中尽可能提供现金选择权；买方认为并购对象未来发展的不确定性较大，风险较高，则在交易结构设计时可以考虑分步购买或采用附加期权支付；交易各方对交易价格及标的资产的盈利能力存在较大分歧，可以安排对赌条款。

从并购标的角度而言，如果溢价收购，现金支付使得出让方为资本收益和增值收益付税；如果证券支付则延缓了付税，资本增值被转移到所获得的证券成本之中。

4. 分期支付

值得一提的是，2017年首次出现并购交易中分期支付现金对价。之前上市公司收购新三板公司价款支付通常属于当期支付，即股份转让和对价支付同步完成，或协议生效后，证监会核准后的规定日期内完成价款支付。

2017年，上市公司清水源（300437）收购新三板挂牌公司中旭建设（870088）时，首次采用现金分期支付的交易方式，即首期支付40%并购交易对价后，在未来三年内（2018~2020年），每期按照目标公司业绩承诺完成情况支付后续交易对价，如目标公司完成当年业绩承诺则每年支付交易对价的20%。同时，目标公司中旭建设（870088）原控制人李万双承诺，除首期支付价款外，以后分期取得的部分支付价款，用于购买收购方上市公司股票，价款额度为5000万元。

上市公司清水源分期支付价款，一方面，缓解了上市公司一次性支付大额并购款的资金压力；另一方面，李万双承诺购买上市公司股票属于上市公司变相采用股份支付方式完成对价支付，进而也避开了再融资新政的约束，是上市公司收购新三板公司交易方式的一次创新性尝试。

机会卡：貌似凭运气，其实也看实力

借壳这件事儿

小时候玩过大富翁游戏的朋友都知道，在游戏过程中，运气好的玩家会得到机会卡，拿到机会卡一般都是好事。比如，直接前进至终点，或获得银行低息贷款的机会。在并购中，也会有这样的幸运时刻出现，那就是借壳。一旦在各种机缘巧合下借壳成功，那并购方将获得一个资本运作的超级平台。在中国，由于A股上市实行核准制，登陆A股进行资本运作的资格其实是很稀缺的。随着监管趋严，在并购的时候借壳成功，这种事件概率不高，犹如抽到了机会卡，一旦抓到，不要错过。

A股重组上市从严监管

"有人的地方就有江湖"，而有资本市场的地方就有壳。

上市公司的壳，是稀缺资源。既然是稀缺资源，自然就会有人千方百计地"借壳"。

借壳和并购重组是一对孪生兄弟，起初各国监管部门也没太把借壳当回事，而归类为并购重组行为。但是凡事皆有度，一旦突破了这个度，就会发生本质变化。无论中外 IPO 都涉及公开发行股票，也涉及社会公众利益，由于监管的疏松，一部分企业通过借壳的方式刻意规避 IPO 的审核与监管，出现了很多对于投资者不利的恶性问题。各国监管部门也逐渐认识到，借壳是上市行为，借壳的经济实质并不是并购重组行为，而是为了实现自身资产证券化的过程，所以应该按照 IPO 的标准严格监管要求。

基于这一通识，各国监管部门都在收紧对于借壳的监管。例如美国证监会严格监管反向收购（实施"借壳上市"的一种常用具体手段）。例如香港交易所出台多项举措，对借壳的监管持收紧态度。

在监管高压下，借壳这件事儿就会变着各种花样来符合监管要求。但是万变不离其宗，实际上读者只要掌握两个基本知识就可以分辨是不是借壳，无论交易多么复杂迷离。这两个条件是：（1）买方获得壳（上市公司）的控制权；（2）买方将自己的资产注入壳。

借壳与 IPO 的比较

借壳跟 IPO 都能实现上市，下面我们做一个比较：

在中国，IPO 是通过行政许可获得上市资格的行为。想象一下，上市前，原股东通过同比例摊薄稀释股权，换来一种所谓的高溢价融资，原来全体股东持股比例为 100%，通过发行新股融资上市后，股权比例被稀释，在 90% 或者更多之间，原股东通过稀释部分股权获取数亿资金。

而借壳上市是另外一种思路，也即是通过交易方式来实现，即刚才上面谈到的两点，"壳"的控制权的取得和资产的注入，**二者最核心的区别在于股东持股的对价不同**。借壳操作前原股东持股 100%，借壳操作后变成 40%，原股东持股摊薄后的代价，当然是分享新注入借壳资产的那部分权益，但是这部分权益需要在未来某个时点体现，和 IPO 相比就具有极大不确定性了。同时，借壳方需要额外支付壳费代价，就 A 股公司而言，这个壳费在几十亿元人民币左右。但借壳最大的优点就是上市的周期快，IPO审核时间周期长，短的也需要一年到两年，更复杂的需要三年以上甚至更长，而借壳上市周期大约一年到一年半。

尽管目前对借壳上市的审核要求与IPO等同标准，需要符合首发办法规定的发行条件，但也不同于IPO审核所有要求。之所以会有所不同是由于有些时候借壳上市不但是上市行为，同时又涉及对现有上市公司的挽救与改造，事关上市公司千万公众股东甚至地方政府的切身利益。否决IPO等于世界上少了几个身价过亿的富翁，否决借壳上市等于否决一大群上市公司的利益相关方。

监管政策趋严

2016年中国证监会对于借壳上市的监管政策发生了有史以来最大的变化，出台了最严厉的措施。修订后的《上市公司重大资产重组办法》（简称"重组新规"）颁布，对构成"监管意义上"借壳的要件进行了更为细化的规定，严防一切规避行为。

此后，证监会新闻发言人特别强调，希望媒体报道"借壳上市"时在措辞上用"重组上市"。因此，"重组上市"就被定义为"监管意义上"的借壳上市。

究竟如何就构成了重组上市（借壳）的情形。

根据重组新规，构成重组上市需要同时满足三点。请注意，是同时满足：

(1) 控制权发生变更；

(2) 自控制权发生变更之日起60个月内，向收购人及其关联人购买资产；

(3) 4+1+1+1：

"4"指购买的资产总额、资产净额、产生的营业收入、净利润相比上市公司控制权发生变更前的一个会计年度的变化比例达到100%以上（上市公司四项指标任意一个指标突破100%就算借壳）；"1"指为购买资产发行的股份占上市公司首次向收购人及其关联人购买资产的董事会决议前一个交易日的股份的比例达到100%以上；"1"指上市公司主营业务发生根本变化；"1"指：（兜底情况）中国证监会认定的可能导致上市公司发生根本变化的其他情形（证监会留下判断的自主权）。

进一步解释每个构成要素：

"控制权变更" 判断标准

为了进一步明确"控制权变更"的判断标准，遏制规避套利，修改后的《重组办法》参照成熟市场经验，主要从"股本比例""董事会构成""管理层控制"三个维度完善控制权变更的认定标准。

根据重组新规，拥有上市公司控制权包括以下情形：

（1）投资者为上市公司持股50%以上的控股股东；

（2）投资者可以实际支配上市公司股份表决权超过30%；

（3）投资者通过实际支配上市公司股份表决权能够决定公司董事会半数以上成员选任；

（4）投资者依其可实际支配的上市公司股份表决权足以对公司股东大会的决议产生重大影响；

（5）上市公司股权分散，董事、高级管理人员可以支配公司重大的财务和经营决策的，视为具有上市公司控制权；

（6）中国证监会认定的其他情形。

60个月期限

如果收购方先取得上市公司控制权，60个月（5年）后再进行资产注入，则不构成借壳。60个月的期限其实足够长了，借壳方通过IPO等正常途径也可以实现资产证券化，说白了，就是尽量能IPO就不要借壳。

但需特别注意，60个月期限不适用于创业板上市公司重组，也不适用于购买的资产属于金融、创业投资等特定行业的情况。

完善交易规模判断标准

以前界定"借壳"交易规模仅有资产总额一个判断指标，很容易规避。新规调整为资产总额、资产净额、营业收入、净利润还有股份比例这五个主要指标，只要其中任一达到100%，就认定借壳。打个比方，一个重资产盈利弱的上市公司收购一家轻资产但盈利好的资产，在资产总额一个标准之下不构成借壳，但是新规就不是这样了。所以说，重组新规采用的五个标准衡量，是极其容易让收购企业触发借壳条件的。

不要忘记"中国证监会认定的其他情形"

证监会这个其他情形认定重组上市的标准，类似一个兜底条款，说白了就是最终解释权归中国证监会。总之，证监会的道高一尺，永远会对付借壳方的"魔高一丈"。

有一点要注意，卖壳方上市公司及其控股股东、实际控制人近3年不得存在因涉嫌犯罪正被司法机关立案侦查或涉嫌违法违规正被中国证监会立案调查的情形。另外就是上市公司及其控股股东、实际控制人最近12个月内未受到证券交易所公开谴责，不存在其他重大失信行为。

进一步遏制重组上市的套利空间

此外，证监会提高对重组方的实力要求，取消重组上市的配套融资。

延长相关股东的股份锁定期：原控股股东与新进入的控股股东一致要求锁定36个月，其他新进入的股东由原来的12个月锁定期延长到24个月。

通过上述规定，证监会限制原控股股东、新进小股东通过借壳上市套现退出，督促其关注重组资产质量，形成新老股东相互约束的市场化机制。

通过海外中概股借壳回归来说借壳运作

2015年前后，中概股以私有化方式掀起了一股回归A股的潮流。不过大部分企业并没如愿以偿，私有化也是有风险的，很多公司的大股东因私有化融资背负了沉重的债务压力也未能回归。但江南春的分众传媒、史玉柱的巨人网络以及"红衣主教"周鸿祎的360通过娴熟的资本运作均顺利实现借壳上市。下面本书就分析这三个经典的借壳案例，希望给读者带来启发。

先介绍一下背景，2005年7月13日，江南春的分众传媒在纳斯达克上市。2011年11月，本书前面第六阶提到的著名做空机构浑水针对分众传媒连发两份做空报告，提出多项指责和质疑。史玉柱的巨人网络2007年登陆纽交所。其在美国资本市场并未获得良好的估值，市值大幅缩水达30%。2011年3月，360顺利在纽交所实现上市。经过4年的发展，360的市值从上市之初的约60亿美元增长到近100亿美元。这三家公司情况不同，原因各异，但是都有一个目标就是回归A股。

1. 私有化退市，拆VIE

所有回归A股的海外上市公司，都需要先经过私有化，然后再拆除VIE结构。2012年8月13日，江南春牵头联合凯雷亚洲、中信资本、光大控股、复兴国际、鼎辉投资、方源资本等一系列名牌投资机构提出的私有化要约，当时分众传媒总估值为35亿美元。2013年11月，史玉柱联合霸菱亚洲投资提出私有化要约，巨人网络以28.68亿美元的价格完成私有化退市。2015年，周鸿祎私有化360，私有化的成本达到93亿美元。

分众传媒回归A股，江南春仍然通过境外SPV间接控制上市公司，是和其他中概股相区别的。其在获得了监管部门认可的同时，避免了更为复杂的拆红筹过程。能实现这个安排的关键原因是因为江南春拥有新加坡国籍，属于外籍人员，因此监管部门并未对其作出强制拆除境外架构的要求。当然如果实际控制人是中国国籍，仍然需要通过其在 VIE 实体中的股权转移来实现控制权从境外转移至境内。

分众传媒是 FMCH 的全资子公司。为借壳上市之目的，分众传媒于 2015 年 4 月进行第一次股权转让，FMCH 将其持有的共计 89% 的股权分别转让给 FMCH 原股东的附属公司，目的在于将 FMCH 的境外股权结构平移至境内。随后，分众传媒进行了第二次股权转让，各股东将合计约 30% 的股权转让给境内财务投资者。随后 FMCH 又将其全资子公司分众（中国）信息技术有限公司、池众信息技术（上海）有限公司、上海分众软件技术有限公司、深圳前海分众信息服务管理有限公司 100% 股权转让给分众传媒。

和分众传媒类似，360 曾先后三次进行股权架构调整，在 2016 年 7 月完成私有化退市后，奇虎 360 还不能直接作为借壳公司。所以其先是通过重组将天津奇思变为内资企业，再将鑫富恒通、北京远图等与天津奇思主营业务相关的主体重组至天津奇思架构下，同时拆除天津奇思子公司的 VIE 架构，并将奇步天下、Tech Time 等与天津奇思主营业务不相关的主体重组至天津奇思体系外，从而完成标的公司境内外架构的调整。最后，天津奇思吸收合并私有化主体奇信通达，并更名为三六零股份有限公司，形成本次借壳交易的标的公司。

2. 壳的选择

在借壳上市项目中，壳公司的选择直接决定了收购方的借壳成本、项目完成的难易程度。在壳公司选择的过程中，至少应关注：

（1）壳公司的市值规模尽可能小。这点很容易讲通，从收购方控制借壳后上市公司这个角度来看，壳公司的市值越大，置入资产占借壳后上市公司的比例越低，收购方持有上市公司的股权比例就越低；相反，壳公司的市值越低，置入资产占借壳后上市公司的股权比例，以及借壳后收购方持有上市公司的股权比例就越高，越有利于收购方控制借壳后上市公司。

（2）**壳公司的股权分散程度越大越好**。这点就更容易讲通了，从收购方控制借壳后上市公司的角度来看，如果壳公司的股权比例分散，原大股东持有壳公司的股权比例越低，收购方持有的股权比例与原大股东的股权比例差距就越大，越有利于收购方控制。

（3）**壳公司尽量简单干净**。壳不存在或有负债、重大担保以及未决诉讼等其他重大或有事项。这些事项往往需要很长时间周期聘请专人来调查，为的是保证以后易于处置和清理干净。

在我们说的案例中，史玉柱的巨人网络选择的是世纪游轮，江南春的分众传媒选择的是七喜控股，而周鸿祎的360则选择了江南嘉捷，都是以上我们说的市值较小、股权分散、沿革清晰，不存在或有风险的典范。同时这三家壳公司的经营状况也是不理想的。对于其原有股东来说是摆脱过去、浴火重生的机会。

3. 新控制人与原股东的利益协调

交易过程需要平衡好重组各方的利益。通常，为了提高借壳后上市公司的盈利能力，重组方会剥离壳公司低收益或者与其业务没有关联的资产。

在巨人网络借壳方案中，世纪游轮将上市公司原有资产和负债全部置出，变为净壳后，上市公司世纪游轮向巨人网络股东非公开发行股份购买其持有的巨人网络100%股权。本次交易完成后，确保了史玉柱成为公司实际控制人。由于公司股价复牌后连续走出20个涨停，世纪游轮前实际控制人的身家也从10多亿元飙升至100多亿元，双方皆大欢喜。

在分众传媒借壳方案中，七喜控股置出资产大概8.8亿元，分众传媒估值作价457亿元。通过置换和补差额，七喜控股向FMCH（分众母公司）支付现金获取了分众传媒11%股权。同时，由于退市时分众估值仅为35亿美元（240亿元人民币），而借壳前达到457亿元人民币高估值，等于两年间参与分众私有化的投资人都翻番，其余持有分众传媒剩余89%股权的股东参与认购七喜控股的定增，从而获取七喜控股的股权。本次交易完成后母公司FMCH获得了现金，同时江南春成为上市公司的实际控制人。这个案例中，分众的市值一路上涨，但在退市时其市值仅为35亿美元，重组中的市值飙升至457亿元人民币，2017年分众传媒的市值已经达到了千亿元人民币，没有输家。

在360借壳江南嘉捷的方案中，江南嘉捷将其全部资产、债务、人员、资质等生产要素，以划转方式全部集中在其全资子公司嘉捷机电名下。如此一来，江南嘉捷仅仅变为了拥有嘉捷机电100%股权的平台公司。

随后江南嘉捷以18.72亿元的价格转让嘉捷机电100%股权，原实际控制人金氏父子现金出资16.9亿元购买90.29%股权，剩余嘉捷机电9.71%股权转让给360全体股东，与其拥有的360 100%股权的等值部分进行置换。由于产生差额502.35亿元，由公司以发行股份的方式自360全体股东处购买。本次交易完成后，周鸿祎将以直接或间接方式控制江南嘉捷60.88%股权，成为江南嘉捷新的实际控制人。

这个游戏类似补差额的游戏，一家公司是可以发行股票的公司（A），不管多烂总归是可以发行股票的，另外一家公司（B）有大量资金和融资能力，但是无法发行股票。而且A的估值一般很小，B的估值一般很大，超过A公司四五倍左右。那么B公司通过认购A公司发行的股份，来控股A公司，同时B公司为了保证自己的绝对控制，也需要和其他股东在比例上有所差距。那么拉开这种差距的手段就有很多了，比如在融资的时候考虑区分内部股东和外部股东。拿分众传媒来说，就将股份分为两部分，分别采取不同的发行价格针对内外股东，同时还有很多操作是因为原先借壳方实际控制人私有化债务过多或者壳方董事长没钱的情况下通过定增的方式先融一轮资金。

三起借壳案例完成情况是乐观的。相较于IPO来说，资产重组上市最大的优点就是节约时间成本。大多数情况下，私有化的过程必然导致背负巨额债务，因此，上市进程越短越好，借壳就成了必然选择。

新三板也借壳

目前证监会尚未对新三板"借壳"作出定义以及特殊规范要求。全国股转公司曾于官方微信对新三板"借壳"发表意见：针对可能涉及"借壳"的并购重组行为，全国股转公司在审查中将保持与挂牌准入环节的一致性，避免出现监管套利，相关规则正在研究制定过程中，将择机发布。

实际操作中，新三板认定为借壳挂牌的，全国股转公司对拟进入挂牌公司的标的资产，将按照挂牌条件进行审核，那么也就等于说是绝大部分收购方失去了借壳挂牌的意义，不如直接去市场挂牌。同时近年来壳费从高峰已经跌落，导致借壳挂牌并不是企业首选。在实操中，为规避借壳挂牌的认定标准，一般从"控制权变更"与"置入资产超过控制权变更前一会计年度资产规模的100%"这两条标准中规避任一即可。

新三板壳买卖数量激增无非受到两个因素影响：

第一，市场参与方看好新三板资本平台价值，通过收购低市值的挂牌公司获得其控制权，后续再注入其他业务，发挥好新三板资本平台的融资、宣传功能，从而改善挂牌公司业绩、实现其资本增值目的。

第二，新三板监管的从严、挂牌公司合规成本的上升，会导致壳的供给大量增加，同时会导致壳费下降。

至于借壳动机，在《挂牌条件适用基本标准指引》中对于挂牌企业有"依法设立且存续满两年"的要求，这对于新成立的企业来说是一个无法逾越的门槛。还有一部分公司存在历史沿革存在瑕疵、所在行业不被新三板所接受、有外资架构的优质企业等特点自身无法实现挂牌。在实际案例中有一些企业就是通过借壳来规避该项要求。

新三板买卖壳操作方式一般有两种：第一种是收购方收购挂牌公司股权，从而取得控制权，然后挂牌公司增发新股逐步收购新资产，并逐步将原有资产置出；第二种是收购方参与挂牌公司的定向增发，向挂牌公司注入现金并获得公司控股权，然后挂牌公司逐步收购新资产，出售原有资产。纯老股转让仍然为卖壳支付的主要方式。卖壳支付方式逐渐从纯老股转让，发展为定增等多元化手段。相较于老股转让，定增股票的资金能直接注入公司体内，有利于公司发展。

以冯民堂收购中宝环保为例，收购人冯民堂以现金方式认购中宝环保定向发行股票4424万股（占发行后中宝环保总股本的52.05%），发行价格为1.14元/股，合计作价5043.55万元。本次收购前，冯民堂未持有中宝环保股票，本次收购完成后，冯民堂持有公众公司52.05%的股份，成为中宝环保控股股东和实际控制人。收购人在本次收购后，将积极寻求具有市场发展潜力的投资项目并纳入公司，增强公众公司的持续盈利能力和长期发展潜力，提升公司股份价值和股东回报。

需要注意的是，近年来卖壳支付方式多元，分阶段买壳成新趋势，做市交易买壳初现。

由于受资金限制，一些收购方买壳通常不是一步到位，而是分成多个阶段进行。以方元资本买壳良品观为例，2017年2月14日，良品观股东刘丽霞女士将其持有的45万股的无限售条件流通股转让与方元资本，转让后，方元资本持股9%；2017年2月20日，公司股东胡三军先生将其持有的67.50万股无限售条件流通股转让给方元资本，交易后方元资本合计持股22.5%；2017年4月28日，方元资本受让良品观38.75%的股份，交易后，合计持股61.25%，成为公司控股股东，陈林成为公司实际控制人。

此外，在分阶段买壳模式下，部分收购方也开始选择从做市商买入股份，达到获得控制权的目的。2017年第二季度首现做市交易买壳，当期有三起交易是收购方通过做市买入。以润芯投资收购中电罗莱为例，润芯投资于2017年4月11日至2017年4月24日期间，多次通过做市转让方式，合计收购了中电罗莱1179.90万股，总金额为2962.99万元，占公司总股本的21.45%。通过多次做市转让，润芯投资成为中电罗莱的控股股东。

判断壳资源

判断新三板的壳，和本书上面在海外企业回归A股时提到的判断上市公司的壳的判断标准类似但是也有很大区别。

第一，**壳公司是否干净是第一位的**。在三板借壳实操中是否干净有两个层面的含义，首先是没有或有负债或者风险，其次是能否顺利实现剥离。通常而言，借壳方如果拿到所谓无资产负债、无业务和无人员的"净壳"对自己是最有利的。

第二，和选择A股壳不同，**股权分散程度并非越大越好，而是股权相对集中最好**。因为股东人数较少，三板借壳这种交易需要得到壳公司大部分股东支持，所以股东人数越少则问题越容易解决。壳公司若股东人数很多，那么与所有在册股东谈判都是一件很麻烦的事。

第三，**挂牌时间长，收购方能以较快速度拿到控制权**。根据规定，股份公司成立起（股改）一年内，发起人不得转让其所持有股份，公司实际控制人自挂牌起"两年三批"解除限售，也即挂牌之日解除1/3，再于挂牌满一两年分别解除1/3股权限售。若限售的股份要转让，一般通过协议质押等方式等进行实质上的转让，但名义上股份仍属于原股东，借壳进行后续资本运作会存在不小的麻烦。

戏说并购

新三板壳资源价格从 2015 年开始经历了大起大落，最高时点的时候可达千万，而现在只有百万，壳市场正在走向冷却，实际成交的三板借壳案例也越来越少。这和三板退市制度的逐渐推行与制度的逐步完善预期相吻合，制度的完善将令壳资源的价格继续下滑。

新三板"借壳"手法

1. 参与定增实现借壳

采用定向增发方式，借壳方大股东入主新三板挂牌企业控股股东之位，是新三板借壳案例中较为常见的手法。

比如，南孚电池借壳亚锦科技是典型的以发行股份购买资产进行借壳的案例。新三板挂牌企业亚锦科技，通过向南孚电池股东大丰电气定向发行 26.4 亿普通股，购买大丰电气持有的南孚电池 60% 股权。交易完成后大丰电气成为亚锦科技第一大股东，南孚电池成为亚锦科技子公司，南孚电池成功被装入壳公司。

英雄互娱借壳的塞尔瑟斯则是一家默默无闻的仪表和暖通仪表制造商，通过定增，新三板企业塞尔瑟斯以每股 1.33 元的价格，引入天津迪诺投资管理有限公司（以下简称"天津迪诺"），真格、红杉、华晟等 9 家投资机构。而天津迪诺由原中手游 COO 应书岭 100% 持股。此次定增完成后，应书岭成为塞尔瑟斯第一大股东、实际控制人。

2. 老股收购实现借壳

采用收购老股的方式，借壳方大股东入主新三板挂牌企业控股股东之位，也是新三板借壳案例中较为常见的手法。具体的例子很多。

例如，2015 年 8 月，昆吾九鼎产业投资管理有限公司受让挂牌公司优博创 42.80% 股份，成为公司第一大股东，昆吾实际控制人吴刚等人成为挂牌公司实际控制人。

2015 年 9 月 2 日，优博创收购九鼎投资持有的九信投资 100% 股权，交易价格为 469 万元。九信投资是一家从事互联网金融业务的企业，是拉萨昆吾实际控制人所控制的企业。

3. 资产置换实现借壳

采用资产置换的方式，借壳方大股东入主新三板挂牌企业控股股东之位，也是新三板借壳案例中比较常见的手法。子午康成借壳波智高远就是通过资产置换的方式来实现借壳的。

波智高远净资产评估值为 991.69 万元，与子午康成持有的三态速递 100% 股权的等值部分进行置换，拟置出资产作价不足的差额部分，由波智高远向收购方子午康成发行股份购买。三态速递 100% 股权的评估价格为 56541.78 万元，置入资产和置出资产之间的差额为 55550.09 万元，波智高远向三态速递股东合计发行 5.56 亿股股份，来补足本次资产置换的差额。通过定向增发，子午康成持有三板公司波智高远 83.09% 的股份，成为第一大股东。

总之，涉及差额的部分都是需要借助壳公司发行股票的能力，不过本案例比较海外回归 A 股的案例要简单得多。

4. 其他变形借壳模式

业务注入，而非资产注入。收购方取得挂牌公司控制权后，由挂牌公司设立与收购方经营业务相关的子公司，通过该子公司将收购方优质资产置入。

戏说并购

　　例如，如涵控股借壳克里爱，如涵控股通过参与挂牌公司增发获得控制权；收购后挂牌公司没有买入新资产，旧的资产也未被剥离。而是通过设立子公司、孙公司开展收购方公司自身的电商业务，实质是将收购方业务注入挂牌公司，而非资产注入。

8阶
广电总局
与监管爸爸的和谐相处之道

在影视行业，绕不开广电总局；在新三板，绕不开全国股转公司；在 A 股，绕不开证监会。同样的，在中国进行并购重组，绕不开监管部门。如何与监管部门相处，是每个企业的必修课。本章节我们将监管部门的范围限定在资本市场，重点为大家介绍证监会和全国股转公司的监管风格。

一个爸爸爱圈养,一个爸爸爱放养

在中国资本市场进行并购,了解监管政策,熟悉监管风格非常必要。只有摸透了监管爸爸的脾气,才能与其和谐相处。否则,一个设计再完美的并购交易,没有监管爸爸的点头,只能"一切皆枉然"。在这方面,A股和新三板的监管风格差异很大。A股并购重组主要由证监会监管,新三板的并购重组主要由全国股转公司监管。**本书由全国股转公司指导,立足于帮助中小微企业开展并购业务,故而在新三板并购方面会多些笔墨。**

概念的厘清

我们有时候看规章的时候,容易发现很多叫法不太统一。比如并购、重组、收购,每个名词包含的意义很多,读者们容易产生混乱。所以我们先明确一些概念,看过这些概念再去了解法规会比较容易。

简单来讲,收购侧重于控制权的转移,资产重组则更侧重资产关系的变化。

经常会看到很多书籍中提到并购即合并与收购的统称。合并分为吸收合并(A公司吸收合并B公司,B公司法人主体被取消)、新设合并(新注册C公司,将A公司和B公司合并,A公司和B公司法人主体均被取消)和控股合

戏说并购

并（A 公司控股合并 B 公司，A 公司和 B 公司法人主体均独立存在，只是 A 公司可以控制 B 公司的财务和经营决策）。控股合并其实可以理解为收购。

当然，收购通常指股权收购，其实也存在资产收购。股权收购是指收购目标公司的股权，达到控制的目的，但交易之后目标公司仍然存在。两家公司行动一致，如同"合并"在一起，我们称之为控股合并。在并购实操中，控股合并或股权收购的情况居多，所以大家会往往将并购和收购等同。

资产重组是企业资产优化组合、社会资源优化配置的一种方式，其通过资本将资源重新组合。不是所有的资产重组都属于重大资产重组。认定是否构成重大资产重组的标准需详细了解资本市场 A 股和新三板的相关准则要求，请重点关注下文内容介绍。

现实中，并购与资产重组往往是交互发生的，资产重组是资本运作的结果，而大多数原因是并购。

例如，A 公司收购了 B 公司 100% 的股权，取得了 B 公司的控股地位。对 B 公司而言，B 公司独立的法人资格未发生任何变更，本身也未发生资产出售或购买的重组行为，仅是更换了股东而已，可以称其被收购，却与资产重组无关。而对 A 公司而言，因其取得了 B 公司的控制权，可以对被收购方 B 公司的财务、经营政策进行控制，B 公司任何的财务数据变化都会体现在 A 公司的报表中。甚至 A 公司可以将持有的 B 公司的股权进行抵押融资，或利用 B 公司进行担保贷款，所以对 A 公司来说通过收购行为对其资产进行了重组。

再如，2017 年 7 月，上市公司科斯伍德收购新三板公司龙门教育的案例，我们可以从双方披露的公告中看出，对于科斯伍德来说，作为收购方，向龙门教育的股东购买所持有的龙门教育 49.22% 的股权，达到了上市公司重大资产重组的标准构成重大资产重组；对于龙门教育来说，作为被收购方，其股东出售龙门教育的股权，使其实际控制人变更为科斯伍德，符合非上市公众公司的收购要求。**同一个交易行为，根据交易双方的角色不同划分为重组和收购。**

从高压到辅助

我国公司上市采用的是核准制,核准制的存在使得上市公司成为稀缺资源。为了防止上市公司凭借自身的"类金融"企业身份开展利益输送、内幕交易、卖壳套现等违规行为,其并购重组一直受到证监会的规范监管。但需要注意的是,资本市场政策具有一定周期性,IPO 政策是这样,并购重组政策也同样。证监会监管思路的变化也随着国家市场化改革和资本市场的发展等方面进行转变。①

1. 放松管制,加强监管

2014 年 5 月,国务院进一步发布《国务院关于进一步促进资本市场健康发展的若干意见》(国发〔2014〕17 号,简称"国发 17 号文"),要求充分发挥资本市场在企业并购重组过程中的主渠道作用。

在此政策背景下,证监会为落实国务院的要求,在"放松管制、加强监管"的市场化监管理念下,从"简政放权""强化信息披露""加强事中事后监管""督促中介机构归位尽责"等原则的基础上,于 2014 年 10 月再次修订并发布了《上市公司重大资产重组管理办法(2014 修订)》(简称"14 重组办法")。

"14 重组办法"修订内容主要包括:(1)大幅取消对上市公司重大购买、出售、置换资产行为审批;(2)完善发行股份购买资产的市场化定价机制;(3)完善借壳上市的界定,明确对借壳上市执行 IPO 审核等同的要求;(4)进一步丰富并购重组支付工具;(5)取消向非关联第三方发行股份购买资产的门槛要求和线性的盈利预测补偿强制性规定;(6)丰富要约收购履约保证制度,强化财务顾问责任;(7)明确分道制审核制度,加强事中事后监

---

① 周睿.〔白皮书〕1998 至 2018:上市公司重组监管 20 年〔J〕.并购菁英汇,2018(5).

管，督促中介机构归位尽责。

这样的修订内容体现了证监会监管思路的转变过程，也刺激了市场并购交易的活跃。到 2016 年，上市公司并购重组交易金额已增至 2.39 万亿元，年均增长率 41.14%，居全球第二。证监会指出，并购重组已成为资本市场支持实体经济发展的重要方式。不过，这样的野蛮生长自然也会带来不少问题。除少部分上市公司是出于传统业务增长乏力的原因而实施有计划、有目的、有节奏的产业转型，大部分上市公司的多元化并购更多是追逐资本市场热门行业标的，属于"不务正业"型。

2. 遏制重组套利

2016 年 9 月，证监会为进一步强化借壳上市监管，遏制重组套利的情形，对"14 重组办法"及其配套相关规定进行修订，发布了《关于修改〈上市公司重大资产重组管理办法〉的决定》（简称"16 重组办法"）。进入 2017 年，证监会围绕"避免资金脱实向虚，遏制部分上市过度融资"的监管理念，对"无序减持、违规减持、恶意减持"等行为加大监管，对"忽悠式""跟风式"重组"痛下杀手"。

随着监管政策收紧、重点打击忽悠式重组，壳资源炒作以及并购重组市场等其他一些乱象，2016 年下半年以来 A 股市场上并购重组案例大幅减少，无论是并购重组数量还是通过率都显得不够活跃。与此同时，新三板公司被上市公司并购方面，自 2016 年第四季度开始就跌入了低谷。2017 年上半年，上市公司并购新三板的案例共 24 起，仅占市场 15% 的规模。

沉寂一年之后，并购市场已经逐渐恢复理性，"忽悠式重组"不再像一年前那么猖狂，而目前市场上更多的是一些确实需要通过并购重组来达到扩展业务领域或是增加营收的目的。理性状态下需求推动市场，一些被政策放缓的公司经过一年的重新准备已经跃跃欲试，这种情况下适当放开政策的口子，对于恢复市场活跃性是很有帮助的。

3. 加强政策引导

2017年6月17日，证监会主席刘士余出席中国证券业协会会议时指出，"证券公司不能只盯着承销保荐，更要在并购重组、盘活存量上做文章，为国企国资改革、化解过剩产能、'僵尸企业'的市场出清、创新催化等方面提供更加专业化的服务，加快对产业转型升级的支持力度。"

证监会2017年8月15日发文称，"近年来，证监会认真贯彻落实党中央、国务院决策部署，通过大力推进并购重组市场化改革，扎实开展'简政放权'和'放管服'改革，进一步激发了市场活力，支持了供给侧结构性改革和实体经济发展。"从证监会本次发文的内容不难看出，监管层总体上肯定了并购重组在过去这些年里对实体经济的正面贡献，将并购重组定义为支持实体经济的重要方式。

进入2018年三季度末，并购重组市场的监管周期迎来新的变动。A股市场持续低迷，证监会希望激发并购重组市场为A股注入更多活力。证监会在不到50天里密集出台和修订了多项政策。A股急跌，监管层数次表态敦促政策逐项落地，进一步巩固了这一轮并购重组市场监管周期的变化趋势。

证监会表示，2018年1~9月份，全市场发生上市公司并购重组近3000单，同比增长69.5%，已超上年全年总数；交易金额近1.8万亿元，同比增长46.3%，接近上年全年水平。这其中，仅117单需证监会审核，行政许可比例由上年的不足10%进一步下降至4%，市场活跃度大大攀升。在经历了过去一年的高压监管之后，各公司都基本已经形成习惯，脱离审核之后依然可以保持自主运行，当前阶段下并购重组市场已经平稳度过了政策引导期，政策在现阶段作为辅助工具存在，而不是主导。因此重新放开并购重组市场也是对过去一年的政策成果检验。

总体而言，并购重组回归实体本源，市场进一步沿着以产业性并购为主的方向深化演进是不变的趋势。

"准注册制"的监管风格

不同于A股的"核准制"，新三板企业挂牌采用"准注册制"的监管风格，市场化基因浓厚。体现在并购重组方面，新三板也更为强调"市场之手"的作用。

从数据来看，新三板并购总体还是处于一个高速发展的时期，市场化程度非常高，无须过分依赖政策引导。从2016年开始，新三板市场的并购就在逐步增加，2017年上半年新三板并购重组153起，总金额263亿元，同比增长57%。2017年仅上半年并购总金额就已经超过2015年全年。

受到2016年政策影响，A股公司并购重组的要求有所提升，限制条件与以往相比更加苛刻，客观上降低了上市公司并购新三板公司的热情。另外，随着这两年新三板公司自身发展越来越好，相当一部分公司选择通过IPO或是直接收购上市公司的方法进入A股市场，主动并购的增加带来的也就是被动并购的减少。

不仅如此，新三板目前拥有不少具备技术优势和模式创新的公司，即便是被上市公司并购，也能带来相当可观的业绩增长。未来新三板的并购重组市场很可能是"有实力的公司通过并购重组扩大规模谋求转板上市，有技术的公司作为优质标的被上市公司并购"。

一文掌握上市公司重大资产重组监管要点

监管新动向

随着2018年经济形势的发展和A股市场的变化，监管机构也在不断出台相关的文件来推动 A 股市场的健康发展。

1. "小额快速"审核

在上市公司发行股份购买资产的交易中，如果数额指标不构成重大资产重组，在满足一定情形的条件下，即可适用"小额快速"审核，证监会受理后直接交并购重组委审议。拓尔思重组于 2018 年 10 月 18 日获批，从受理到上会只用了 29 天，为首单"小额快速"审核机制通过第一家的企业。而一般发行股份购买资产项目审核从受理到上会平均天数为 90 天左右，可见"小额快速"审核机制效率立竿见影。

这个一定情形是指：（1）最近 12 个月内累计交易金额不超过 5 亿元；（2）最近 12 个月内累计发行的股份不超过本次交易前上市公司总股本的 5% 且最近 12 个月内累计交易金额不超过 10 亿元。

但如有下列情形之一的，不适用"小额快速"审核：（1）募集配套资金用于支付本次交易现金对价的，或募集配套资金金额超过 5000 万元的；（2）按照"分道制"分类结果属于审慎审核类别的。

适用"小额快速"审核的产业有：高档数控机床和机器人、航空航天装备、海洋工程装备及高技术船舶、先进轨道交通装备、电力装备、新一代信息技术、新材料、环保、新能源、生物产业以及党中央、国务院要求的其他亟须加快整合、转型升级的产业。

2. 募集资金用途扩大

上市公司发行股份购买资产同时募集配套资金的，对于募集配套资金放松管制，允许上市公司用于补充流动资金和偿还债务，以满足企业后续产能整合、优化资本结构等切实诉求。

3. IPO 被否后的借壳上市

关于 IPO 被否企业作为标的资产参与上市公司重组交易，证监会明确要求，标的资产曾申报 IPO 而被否，6 个月后方可筹划重组上市。

对不构成借壳上市的，也需要重点关注 IPO 被否的具体原因及整改情况、相关财务数据及经营情况与 IPO 申报时相比是否发生重大变动及原因等情况。

4. 基金备案绿色通道

基金业协会针对参与上市公司并购重组交易的私募基金和资产管理计划特别提供产品备案及重大事项变更的"绿色通道"服务，备案时间大大缩短。

5. 定向可转债

2018 年 11 月 1 日，证监会提出试点定向可转债并购支持上市公司发展，积极推进以定向可转债作为并购重组交易支付工具的试点，支持包括民营控股上市公司在内的各类企业通过并购重组做优做强。

6. 简化信息披露要求

2018 年 11 月 16 日，为进一步鼓励支持上市公司并购重组，提高上市公司质量，服务实体经济，落实股票停复牌制度改革，减少简化上市公司并购重组预案披露要求，证监会修订发布《公开发行证券的公司信息披露内容与格式准则第 26 号——上市公司重大资产重组（2018 年修订）》（证监会公告〔2018〕36 号）。

这一系列的政策似乎从上层设计层面印证"春天不远了"，在当前的市场环境下，对整个市场的并购重组交易将产生较为积极的影响。

判定标准

上市公司重大资产重组会产生两种结果：（1）上市公司主体保留，没有被借壳上市；（2）上市公司被借壳了。两种结果的判定标准自然不同。

1. 非借壳上市

上市公司及其控股或者控制的公司购买、出售资产，达到下列标准之一的，构成重大资产重组：

（1）资产标准：购买、出售的资产总额占上市公司最近一个会计年度经审计的合并财务会计报告期末资产总额的比例达到50%以上；

（2）营业收入标准：购买、出售的资产在最近一个会计年度所产生的营业收入占上市公司同期经审计的合并财务会计报告营业收入的比例达到50%以上；

（3）净资产标准：购买、出售的资产净额占上市公司最近一个会计年度经审计的合并财务会计报告期末净资产额的比例达到50%以上，且超过5000万元人民币。

2. 借壳上市

上市公司自控制权发生变更之日起60个月内，向收购人及其关联人购买资产，导致上市公司发生以下根本变化情形之一的，构成借壳上市：

（1）资产标准：购买的资产总额占上市公司控制权发生变更的前一个会计年度经审计的合并财务会计报告期末资产总额的比例达到100%以上；

（2）收入标准：购买的资产在最近一个会计年度所产生的营业收入占上市公司控制权发生变更的前一个会计年度经审计的合并财务会计报告营业收入的比例达到100%以上；

（3）净利润标准：购买的资产在最近一个会计年度所产生的净利润占上市公司控制权发生变更的前一个会计年度经审计的合并财务会计报告净利润的比例达到100%以上；

（4）资产净额：购买的资产净额占上市公司控制权发生变更的前一个会计年度经审计的合并财务会计报告期末净资产额的比例达到100%以上；

（5）股份比例：为购买资产发行的股份占上市公司首次向收购人及其关联人购买资产的董事会决议前一个交易日的股份的比例达到100%以上；

（6）主营业务变化：上市公司向收购人及其关联人购买资产虽未达到本款第（1）至第（5）项标准，但可能导致上市公司主营业务发生根本变化；

（7）中国证监会认定的可能导致上市公司发生根本变化的其他情形。

估值方式

在上市公司重大资产重组过程中，需要聘请评估或估值机构对于标的资产进行估值，而且原则上评估机构应当采取两种以上的方法对标的资产进行评估。此外，上市公司独立董事应当对评估机构的独立性、评估假设前提的合理性和交易定价的公允性发表独立意见，并单独予以披露。

对于上述评估结果，上市公司有两种选择：（1）以评估结果作为定价依据；（2）不以评估结果作为定价依据。选择（1）的，上市公司董事会应当对评估机构的独立性、评估假设前提的合理性、评估方法与评估目的的相关性以及评估定价的公允性发表明确意见。选择（2）的，上市公司除了要发表上述明确意见外，还需充分说明采用其他估值方法的相关参数及其他影响估值结果的指标和因素，并需结合相关资产的市场可比交易价格、同行业上市公司的市盈率或者市净率等通行指标，在重大资产重组报告书中详细分析本次交易定价的公允性。

当然，定价过程中需要考虑一些其他因素：比如，综合考量不同评估方法对交易和后续责任的影响；估值对股价进而对自身市值的影响；业绩承诺可实现性、支付安排、股份锁定期；高估值需要有较高的利润增长承诺来匹配；监管机构对项目的可批性；等等。

支付方式

上市公司重大资产重组有两种购买方式：

1. 现金

根据相关规定，对于未构成借壳的重大资产重组，采用现金支付对价的，只需向交易所报备，无须提交证监会审核。现金购买除取消证监会审批外，其申报的流程是没有变化的。如按照规定停牌、披露进展公告、披露重组报告、法律意见、独董意见、董事会决议、交易所问询等。

虽然现金收购可以绕开证监会的审核，但需要回答交易所问询。如果对交易所的问询难以作答，可能还将招致进一步的监管。因此，上市公司将收购资产的方式由发行股份改为现金支付，并不意味着后面的路就一定平坦，有时也会遭遇失败。

2. 发行股份

该方式可以充分利用上市公司的平台优势，同时减少现金压力，是被上市公司广泛采用的一种方式。但采用此方式是有前提条件的。

（1）前提条件

①发行目的有利于提高上市公司资产质量、改善公司财务状况和增强持续盈利能力；有利于上市公司减少关联交易和避免同业竞争，增强独立性。

②上市公司最近一年及一期财务会计报告被注册会计师出具无保留意见审计报告；被出具保留意见、否定意见或者无法表示意见审计报告的，须经注册

会计师专项核查确认，该保留意见、否定意见或无法表示意见所涉及事项的重大影响已经消除或者将通过本次交易予以消除。

③上市公司及其现任董事、高级管理人员不存在因涉嫌犯罪正被司法机关立案侦查或涉嫌违法违规正被中国证监会立案调查的情形，但是，涉嫌犯罪或违法违规的行为已经终止满3年，交易方案有助于消除该行为可能造成的不良后果，且不影响对相关行为人追究责任的除外。

④上市公司发行股份所购买的资产，应当为权属清晰的经营性资产，并能在约定期限内办理完毕权属转移手续。

⑤中国证监会规定的其他条件。

（2）股票发行的定价及拟购买资产的交易价格

上市公司发行股份的价格不得低于市场参考价的90%。市场参考价为本次发行股份购买资产的董事会决议公告日前20个交易日、60个交易日或者120个交易日的公司股票交易均价之一。本次发行股份购买资产的董事会决议应当说明市场参考价的选择依据。

本次发行股份购买资产的董事会决议可以明确，在中国证监会核准前，上市公司的股票价格相比最初确定的发行价格发生重大变化的，董事会可以按照已经设定的调整方案对发行价格进行一次调整。

（3）股票的锁定期

①上市公司控制权没变

特定对象以资产认购而取得的上市公司股份，自股份发行结束之日起12个月内不得转让。属于下列情形之一的，36个月内不得转让：

- ✓ 特定对象为上市公司控股股东、实际控制人或者其控制的关联人；
- ✓ 特定对象通过认购本次发行的股份取得上市公司的实际控制权；
- ✓ 特定对象取得本次发行的股份时，对其用于认购股份的资产持续拥有权益的时间不足12个月。

②上市公司控制权变更

上市公司向控股股东、实际控制人或者其控制的关联人发行股份购买资产，或者发行股份购买资产将导致上市公司实际控制权发生变更的，认购股份的特定对象应当在发行股份购买资产报告书中公开承诺：本次交易完成后6个月内如上市公司股票连续20个交易日的收盘价低于发行价，或者交易完成后6个月期末收盘价低于发行价的，其持有公司股票的锁定期自动延长至少6个月。

③借壳上市

属于借壳上市的，上市公司原控股股东、实际控制人及其控制的关联人应当公开承诺，在本次交易完成后36个月内不转让其在该上市公司中拥有权益的股份；除收购人及其关联人以外的特定对象应当公开承诺，其以资产认购而取得的上市公司股份自股份发行结束之日起24个月内不得转让。

（4）募集配套资金

上市公司发行股份购买资产的，可以同时募集部分配套资金，其定价方式按照现行相关规定办理。募集配套资金部分与购买资产部分应当分别定价，视为两次发行。

此处需特别注意的是，发行股份购买资产构成借壳上市的，不得同时募集部分配套资金。

①用途

募集配套资金可以用于支付本次并购交易中的现金对价，支付本次并购交易税费、人员安置费用等并购整合费用和投入标的资产在建项目建设。同时，最新规定明确，募集配套资金可以用于补充流动资金及偿还债务。

②发行股份数量以及日期的限制

- ✓ 配套融资部分对应的拟发行的股份数量不得超过本次发行前总股本的20%；

- ✓ 本次发行董事会决议日距离前次募集资金到位日原则上不得少于 18 个月。前次募集资金包括首发、增发、配股、非公开发行股票；
- ✓ 上市公司发行可转债、优先股和创业板小额快速融资，不受此期限限制。

③定价基准日

配套募集资金的定价基准日只能为股票发行期首日。上市公司应按不低于发行底价的价格发行股票。募集配套资金的发行价格确定为定价基准日前 20 个交易日公司股票均价的 90%。

④锁定期

发行对象认购的股份自发行结束之日起锁定 12 个月，发行对象属于下列情形之一的，应锁定 36 个月：

- ✓ 上市公司的控股股东、实际控制人或者其控制的关联人；
- ✓ 通过认购本次发行的股份取得上市公司实际控制权的投资者；
- ✓ 董事会拟引入的境内外战略投资者。

（5）减持新规

上市公司重大资产重组交易中获得股份对价及参与配套融资的新进股东（即"特定股东"）在锁定期满 12 月后每年通过集中竞价最多只可减持 4% 股权，通过大宗交易最多可以减持 8% 的股权，并且需要遵循更严格的信息披露规定。相较于 2016 年证监会公告 1 号文的减持规定，减持难度大幅上升，减持节奏大幅下降。

过渡期损益安排

过渡期损益归属是指在并购重组过程中，从评估基准日至交割日期间，目标公司的盈利和亏损由并购方还是转让方享有和承担。

对于以收益现值法、假设开发法等基于未来收益预期的估值方法作为主要评估方法的，拟购买资产在过渡期间（自评估基准日至资产交割日）等相关期间的收益应当归上市公司所有，亏损应当由交易对方补足。

总之，过渡期损益归属有监管要求的，按照监管要求处理；没有监管要求的，可以由并购方与转让方根据个案情况，参照操作惯例，通过协议方式协商确定。

此外，业绩补偿是上市公司重大资产重组很重要的组成部分，关于这部分的系统阐述请参照本书对赌章节的相关内容。

流程及时间安排

1. 重组双方初步磋商

上市公司与交易方就重大资产重组事宜初步磋商并签署保密协议。上市公司的股东、实际控制人以及参与重大资产重组筹划、论证、决策等环节的其他相关机构和人员，应当及时、准确地向上市公司通报有关信息，并配合上市公司及时、准确、完整地进行披露。上市公司获悉股价敏感信息的，应当及时向证券交易所申请停牌并披露。

上市公司筹划重大资产重组事项，应当详细记载筹划过程中每一具体环节的进展情况，包括商议相关方案、形成相关意向、签署相关协议或者意向书的具体时间、地点、参与机构和人员、商议和决议内容等，制作书面的交易进程备忘录并予以妥当保存。参与每一具体环节的所有人员应当即时在备忘录上签名确认。

2. 停牌筹划

一旦发现股价异动、消息泄露或者在上市公司发出召开董事会会议通知前，上市公司应向交易所申请停牌。

3. 与交易方达成附条件生效的协议

与交易方签订附条件生效的交易合同（交易合同应当载明本次重大资产重组事项一经上市公司董事会、股东大会批准并经中国证监会核准，交易合同即应生效）。

4. 第一次董事会

上市公司与交易对方达成一致签订附条件生效的交易合同，并于合同签订当日或次日召开董事会审议重大资产重组预案；上市公司聘请独立财务顾问出具独立财务顾问核查意见。

公告首次董事会涉及的相关文件（董事会决议及独立董事的意见、重大资产重组报告书、独立财务顾问报告、法律意见书以及重组涉及的审计报告、资产评估报告或者估值报告至迟应当与召开股东大会的通知同时公告、盈利预测报告（如有））。

具体披露内容详见"上市公司重大资产重组信息披露工作备忘录——第一号 信息披露业务办理流程"。

5. 第一、二次董事会之间

进一步完成相关审计、评估、审批等一系列工作，确认审计、评估、盈利预测审核结果。根据独立财务顾问总结的各方问题和建议，补充相关资料。同时上市公司与交易对方协商交易细节。

6. 第二次董事会

审计、评估等事宜完成后，编制重大资产重组报告书、独立财务顾问报告、法律意见书、重组涉及的审计报告、资产评估报告和经审核的盈利预测报告。同时发布董事会决议、独董意见、股东大会召开通知、董事会关于重组履行法定程序的完备性、合规性及提交的法律文件的有效性的说明。

注意：如重大资产重组涉及发行股份购买资产行为，股东大会召开通知日与首次董事会召开日之间的间隔不能超过 6 个月，否则以首次董事会日确定的发行基准价格将失效。上市公司必须重新召开董事会确定发行基准价格。

7. 股东大会

上市公司股东大会决议资产重组事项，该议案必须经出席会议的股东所持表决权的 2/3 以上通过，关联股东回避。同时编制申请文件，委托独立财务顾问向证监会申报、抄报派出机构（涉及国有资产转让的还需相关主管部门批准）。

8. 方案申报

（1）受理

股东大会召开后 3 个工作日内，向中国证监会上报重大资产重组申报材料并抄送上市公司当地证监局。

证监会收到申报材料后 5 个工作日内，如中国证监会对申请材料无异议，则直接下达受理通知书。如证监会认为申报材料需要补正的，则下达材料补正通知书，上市公司会同中介机构按照补正通知书的要求补充申请材料。

（2）初审与反馈

在中国证监会下达反馈意见前不可主动联系。中国证监会向上市公司下达反馈意见，上市公司会同中介机构于收到反馈后 30 个工作日内对反馈意见进行回复。

（3）并购重组委会议

并购重组委召开会议审议上市公司重大资产重组。5人审议，3票同意即为通过；并购重组委否决的，并向上市公司出具不予批准文件。上市公司拟重新上报的，应当召开董事会或股东大会进行表决。并购重组委会议召开后1个工作日，上市公司公告并购重组委审议结果。

（4）落实并购重组委审核意见

中国证监会上市部将以部门函的形式向上市公司出具并购重组委反馈意见，上市公司将完整合规地落实重组委意见的回复上报中国证监会上市部。落实重组委意见完整合规的，中国证监会予以审结，并向上市公司出具相关批准文件。

（5）审结归档

上市公司和独立财务顾问及其他中介机构应按照证监会上市部的要求完成对申报材料原件的封卷存档工作。

9. 方案实施

重大资产重组申请通过的60日内，上市公司实施重组方案。如未实施完毕，上市公司于重大资产重组申请通过的60日后次一工作日将进展报证监会、其派出机构并公告；此后每30日公告一次，直至实施完毕；超过12个月未实施完毕的，核准文件失效。

上市公司重大资产重组完成相关批准程序后，应当及时实施重组方案，并于实施完毕之日起3个工作日内编制实施情况报告书，向证券交易所提交书面报告，并予以公告。独立财务顾问、律师发表明确的结论性意见，与实施情况报告书同时报告、公告。

10. 持续督导

独立财务顾问应当按照中国证监会的相关规定，对实施重大资产重组的上市公司履行持续督导职责。持续督导的期限自本次重大资产重组实施完毕之日起，应当不少于一个会计年度。

借壳重组的持续督导期为实施完毕当年及3个完整会计年度实施情况报告书，向证券交易所提交书面报告，并予以公告。

一文掌握上市公司收购监管要点

《上市公司收购办法》比较晦涩难懂，其并未就上市公司收购给予清晰的界定，只是在证监会曾经的收购培训中提及上市公司收购是取得及巩固控制权的行为。本节从权益变动披露、要约收购、协议收购等方面入手，尝试为读者解读上市公司收购监管要点。此外，根据多年来的市场实践，证监会对《收购办法》也作出进一步修改，修订重点是简化审批环节、放松行政管制、加强事中事后监管、提高并购重组效率。

收购人的资格要求

任何人不得利用上市公司的收购损害被收购公司及其股东的合法权益。有下列情形之一的，不得收购上市公司：

（1）收购人负有数额较大债务，到期未清偿，且处于持续状态；

（2）收购人最近3年有重大违法行为或者涉嫌有重大违法行为；

（3）收购人最近3年有严重的证券市场失信行为；

（4）收购人为自然人的，存在《公司法》第一百四十六条规定情形；

（5）法律、行政法规规定以及中国证监会认定的不得收购上市公司的其

戏说并购

他情形。

权益变动的信息披露规则

1. 增持首次达到或超过5%

通过证券交易所的证券交易、协议转让、行政划转或变更、司法裁决、继承、赠与等方式，投资者及其一致行动人拥有权益的股份拟达到或者超过一个上市公司已发行股份的5%时，应当在该事实发生之日起3日内编制权益变动报告书，向中国证监会、证券交易所提交书面报告，通知该上市公司，并予公告。

2. 增持达到5%~30%

通过上述方式，投资者及其一致行动人拥有权益的股份达到一个上市公司已发行股份的5%后，其拥有权益的股份占该上市公司已发行股份的比例每增加或者减少5%，应当在该事实发生之日起3日内编制权益变动报告书，向中国证监会、证券交易所提交书面报告，通知该上市公司，并予公告。

3. 因上市公司减少股本导致投资者及其一致行动人拥有权益的股份变动的要求

✓ 投资者及其一致行动人免予履行报告和公告义务；

✓ 上市公司应当自完成减少股本的变更登记之日起2个工作日内，就因此导致的公司股东拥有权益的股份变动情况作出公告；

✓ 因公司减少股本可能导致投资者及其一致行动人成为公司第一大股东或者实际控制人的，该投资者及其一致行动人应当自公司董事会公告有关减少公司股本决议之日起3个工作日内，编制并披露详式权益变动报告书，履行报告、公告义务。

要约收购

适用范围：通过证券交易所的证券交易，收购人持有一个上市公司的股份达到该公司已发行股份的30%时，继续增持股份的，应当采取要约方式进行，发出全面要约或者部分要约。

要约比例：收购人以要约方式收购一个上市公司股份的，其预定收购的股份比例均不得低于该上市公司已发行股份的5%。

聘请财务顾问：以要约方式收购上市公司股份的，收购人应当编制要约收购报告书，聘请财务顾问。

要约价格：

对同一种类股票的要约价格，不得低于要约收购提示性公告日前6个月内收购人取得该种股票所支付的最高价格。

要约价格低于提示性公告日前30个交易日该种股票的每日加权平均价格的算术平均值的，收购人聘请的财务顾问应当就该种股票前6个月的交易情况进行分析。

要约期限：收购要约约定的收购期限不得少于30日，并不得超过60日；但是出现竞争要约的除外。

要约变更：

✓ 收购要约期限届满前15日内，收购人不得变更收购要约；但是出现竞争要约的除外；

✓ 出现竞争要约时，发出初始要约的收购人变更收购要约距初始要约收购期限届满不足15日的，应当延长收购期限，延长后的要约期应当不少于15日，不得超过最后一个竞争要约的期满日，并按规定追加履约保证；

✓ 发出竞争要约的收购人最迟不得晚于初始要约收购期限届满前15日发出要约收购的提示性公告。

要约撤销：在收购要约约定的承诺期限内，收购人不得撤销其收购要约。

支付方式：

✓ 收购人可以采用现金、证券、现金与证券相结合等合法方式支付收购上市公司的价款；

✓ 收购人以证券支付收购价款的，应当提供该证券的发行人最近 3 年经审计的财务会计报告、证券估值报告；

✓ 收购人以在证券交易所上市的债券支付收购价款的，该债券的可上市交易时间应当不少于 1 个月；

✓ 收购人以未在证券交易所上市交易的证券支付收购价款的，必须同时提供现金方式供被收购公司的股东选择。

履约保证措施：

✓ 以现金支付收购价款的，将不少于收购价款总额的 20% 作为履约保证金存入证券登记结算机构指定的银行；收购人以在证券交易所上市交易的证券支付收购价款的，将用于支付的全部证券交由证券登记结算机构保管，但上市公司发行新股的除外；

✓ 银行对要约收购所需价款出具保函；

✓ 财务顾问出具承担连带保证责任的书面承诺，明确如要约期满收购人不支付收购价款，财务顾问进行支付。

协议收购

适用范围：收购人拟通过协议方式收购一家上市公司的股份超过 30% 的，超过 30% 的部分，应当改以要约方式进行；收购人可以向中国证监会申请免除发出要约。收购人在取得中国证监会豁免后，履行其收购协议；未取得中国证监会豁免且拟继续履行其收购协议的，或者不申请豁免的，在履行其收购协议前，应当发出全面要约。

过渡期：以协议方式进行上市公司收购的，自签订收购协议起至相关股份完成过户的期间为上市公司收购过渡期（以下简称过渡期）。

过渡期的要求：

✓ 收购人不得通过控股股东提议改选上市公司董事会，确有充分理由改选董事会的，来自收购人的董事不得超过董事会成员的 1/3；

✓ 被收购公司不得为收购人及其关联方提供担保；

✓ 被收购公司不得公开发行股份募集资金，不得进行重大购买、出售资产及重大投资行为或者与收购人及其关联方进行其他关联交易，但收购人为挽救陷入危机或者面临严重财务困难的上市公司的情形除外。

持续监管

在上市公司收购行为完成后 12 个月内，收购人聘请的财务顾问应当在每季度前 3 日内就上一季度对上市公司影响较大的投资、购买或者出售资产、关联交易、主营业务调整以及董事、监事、高级管理人员的更换、职工安置、收购人履行承诺等情况向派出机构报告。

股份限售要求

在上市公司收购中，收购人持有的被收购公司的股份，在收购完成后 12 个月内不得转让。收购人在被收购公司中拥有权益的股份在同一实际控制人控制的不同主体之间进行转让不受前述 12 个月的限制。

一文掌握新三板重大资产重组监管要点[①]

2014 年 7 月，中国证监会制定并颁布了《非上市公众公司重大资产重组

---

① 此处接受全国股转公司系统指导。

管理办法》（简称《重组办法》），全国股转公司同步配套发布了《全国中小企业股份转让系统非上市公众公司重大资产重组业务指引（试行）》（简称《原指引》），拉开了中小企业在全国股份转让系统中并购的序幕。

经过四年多的发展，新三板市场出现了新情况、新变化、新需求，原有的重大资产重组规定已无法充分满足现阶段市场发展的需要。为进一步规范公众公司重大资产重组的信息披露和相关业务办理流程，满足市场发展需要，2018年10月26日，全国股转公司对《原指引》进行了修改，形成了《全国中小企业股份转让系统非上市公众公司重大资产重组业务指引》（简称《重组指引》）。与此同时，为优化全国中小企业股份转让系统挂牌公司并购重组管理机制，便于市场各方在重大资产重组等业务活动中，准确理解和适用相关规定，全国股转公司编制了《挂牌公司权益变动与收购业务问答》和《挂牌公司重大资产重组业务问答》（《挂牌公司并购重组业务问答（一）（二）（三）》废止）。①

除以上调整外，中国证监会发布了《〈非上市公众公司重大资产重组管理办法〉第十八条、第十九条有关规定的适用意见——证券期货法律适用意见第14号》，明确重大资产重组中发行股份购买资产发行人数不再受35人的限制（持股平台不得参与认购），并允许不符合股票公开转让条件的资产持有人以受限投资者身份参与认购，有效解决挂牌公司为满足发行人数和投资者适当性要求而通过发行股份加现金购买或要求标的公司提前缩减股东人数等复杂交易架构带来的问题，减少企业重组成本和难度，提高企业重组效率。

至此，修改后非上市公众公司重大资产重组的制度体系为：

◇ 一件办法（《非上市公众公司重大资产重组管理办法》）；

---

① 全国中小企业股份转让系统培训资料。

◇ 一件适用意见（《〈非上市公众公司重大资产重组管理办法〉第十八条、第十九条有关规定的适用意见——证券期货法律适用意见第14号》）；

◇ 一件准则（《非上市公众公司信息披露内容与格式准则第6号——重大资产重组报告书》）；

◇ 一件指引（《全国中小企业股份转让系统非上市公众公司重大资产重组业务指引》）；

◇ 一件问答（《挂牌公司重大资产重组业务问答》）；

◇ 两件指南（《全国中小企业股份转让系统重大资产重组业务指南第1号：非上市公众公司重大资产重组内幕信息知情人报备指南》《全国中小企业股份转让系统重大资产重组业务指南第2号：非上市公众公司发行股份购买资产构成重大资产重组文件报送指南》）。

接下来，我们一起来交流一下修订后的新三板重大资产重组制度。

概念理解

新三板重大资产重组是指公众公司及其控股或者控制的公司在日常经营活动之外购买、出售资产或者通过其他方式进行资产交易，导致公众公司的业务、资产发生重大变化的资产交易行为。

其中，"通过其他方式进行资产交易"的具体形式，包括但不限于以下情形：

- ✓ 以认缴、实缴等方式与他人新设参股企业，或对已设立的企业增资或者减资；
- ✓ 接受附义务的资产赠与或者对外捐赠资产；
- ✓ 受托经营、租赁其他企业资产或将经营性资产委托他人经营、租赁；
- ✓ 中国证监会根据审慎监管原则认定的其他情形。

同时需要注意，挂牌公司向全资子公司或控股子公司增资、新设全资子公司或控股子公司，不构成重大资产重组。但挂牌公司新设参股子公司或向参股子公司增资，若达到《重组办法》的判断标准，则构成重大资产重组。

此外，新三板挂牌公司购买生产经营用土地、房屋的行为不再按照重大资产重组管理。但是挂牌公司出售土地使用权、房产以及购买或出售生产设备，若达到《重组办法》的判断标准，即构成重大资产重组。那么新三板公司重大资产重组的标准是什么呢？

判断标准

公众公司及其控股或者控制的公司购买、出售资产，达到下列标准之一的，构成重大资产重组：

（1）总资产标准：购买、出售的资产总额占公众公司最近一个会计年度经审计的合并财务会计报表期末资产总额的比例达到50%以上。

（2）净资产标准：购买、出售的资产净额占公众公司最近一个会计年度经审计的合并财务会计报表期末净资产额的比例达到50%以上，且购买、出售的资产总额占公众公司最近一个会计年度经审计的合并财务会计报表期末资产总额的比例达到30%以上。

对于判断标准，还有一些补充说明。

（1）对于股权类资产，取得控制权，账面值与成交价取高值；丧失控制权，直接看账面值；不涉及控制权，购买看成交价，出售看账面值。

（2）对于非股权类资产，买入账面值与成交价取高值，出售看账面值；不涉及负债的，不适用资产净额标准。

（3）同时购买、出售资产的，应当分别计算购买、出售资产的相关比例，并以二者中比例较高者为准。

（4）12个月内连续对同一或者相关资产进行购买、出售的，以其累计数分别计算相应数额（已履行重组程序的不计入）；交易标的资产属于同一交易方所有或者控制，或者属于相同或者相近的业务范围，或者中国证监会认定的其他情形下，可以认定为同一或者相关资产。

请注意，该条款的计算指标有相关规定：挂牌公司在 12 个月内连续对同一或者相关资产进行购买、出售的，在计算相应指标时，分母应当为第一次交易时最近一个会计年度挂牌公司经审计的合并财务会计报表期末资产总额、期末净资产额；分子以最近一期经审计的资产总额、资产净额为准（最近一次交易标的资产）。

实施要求

（1）重大资产重组所涉及的资产定价公允，不存在损害公众公司和股东合法权益的情形。

（2）重大资产重组所涉及的资产权属清晰，资产过户或者转移不存在法律障碍，相关债权债务处理合法；所购买的资产，应当为权属清晰的经营性资产。

（3）实施重大资产重组后有利于提高公众公司资产质量和增强持续经营能力，不存在可能导致公众公司重组后主要资产为现金或者无具体经营业务的情形。

（4）实施重大资产重组后有利于公众公司形成或者保持健全有效的法人治理结构。

中介机构

公众公司实施重大资产重组，应当聘请独立财务顾问、律师事务所以及具有证券、期货相关业务资格的会计师事务所等证券服务机构出具相关意见。公众公司应当聘请为其提供督导服务的主办券商为独立财务顾问，但存在影响独立性、财务顾问业务受到限制等不宜担任独立财务顾问情形的除外。公众公司也可以同时聘请其他机构为其重大资产重组提供顾问服务。

信息管理

1. 重大资产重组对保密性要求较高

（1）公众公司与交易对方就重大资产重组进行初步磋商时，应当采取有效的保密措施，限定相关敏感信息的知悉范围，并与参与或知悉本次重大资产重组信息的相关主体签订保密协议。

（2）公众公司及其控股股东、实际控制人等相关主体研究、筹划、决策重大资产重组事项，原则上应当在相关股票暂停转让后或者非转让时间进行，并尽量简化决策流程、提高决策效率、缩短决策时限，尽可能缩小内幕信息知情人范围。

（3）如需要向有关部门进行政策咨询、方案论证的，应在相关股票暂停转让后进行。

2. 交易进程备忘录

（1）交易进程备忘录是企业重组进程的重要记录资料。

（2）公众公司筹划重大资产重组事项，应当详细记载筹划过程中每一具体环节的进展情况，包括商议相关方案、形成相关意向、签署相关协议或者意向书的具体时间、地点、参与机构和人员、商议和决议内容等，制作书面的交易进程备忘录并予以妥当保存。

（3）参与每一具体环节的所有人员应当即时在备忘录上签名确认。

变更重组方案的特别规定

（1）股东大会作出重大资产重组的决议后，公众公司拟对交易对象、交易标的、交易价格等作出变更，构成对原重组方案重大调整的，应当在董事会表决通过后重新提交股东大会审议，并按照《重组办法》的规定向全国股份转让系统重新报送信息披露文件或者向中国证监会重新提出核准申请。

这里需注意属于重大调整的情形：
✓ 增加交易对象；
✓ 变更支付手段；
✓ 新增配套募资或调增超过20%。

不属于重大调整的情形：
✓ 调整交易对象：减少交易对象，对应资产份额剔除重组方案，且剔除后未构成交易标的重大调整；
✓ 调整交易对象所持资产份额：各方同意且转让份额不超重组作价的20%；
✓ 调整标的资产：调整部分对应指标不超20%，且对经营和完整性无实质影响；
✓ 调整交易价格：不超过20%，有合理理由且独立财务顾问发表意见；
✓ 调整配套募集：调减或取消配套募资，或调增比例不超过20%。

（2）股东大会作出重大资产重组的决议后，公众公司董事会决议终止本次交易或者撤回有关申请的，应当说明原因并披露，提交股东大会审议。

（3）因变更方案需重新提交股东大会审议的，需要重新履行申请暂停转让及内幕知情人报备相关程序。

股份限售

重大资产重组涉及发行股份的，特定对象以资产认购而取得的公众公司股份，原则上自股份发行结束之日起限售6个月，有以下情形之一的，需要限售

12 个月：

（1）特定对象为公众公司控股股东、实际控制人或者其控制的关联人；

（2）特定对象通过认购本次发行的股份取得公众公司的实际控制权；

（3）特定对象取得本次发行的股份时，对其用于认购股份的资产持续拥有权益的时间不足 12 个月。

标的资产的定价及支付方式

根据《重组办法》，公众公司重大资产重组可以使用现金、股份、可转换债券、优先股等支付手段购买资产。

使用股份、可转换债券、优先股等支付手段购买资产的，其支付手段的价格由交易双方自行协商确定，定价可以参考董事会召开前一定期间内公众公司股票的市场价格、同行业可比公司的市盈率或市净率等。董事会应当对定价方法和依据进行充分披露。

除发行股份支付交易对价外，新三板企业在并购重组中可以募集配套资金。根据本次修订的《重组指引》，涉及发行股份购买资产同时募集配套资金的，募集配套资金部分与购买资产部分发行的股份可以分别定价，视为二次发行，但应当逐一表决、分别审议。募集配套资金行为应当符合挂牌公司股票发行的监管要求，且所配套资金比例不超过拟购买资产交易价格的 50%。所募资金应当用于支付本次重组交易中的现金对价，支付本次重组交易税费、人员安置费用等并购整合费用，投入标的资产在建项目建设以及其他与本次重组相关的合理用途，并适用挂牌公司股票发行募集资金的相关管理规定。

全国股转公司关注的法律问题

根据有关规定，全国股转公司应对挂牌公司重大资产重组相关信息披露文件进行审查。我们从 Wind 中收集了近期公布出来的一百多份《重大资产重组法律意见书》，并进行了分析和整理，从中归纳出挂牌公司重大资产重组时全国股转公司重点关注的法律问题，以供挂牌公司及有关中介机构参考。

1. **交易对方**

挂牌公司在披露交易对方的基本情况时，需注意以下三个问题：
（1）关于"私募基金登记备案"的反馈意见

金芙蓉（837665）：请律师对本次发行股份中，挂牌公司现有股东及认购对象中是否存在私募基金或私募基金管理人、是否已按照中国证券基金业协会的要求完成备案发表意见。

景典传媒（835586）：挂牌公司现有股东中，凯恩方德（深圳）基金管理有限公司在参与景典传媒股票发行时为私募基金管理人，中国基金业协会于2016年8月1日注销了凯恩方德的私募基金管理人登记，请独立财务顾问及律师对此进行核查并发表合法合规意见。

（2）关于"失信主体联合惩戒"的反馈意见

至诚复材（837851）：挂牌公司2017年4月披露控股股东被列入失信被执行人名单的公告，请独立财务顾问及律师对上述情况是否解除进行核查并发表明确意见。

德众股份（838030）：交易各方是否存在失信被执行人的核查情况。

（3）关于"投资者适当性、股份代持、持股平台"的反馈意见

视威科技（430461）：请独立财务顾问及律师核查并说明本次重组的发行对象是否符合挂牌公司的合格投资者适当性。

合力思腾（430105）：请财务顾问、律师补充说明，本次重组交易认购人是否存在代持、持股平台。

2. **交易标的**

交易标的权属清晰、合法合规是全国股转公司关注的重中之重，许多实施

重组的挂牌公司都收到过这方面的反馈意见。可分为两种情况：

（1）关于"交易标的为完整经营性资产"的反馈意见

说明：实务中比较典型的情况是，挂牌公司收购某公司的股权，使之成为挂牌公司的全资子公司或控股子公司。在这种情况下，全国股转公司实际上是要求挂牌公司及相关中介机构按照全国股转公司的挂牌条件对标的公司进行核查，标的公司应在依法设立、股东出资真实、股权明晰、合法规范经营等方面满足一系列的要求。

芳香庄园（835218）：请挂牌公司补充披露标的公司历次股权转让的合法合规性及价格公允性。请独立财务顾问及律师核查并发表明确意见。

佰美基因（838600）："历次股权变动"部分，请补充披露以下内容：标的公司佰美医药的历次股权转让的对价、历次增资是否符合在册股东优先认缴的规定、历次股权转让是否符合在册股东优先受让的规定。

（2）关于"交易标的不构成完整经营性资产"的反馈意见

说明：交易标的不构成完整经营性资产的，全国股转公司关注的重心是交易标的的权属状况，包括产权是否清晰，是否存在抵押、质押等权利限制，是否涉及诉讼、仲裁、司法强制执行等重大争议。

小棉袄（870586）：标的资产2的用途为"住宅"，请挂牌公司补充说明：本次交易后标的资产2的使用用途是否涉及土地用途的变更，若涉及，请说明用途变更是否符合相关法律法规。请独立财务顾问和律师核查并发表明确意见。

中山职旅（871230）：请财务顾问及律师补充说明中山熊猫及其子公司广东熊猫未决的诉讼是否会对挂牌公司产生不利影响。

3. 交易合同

根据目前的监管要求，实施重组的挂牌公司无须披露交易合同的全文，但在重组报告书中应披露交易合同的主要内容。比较常见的反馈意见包括：

（1）关于"交易价格"的反馈意见

说明：标的资产定价公允是挂牌公司重大资产重组必须满足的条件，也是全国股转公司关注的重点。

芳香庄园（835218）：本次重组后标的公司的主要收入为与挂牌公司间的关联交易，请挂牌公司补充详细披露双方进行交易的定价规则以及如何保障定价公允性。请独立财务顾问及律师进行核查并发表明确意见。

（2）关于"资金来源"的反馈意见

说明：如果重组采取现金支付方式，且支付金额有可能超过挂牌公司支付能力时，全国股转公司会要求挂牌公司补充披露其收购相关资产的资金来源。

德晟股份（871494）：请挂牌公司补充披露实际控制人吴维亮对挂牌公司借款的还款时间、利息等具体内容。请独立财务顾问和律师核查并发表明确核查意见。

顾壹堂（837427）：请挂牌公司补充详细披露向被收购方永发机电支付3958.81万元预付款的具体时间、资金来源、支付依据及其合理性，并请独立财务顾问及律师发表明确意见。

（3）关于"资产交付与对价支付的时间安排"的反馈意见

说明：在重大资产重组中，挂牌公司的主要权利是要求交易对方交付相关资产，其主要义务是向交易对方支付相应的对价（现金或股份）。有些交易合同关于资产交付和对价支付的约定缺乏合法性或合理性，因此会收到股权系统的反馈意见。

顾壹堂（837427）：在交易双方已经签订书面资产转让协议且挂牌公司已经支付预付款的情况下，被收购方以标的房产及相应的土地使用权作价增资关联公司，请独立财务顾问及律师就前述行为是否合法合规及是否构成违约发表明确意见，并请挂牌公司进行补充披露。

戏说并购

亚锦科技（830806）：公司与重组方签订的《发行股份购买资产协议》对交割安排约定为，重组标的资产完成权属转移后，公司即应取得股份登记函。该要求在现行重组监管框架下无法实现，请对公司是否存在违约风险发表意见。

4. 特殊条款

说明：交易合同中的业绩承诺及补偿、股份回购等特殊条款通常会对挂牌公司及股东的利益产生较大的影响，因此成为全国股转公司关注的重点问题。

新瑞理想（430190）：业绩承诺目标高于收益法预测的净利润指标，请补充说明差异原因。业绩承诺的补偿方式为股权补偿，请补充约定回购总价款为1元；请核实确认股权补偿在交易规则等制度层面的可实现性，如无法实现，是否约定现金补偿等替代措施。

卡特股份（830816）：军融基金、光谷人才与施向华、陈敏兆分别签署了《关于认购武汉卡特工业股份有限公司股份的附条件补偿协议》，补偿协议中对军融基金、光谷人才的业绩承诺存在差异，请财务顾问、律师事务所对上述约定是否符合同股同权要求、是否存在诉讼纠纷发表明确意见。

5. 关于"评估方法"的反馈意见

顾壹堂（837427）：请独立财务顾问、律师、评估师针对标的资产采用资产基础法一种方法进行评估，对是否符合《评估法》等相关规定发表明确意见。

6. 交易对挂牌公司的影响

根据规定，实施重大资产重组后应当有利于提高挂牌公司资产质量和增强持续经营能力，有利于挂牌公司形成或者保持健全有效的法人治理结构。因此，全国股转公司对重组给挂牌公司造成的影响十分重视，有关反馈意见主要涉及四个方面：

（1）关于"关联交易、同业竞争"的反馈意见

深冷能源（831177）：首次信披材料显示，本次重组后挂牌公司关联交易将大幅增加，请独立财务顾问及律师核查挂牌公司是否制定了相应的制度或措施对关联交易进行规范，并就其有效性发表意见。

创扬医药（836810）：请补充披露重组前后挂牌公司是否新增或减少了关联方、关联交易。

卡特股份（830816）：请补充披露本次交易后挂牌公司同业竞争变化情况。

（2）关于"公司治理结构"的反馈意见

卡特股份（830816）：请补充披露本次交易前后挂牌公司的公司治理变化情况。

（3）关于"公司持续经营能力"的反馈意见

瑞贝科技（834570）：申请材料显示，标的资产部分土地尚未取得国有土地使用权证/房产证。请挂牌公司补充披露：该等情形对本次交易作价、交易进程以及未来生产经营的影响。请独立财务顾问、律师和评估师核查并发表明确意见。

岳塑股份（831875）：请挂牌公司补充披露本次重大资产重组所需资金的来源及其合法合规性，是否会影响挂牌公司的持续经营能力。请独立财务顾问及律师发表明确意见。

（4）关于"股东利益"的反馈意见

岳塑股份（831875）：根据重组报告书等首次信披文件、挂牌公司和交易对手方签署的《股权转让协议》约定，自评估基准日2016年9月30日起至标的资产交割日的期间为过渡期，标的公司在过渡期间所产生的盈利或亏损，均由本次股权转让完成后的新老股东共同享有。请挂牌公司补充披露前述约定

是否损害挂牌公司及挂牌公司股东的利益，并请独立财务顾问及律师发表明确意见。

7. 程序问题

（1）关于"信息披露"的反馈意见

金马科技（831661）：请挂牌公司就其实施本次重组是否符合《非上市公众公司重大资产重组管理办法》第三条的规定补充详细披露，独立财务顾问及律师逐项发表意见。

（2）关于"行政审批"的反馈意见

说明：某些特殊的交易标的（如国有股、外资股等）在交易时可能需要取得相关主管部门的审批，由于影响到重组的合法合规性，是全国股转公司审查的重点。

中纸在线（834648）：请挂牌公司补充披露与标的资产相关的国资批准程序是否完整履行、是否合法合规。

至诚复材（837851）：请独立财务顾问及律师就本次交易是否需要获得相关主管部门的审批进行核实并发表明确意见。

东软股份（832968）：请独立财务顾问及律师核查标的公司设立、行政划拨、改制等过程中，是否严格、完整履行了国有资产的审批、评估等程序。并请挂牌公司就前述问题进行补充披露。

重点流程

1. 申请暂停转让

在筹划公众公司重大资产重组的阶段，出现下列情形之一的，公众公司应当及时向全国股份转让系统申请股票暂停转让。

- ✓ 交易各方初步达成实质性意向；
- ✓ 虽未达成实质意向，但在相关董事会决议公告前，相关信息已在媒体上传播或者预计该信息难以保密或者公司证券转让出现异常波动；
- ✓ 本次重组需要向有关部门进行政策咨询、方案论证。

公司必须在确认其股票已暂停转让后方能与全国股转公司工作人员就重大资产重组相关事项进行沟通。

在实践中，有些挂牌公司借"暂停转让"之机，出现"长期停牌""久停不复"现象。为避免这类问题，对新三板重大资产重组停复牌制度进行了优化（见图8-1）。

基本要求：3+1+1+1（首次最长三个月，总长不超过六个月，明确审议和披露要求）。

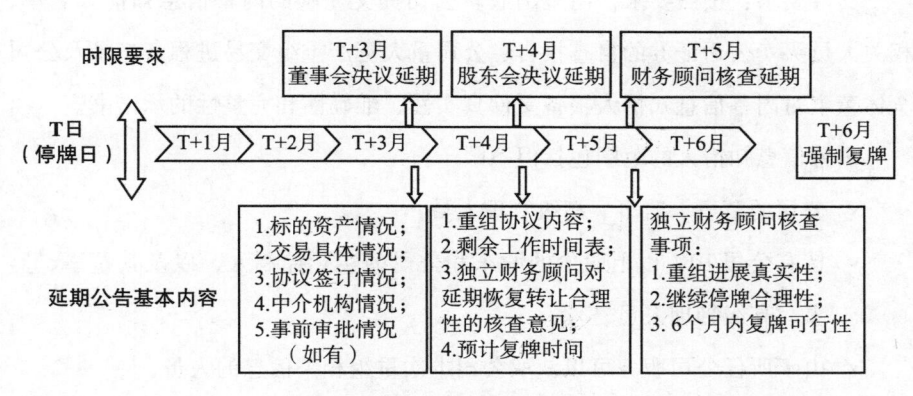

图8-1 新三板重大资产重组程序

资料来源：公开信息

特别注意：

进展公告： 延期前每10个转让日，延期后每5个转让日。

累计计算： 公司进入重大资产重组程序前因筹划具有重大不确定性的重大

事项等原因已经申请股票暂停转让或更换重组标的的，已暂停转让时间应一并计入重大资产重组暂停转让累计时长。

例外情况： 除重组事项依法须经有关部门前置审批或涉及重大无先例事项的情形外，暂停转让后6个月内仍无法披露重组预案或重组报告书的，公司应当终止本次重大资产重组，披露终止重组的公告，并在公告中承诺终止重组后1个月内不再筹划重大资产重组事项。终止重组相关公告披露后的2个转让日内，公司应当向全国股转公司申请股票恢复转让。

2. 知情人报备

时间要求：公司应当在股票暂停转让之日起10个转让日内或申请暂停转让之日（距离首次董事会召开不足10个转让日的情况下）。

文件要求：按照要求，向全国股转公司提交完整的内幕信息知情人名单、相关人员买卖公司证券的自查报告、公司重大资产重组交易进程备忘录及公司全体董事对内幕信息知情人报备文件真实性、准确性和完整性的承诺书。

内幕信息知情人的范围包括但不限于：

- ✓ 公司的董事、监事、高级管理人员；
- ✓ 持有公司10%以上股份的股东和公司的实际控制人，以及其董事、监事、高级管理人员；
- ✓ 由于所任公司职务可以获取公司本次重组相关信息的人员；
- ✓ 本次重大资产重组的交易对方及其关联方，以及其董事、监事、高级管理人员；
- ✓ 为本次重大资产重组方案提供服务以及参与本次方案的咨询、制定、论证等各环节的相关单位和人员；
- ✓ 参与本次重大资产重组方案筹划、制定、论证、审批等各环节的相关单位和人员；

✓ 前述自然人的直系亲属（配偶、父母、子女及配偶的父母）。

特别规定：无历史交易记录可以豁免知情人报备，但需提交关于公司股票转让情况的书面说明。

3. 首次董事会

（1）披露重组报告书的情形（完成审计等工作）：

公司应当在重大重组事项首次董事会召开后 2 个转让日内，披露董事会决议、本次重大资产重组报告书、独立财务顾问报告、法律意见书以及重组涉及的审计报告、资产评估报告（或资产估值报告）。董事会还应当就召开股东大会事项作出安排并披露。

（2）披露重组预案的情形（未完成审计等工作）：

若就本次重大资产重组首次召开董事会前，尚未完成相关资产审计等工作的，在披露首次董事会决议的同时应当披露重大资产重组预案及独立财务顾问对预案的核查意见。公众公司应在披露重大资产重组预案后 6 个月内完成审计等工作，并再次召开董事会，在披露董事会决议时一并披露重大资产重组报告书、独立财务顾问报告、法律意见书以及本次重大资产重组涉及的审计报告、资产评估报告（或资产估值报告）等。董事会还应当就召开股东大会事项作出安排并披露。

4. 首次信息披露

前款所述信息披露完成后，公司原则上应当在继续暂停转让 10 个转让日后向全国股转公司申请股票恢复转让，并在恢复转让公告中对重组事项尚未经过股东大会审议通过、存在不确定风险进行充分揭示。该段时间不计入停牌总时限。

公司应当在披露重大资产重组报告书等文件的同时，一并披露关于召开股东大会的相关安排。公司在相关安排中确定股东大会召开日期的，董事会决议披露日与股东大会召开日的时间间隔除符合法律法规、中国证监会及全国股转公司的相关规定外，还应当不少于 10 个转让日。

5. 审查与复牌

全国股份转让系统在公司首次信息披露后的 10 个转让日内对信息披露的完备性进行审查。发现信息披露存在完备性问题的，全国股份转让系统有权要求公司对存在问题的信息披露内容进行解释、说明和更正。

原则上不影响复牌，但股东大会暂缓，更正后重新通知。

公司重组事项在审议程序、信息披露等方面存在违法违规或存在其他重大风险的，全国股转公司有权要求公司股票持续暂停转让，不受 10 个转让日的期限限制。

6. 股东大会审议

全国股转公司审查通过后，挂牌公司应将重大资产重组事宜提交股东大会决议。股东大会就重大资产重组事项作出的决议，必须经出席会议的股东所持表决权的三分之二以上通过。关联股东应当回避表决。

挂牌公司董事会应当在披露董事会决议公告、重大资产重组报告书等文件的同时披露股东大会通知。公司重大资产重组报告书等信息披露文件经全国股转公司审查需要解释、说明和更正的，应当在收到反馈问题清单后披露暂缓召开股东大会的公告。完成信息披露文件更正并经全国股转公司审查完毕后，公司应当披露更正后的相关文件，并重新披露股东大会通知。

7. 申请核准或备案（如有）

- ✓ 涉及发行股份或者公众公司向特定对象发行股份购买资产后股东累计不超过 200 人的，应当在股东大会后向全国股份转让系统公司申请备案。一般应当在验资完成后 20 个转让日内，向全国股份转让系统公司报送股票发行备案或股票登记申请文件，公司在取得全国股转公司出具的股份登记函后，应当在 10 个转让日内办理新增股份登记；
- ✓ 公众公司向特定对象发行股份购买资产后股东累计超过 200 人的重大资产重组，经股东大会决议后，应当按照中国证监会的有关规定编制申请文件并申请核准。中国证监会在 20 个工作日内作出核准、中止审核、终止审核、不予核准的决定。公众公司收到决定后，应当在 2 个工作日内披露。

8. 重组完成之后的信息披露

公众公司重大资产重组完成相关批准程序后，应当及时实施重组方案，并在本次重大资产重组实施完毕之日起 2 个工作日内，编制并披露实施情况报告书及独立财务顾问、律师的专业意见。

此处请注意如何判断"实施完毕"。

（1）对于购买资产构成重大资产重组的情形，如涉及挂牌公司发行股份，"实施完毕"以挂牌公司收到中国结算北京分公司下发的《关于发布并上传"发行新增股份在全国中小企业股份转让系统挂牌并公开转让的公告"的通知》为准；如不涉及挂牌公司发行股份，"实施完毕"以标的资产完成过户为准。

（2）对于出售资产构成重大资产重组的情形，"实施完毕"以标的资产过户完毕且交易对价支付完毕为准。

9. 后续持续督导

独立财务顾问应当按照中国证监会的相关规定，对实施重大资产重组的公众公司履行持续督导职责。持续督导的期限自公众公司完成本次重大资产重组之日起，应当不少于一个完整会计年度。

独立财务顾问应当结合公众公司重大资产重组实施当年和实施完毕后的第一个完整会计年度的年报，自年报披露之日起 15 日内，对重大资产重组实施的下列事项出具持续督导意见，报送全国股份转让系统，并披露：（1）交易资产的交付或者过户情况；（2）交易各方当事人承诺的履行情况及未能履行承诺时相关约束措施的执行情况；（3）公司治理结构与运行情况；（4）本次重大资产重组对公司运营、经营业绩影响的状况；（5）盈利预测的实现情况（如有）；（6）与已公布的重组方案存在差异的其他事项。

一文掌握新三板收购监管要点

随着新三板市场近几年的变化发展，非上市公众公司的收购实际过程中，积累了一些需要明确口径的新情况、新变化。特别是交易制度改革后，需要进一步明确不同交易方式下如何适用权益变动相关规定。2018 年 10 月 26 日，全国股转公司对非上市公众公司重大资产重组制度修订的同时，编制了《挂牌公司权益变动与收购业务问答》，便于市场各方在非上市公众公司收购等业务活动中，准确理解和适用相关规定。

至此，修改后非上市公众公司收购的制度体系为：

◇ 一件办法（《非上市公众公司收购管理办法》（以下简称《收购办法》））；

◇ 一件准则（《非上市公众公司信息披露内容与格式准则第 5 号——权益变动报告书、收购报告书、要约收购报告书》）；

◇ 一件问答（《挂牌公司权益变动与收购业务问答》）。

收购人的资格要求

收购人及其实际控制人应当具有良好的诚信记录，如为法人，应当具有健全的公司治理机制。任何人不得利用公众公司收购损害被收购公司及其股东的合法权益。

收购人为法人或其他组织的，需落实"看穿式监管"的要求。收购人除披露其控股股东、实际控制人的情况外，还应当承诺收购人的控股股东、实际控制人也符合收购人资格的规定。

有下列情形之一的，不得收购公众公司：

- ✓ 收购人负有数额较大债务，到期未清偿，且处于持续状态；
- ✓ 收购人最近 2 年有重大违法行为或者涉嫌有重大违法行为；
- ✓ 收购人最近 2 年有严重的证券市场失信行为；
- ✓ 收购人为自然人的，存在《公司法》第一百四十六条规定的情形；
- ✓ 法律、行政法规规定以及中国证监会认定的不得收购公众公司的其他情形。

被收购公司的要求

控股股东和实际控制人：不得损害公司及其他股东利益；如果存在及时消除，不能消除做出弥补安排，对不足以消除部分应提供履约担保或安排，并提交股东大会审议通过（回避表决）。

董事、监事、高级管理人员：忠实义务和勤勉义务；针对收购所作的决策应当有利于维护公司及其股东的利益，不得滥用职权对收购设置不适当的障碍，不得利用公司资源向收购人提供任何形式的财务资助。

中介机构

1. 财务顾问

收购方：

- ✓ 原则上必须聘请，且在收购完成后 12 个月内持续督导；财务顾问认为

戏说并购

收购人利用收购损害被收购公司及其股东合法权益的，应当拒绝为收购人提供财务顾问服务；
- ✓ 例外情况：国有股行政划转或者变更、因继承取得股份、股份在同一实际控制人控制的不同主体之间进行转让、取得挂牌公司向其发行的新股、司法判决导致收购人成为或拟成为挂牌公司第一大股东或者实际控制人；
- ✓ 收购人在收购过程中，不可以聘请挂牌公司的主办券商担任其财务顾问。因为挂牌公司的主办券商负有持续督导职责，如果由其担任收购人的财务顾问，可能对该主办券商担任收购人财务顾问的独立性造成影响。

被收购方：
- ✓ 可以聘请，可以是主办券商，但影响独立性、顾问资格受限的除外；可以同时聘请其他机构。

2. 律师

收购人、挂牌公司应当分别聘请律师，出具并披露关于收购事项的法律意见书。

控制权变动的披露要求

自事实发生之日起 2 日内编制收购报告书，连同财务顾问专业意见和律师出具的法律意见书一并披露，报送全国股份转让系统，同时通知该挂牌公司。

上文提到的"事实发生之日"，该如何界定？
- ✓ 以协议方式进行挂牌公司收购的，相关协议签订之日为"事实发生之日"。收购人应当在相关协议签订之日起 2 个转让日内履行上述信息披露义务；

- 通过股票发行方式进行挂牌公司收购的，挂牌公司董事会审议通过股票发行方案之日为"事实发生之日"。收购人应当在挂牌公司披露董事会决议公告、股票发行方案的同时，履行上述信息披露义务。

按照《收购办法》的规定，挂牌公司第一大股东或者实际控制人发生变化时，应当履行披露收购报告书等义务。在实践中，时常会出现虽然挂牌公司第一大股东发生了变动，但实际控制人并未发生变动的情形。对于这类情形是否应当履行披露收购报告书等义务，这次在《权益变动与收购问答》进一步明确，挂牌公司在有实际控制人且实际控制人未发生变化的情况下，仅第一大股东变化的，由公司披露第一大股东变更的公告即可，无须披露收购报告书等文件。需要强调的是，在挂牌公司不存在实际控制人的情况下，如果第一大股东发生变化，应当按照《收购办法》履行披露收购报告书等义务。

与上述情形类似，一些挂牌公司有多个并列第一大股东或实际控制人，如果第一大股东或实际控制人的人数减少，也没引入新的实际控制人或第一大股东，属于对挂牌公司享有控制权的主体被动减少，也只需要披露第一大股东或实际控制人变更的公告。

协议收购的过渡期问题

自签订收购协议起至相关股份完成过户的期间为挂牌公司收购过渡期。投资者与挂牌公司签订股票发行的认购协议等合同，不构成协议收购，不适用协议收购过渡期的相关规定。

对被收购公司过渡期的要求：

- 收购人不得通过控股股东提议改选挂牌公司董事会，确有充分理由改选董事会的，来自收购人的董事不得超过董事会成员总数的1/3；
- 不得为收购人及其关联方提供担保，不得发行股份募集资金；
- 除正常经营活动或者执行股东大会已决事项外，拟处置公司资产、调整公司主要业务、担保、贷款及可能对资产、负债、权益或者经营成果造成重大影响的事项，应当提交股东大会审议通过。

【案例】

三灵科技（430446）在收购过渡期内董事会选举涉嫌违规操作而被监管部门给予自律监管措施。收购人李江红以协议方式对三灵科技进行收购，在过渡期内，经控股股东李江红提名，公司改选董事会，且来自收购方的董事超过董事会成员总数的1/3。上述行为违反了《收购办法》第十七条的规定，属于收购违规行为。

股份限售要求

原则要求：收购完成后，收购人成为公司第一大股东或者实际控制人的，收购人持有的被收购公司股份，在收购完成后12个月内不得转让。

例外情况：收购人在被收购公司中拥有权益的股份在同一实际控制人控制的不同主体之间进行转让不受前述12个月的限制。

这里需要注意"收购完成"时点的界定：

（1）在投资者及其一致行动人通过投资关系等《收购办法》第十六条规定的方式导致其拟成为挂牌公司第一大股东或者实际控制人的情形，收购人按照已披露的收购报告书完成所有相关股份过户或实际取得相关股份对应的权益，为收购完成。

（2）除上述情形外，根据《收购办法》的规定，投资者及其一致行动人在成为第一大股东或实际控制人后披露收购报告书的，挂牌公司第一大股东或实际控制人实际发生变动，为收购完成。

权益变动的信息披露规则

1. 首次触发条件（其一即可）

✓ 通过全国股份转让系统的做市方式、竞价方式进行证券转让，投资者及其一致行动人拥有权益的股份达到挂牌公司已发行股份的 10%；

✓ 通过协议方式，投资者及其一致行动人在挂牌公司中拥有权益的股份拟达到或者超过挂牌公司已发行股份的 10%。

披露要求：

投资者及其一致行动人应当在该事实发生之日起 2 日内编制并披露权益变动报告书，报送全国股份转让系统，同时通知该挂牌公司；自该事实发生之日起至披露后 2 日内，不得再行买卖该挂牌公司的股票。

2. 持续触发条件

前提： 投资者及其一致行动人拥有权益的股份达到挂牌公司已发行股份 10% 后。

触发条件： 其拥有权益的股份占该挂牌公司已发行股份的比例每增加或者减少 5%（即其拥有权益的股份每达到 5% 的整数倍时）（比如，某投资者所持股份占比为挂牌公司已发行股份的 12%，如果继续增持，那么下一个披露点为所持股份占比的 15%，而不是 17%）。

披露要求： 应当依照首次触发权益披露的规定进行披露；自该事实发生之日起至披露后 2 日内，不得再行买卖该挂牌公司的股票。

3. 特别说明

持股比例计算——直接间接持股合并计算，一致行动人持股合并计算。

几种特殊情况：
- ✓ 通过行政划转或者变更、执行法院裁定、继承、赠与等方式导致触发权益变动的，需要履行披露义务；
- ✓ 投资者虽不是挂牌公司的股东，但通过投资关系、协议、其他安排等方式进行收购触发权益变动的，需要履行披露义务；
- ✓ 发行新股或减资达到应披露比例的，无须履行权益变动披露义务。

本次修订的《挂牌公司权益变动与收购业务问答》，对市场各方普遍关注的"余股"交易涉及权益变动问题进行了解释和明确。具体而言，一是在做市和竞价转让中，如果出现投资者申报股份数量超过权益变动披露标准，但超出的股份数量不足1000股的，可以一次性申报转让，但是要在该笔转让完成后履行权益变动相关义务。二是在盘后协议转让中，由于全国股转公司相关规则对转让金额或转让股份数额有最低要求（不少于10万股或100万元），因此如果投资者拟转让的股份超过权益变动披露标准，但分拆转让又无法满足盘后协议转让规则上述要求的情形，也可以一次性申报转让，但是在该笔转让完成后履行权益变动相关义务。

要约收购规则要点

（1）两种类型——全面要约、部分要约；差异在于要约收购的股份数量不同。

（2）基本要求：
- ✓ 预定收购比例不得低于该公众公司已发行股份的5%；
- ✓ 根据公司章程规定需要发出全面要约收购的，同一种类股票要约价格不得低于要约收购报告书披露日前6个月内取得该种股票所支付的最高价格；
- ✓ 收购人披露后至收购期限届满前，不得卖出被收购公司的股票，也不得采取要约规定以外的形式和超出要约的条件买入被收购公司的股票；
- ✓ 公众公司应当在公司章程中约定在公司收购时收购人是否需要向公司全体股东发出全面要约收购，并明确全面要约收购的触发条件以及相应制度安排。

参考文献

[1] 查尔斯·盖特纳：《百年并购》，人民邮电出版社2006年版。

[2] 科特·许莱尔：《并购者》，海南出版社2006年版。

[3] 威廉·桑代克：《商界局外人》，北京联合出版社2016年版。

[4] [加] 丁焕明、[德] 弗里茨·克勒格尔、[德] 斯蒂芬·蔡塞尔：《科尔尼并购策略》，机械工业出版社2004年版。

[5] 劳志明：《劳阿毛说并购》，中国法制出版社2015年版。

[6] 深圳证券交易所创业企业培训中心：《上市公司并购重组问答》，中国财政经济出版社2014年版。

[7] 并购汪研究中心：《并购基金》，并购汪研究中心2017年版。

[8] 田宝法：《企业并购解决之道：70个实务要点深度释解》，法律出版社2017年版。

[9] 郭勤贵、马兰、杨佳媚：《大并购：互联网时代资本与战略重构》，机械工业出版社2017年版。

[10] 王岩：《中国上市公司并购重组案例精编：上卷》，中国经济出版社2017年版。

[11] 王岩：《中国上市公司并购重组案例精编：下卷》，中国经济出版社2017年版。

［12］陈宝胜、毛世辉、周欣：《并购重组精要与案例》，中国法制出版社2017年版。

［13］何勇军、郭焱：《图解股权并购：30个案例全景解析三板市值增长》，吉林人民出版社2017年版。

［14］由曦：《蚂蚁金服：科技金融独角兽的崛起》，中信出版集团股份有限公司2017年版。

［15］吴晓波：《腾讯传1998～2016：中国互联网公司进化论》，浙江大学出版社2017年版。

［16］张可亮：《新三板改变中国》，经济科学出版社2017年版。

［17］高凤勇、布娜新：《金融不虚：新三板的逻辑》，经济科学出版社2018年版。

［18］熊玥伽、吴迪：《大合并漩涡：互联网时代的中国式并购》，新世界出版社2016年版。

［19］陈修义：《BAT共塑新经济：连接时代的巨头生态战争》，中华工商联合出版社2017年版。

［20］张秀娟：《BAT三国杀》，中国财富出版社2016年版。

［21］屈运栩：《互联网寡头战争：BAT圈地运动与资本新格局》，浙江大学出版社2017年版。

［22］王世渝：《创事记》，南方出版传媒、广东人民出版社2019年版。

［23］何帆：《变量——看见中国社会的小趋势》，中信出版集团2019年版。

后记

本书从构思、写作直到成型，都离不开我们社群小伙伴所提供的帮助。与本书创作过程平行，我们成立了一个探讨并购业务的社群组织——"远航并购研讨会"。截至 2019 年初，我们已经成功举办了两期活动，参加社群活动的人当中，既有并购圈里的行家里手，也有刚刚闯入这个领域的新人；既有券商投行的同行们，也有来自各行各业的董事、监事、高管们。

其实"远航并购研讨会"从一开始，就致力于打造一个专业、开放的并购研究型社群，通过嫁接一流社群（新三板文学社）的经验，专注于多层次资本市场并购研究，涵盖 A 股、科创板、新三板在内的全市场并购行为，通过研讨、交流等形式聚合券商、上市公司、挂牌公司、投资机构等专业顶尖人员，打造一个项目自由交流的线下平台。

《戏说并购》是远航并购社群 2018～2019 年打造的重要作品，也是我们社群成员的共同愿望。在社群活动中，我们一直苦于没有一本教材真正适合我们，所以"自己动手，丰衣足食"。后来我们发现，其实这本书不光可以指导我们的社群活动，也可以指导国内中小企业的并购实践。因此，本书将作为这个社群的指定书籍，在我们今后的活动中作为远航并购研讨会的必读书。

在本书出版之际，我们要感谢远航并购社群的社群秘书长武玲玲女士、社群总策划李斐然女士。我们还要感谢社群顾问委员会的成员，他们分别是来自

后 记

荣正咨询的创始人郑培敏先生，以及我们的老朋友东北证券股转业务部总经理张可亮先生，感谢仇江鸿老师，仇老师原是清华大学五道口金融学院中国金融案例中心研究员、《清华金融评论》首任内容总监，同时也是郑培敏创办的新三板第一刊《鑫周刊》的执行主编。同时，还要感谢来自全国中小企业股份转让系统的指导。我们还要感谢远航并购社群的主要成员李晴、季健雄、肖倩等。

最后，期待着能够和大家在远航并购研讨会上相识，欢迎大家扫描下方这个公众号二维码，报名我们的活动找到我们！

王晨光、布娜新
2019 年 3 月